课题组成员

课题负责人：梁琦

课题顾问：肖金成

团队成员：

江苏师范大学：李锦生、施同兵、蒋涛、杜文意、刘增科、袁定喜、李怀建、范林榜、司增绰、李神福

中　山　大　学：李建成、王如玉、钟惠琳、王茜、赵佩佩、陈柳烁

苏鲁豫皖交界区开放合作研究

梁 琦等 著

本书系国家发展和改革委员会地区司委托课题成果

科 学 出 版 社
北 京

内 容 简 介

中心-外围是空间经济学的基本模式。中心的向心力越强大，从外围集聚的生产要素就越多。而每个省（自治区、直辖市）都是一个区域政治经济中心，每个省（自治区、直辖市）的地理边缘区都是其中心点外围。省际交界区很容易成为经济发展的洼地，就好比一口大锅的锅底。如何破解洼地的发展困境，是国家治理体系和治理能力现代化的重要命题。本书以苏鲁豫皖四省交界区为例，从历史沿革、公共基础设施配置、经济地理分布与政府行为等方面，对四省交界区如何优化生产能力空间格局以促进开放合作进行了系统研究。

本书适用于对空间经济学感兴趣的学生、教师及广大的经济学科研工作者研读，同时也适合从事与区域经济发展相关工作的政府公职人员及其他业界人士研读。

图书在版编目（CIP）数据

苏鲁豫皖交界区开放合作研究 / 梁琦等著. —北京：科学出版社，2020.11

ISBN 978-7-03-066460-0

Ⅰ. ①苏…　Ⅱ. ①梁…　Ⅲ. ①区域经济合作-研究-华东地区、河南　Ⅳ. ①F127

中国版本图书馆 CIP 数据核字（2020）第 201606 号

责任编辑：马　跃 / 责任校对：郑金红

责任印制：张　伟 / 封面设计：无极书装

科学出版社出版

北京东黄城根北街 16 号

邮政编码：100717

http://www.sciencep.com

北京虎彩文化传播有限公司印刷

科学出版社发行　各地新华书店经销

*

2020 年 11 月第　一　版　开本：720×1000　1/16

2020 年 12 月第二次印刷　印张：11

字数：222 000

定价：99.00 元

（如有印装质量问题，我社负责调换）

序

苏鲁豫皖交界区，包括苏北板块的徐州、连云港、宿迁，鲁南板块的菏泽、济宁、枣庄、临沂、日照，皖北板块的宿州、淮北、亳州和豫东板块的商丘，共12个地级市，位于亚欧大陆桥东部桥头堡区域，陆桥通道与沿海通道的交会处，在全国经济格局中占有重要位置。此区域资源丰富，区位条件优越，是我国极具发展潜力的地区之一。但区域内城市都处于各省的边缘区，受省内中心城市的辐射较少，边缘化问题突出。本书以解决苏鲁豫皖交界区边缘化问题为导向，系统深入分析省际交界地带经济开放合作的基本特点及存在的主要问题，从制度安排、体制机制、结构调整多个层面寻求全面加强内外开放合作的新机制、新路径和新模式，一方面有利于推动区域经济协调发展，增强发展后劲，提高整体竞争力和综合实力，释放区域创新、合作、开放和共享发展的新红利；另一方面有利于提炼出解决省际边缘区经济发展问题的思路、模式和对策，推进区域一体化进程，为我国其他相似的省际边缘区发展提供示范效应。

苏鲁豫皖交界区12个地级市保持和延续着密切的人际交往、经济贸易和社会联系，目前已经初步形成了合作与发展的协调机制，在产业协同协作、交通互联互通、公共服务一体化、跨界河域污染防治、区域警务协作、科技资源优化整合，以及商贸、物流、旅游等方面实现有效合作，具备良好的开放合作发展基础。然而在苏鲁豫皖交界区开放合作进程中仍然存在不少障碍和困难，突出表现在因行政区分割导致的市场分割、产业结构雷同、核心城市的体量较弱、城市层次体系尚未形成、合作的向心力不够等。

合理的功能定位是开放合作的重要基础。苏鲁豫皖交界区是我国粮食主产区之一，农业的基础地位仍需要保持。工业发展上，应进一步突出各市比较优势和规模优势，形成开放合作的产业结构基础。整体上看，苏鲁豫皖交界区12个地级市可形成徐州都市圈、东陇海城镇轴、沿海产业带、京九产业带、故黄河综合开发区“一圈一轴两带一区”的发展格局。从城市规模、城市化水平、科教卫生水平、经济总量看，徐州市成为区域性中心城市的可能性最大，要进一步提高徐州市的人口集聚、产业集中和要素吸纳能力。苏鲁豫皖交界区交通基础设施和物流业在“十二五”和“十三五”时期得到了快速发展，铁路、公路、水运、港口和机场已经形成水陆空立体的交通运输网络，但交通基础设施及物流业发展不均衡的矛盾亟待解决。

生态环境具有非排他性、无偿性与不可分割性等特点，在政府规制缺位的情况下，很容易造成环境资源的滥用，产生“公地的悲剧”现象。苏鲁豫皖交界区分属不同的行政区域，环境污染涉及面广，影响大，生态环境合作十分必要。苏鲁豫皖交界区现已逐步开始建立和完善环境保护长效机制，主要包括联席会议机制、信息共享机制、联合监测监管机制、突发事件应急处置机制等。但是，生态环境合作仍然存在许多突出问题。

苏鲁豫皖交界区具有良好的自然条件，但由于行政区分割效应，城市相互之间合作意识不强，城市层级结构不完善，规模经济不明显，城市发展水平普遍较低，中心城市地位不高。在这种情况下，区域内城市应当寻找适当的合作机制，促进各种生产要素的有序流动，在交界区内构建合理的城市层级体系。

苏鲁豫皖交界区开放合作主要包括三个层面的合作机制：一是政府层面的省市级政府合作机制；二是行业层面的行业性跨区域的共建共享合作机制；三是在企业层面形成以市场为基础、以政府为引导的企业自主参与合作机制。三个层面的合作机制相互交融、相互联动，共同推进交界区开放合作的纵深发展。

促进苏鲁豫皖交界区开放合作发展，需要有大格局。以问题为导向，抓住创新发展、协调发展、合作发展、开放发展、共享发展主线，实现合作共赢，致力消除行政区划壁垒、整合区域优势资源、创新区域合作机制、协调区际利益关系，充分发挥各市的比较优势，优化生产能力空间格局，避免城市间的过度竞争，只有这样才能形成良好的分工与合作的局面。

在京津冀协同发展、长江经济带发展、粤港澳大湾区建设、长三角一体化发展、黄河流域生态保护和高质量发展等一系列重大国家战略的号召下，城市群与都市圈在国家经济发展中的地位越来越重要。祈愿苏鲁豫皖交界地区也能在国家区域板块中书写浓墨重彩的绚丽华章！

梁　琦

2020年元旦于康乐园

目　　录

第 1 章　省际交界区发展理论 …… 1
1.1　行政区与经济区的矛盾运动 …… 1
1.2　省际交界区 …… 3
1.3　我国省际交界区的特征 …… 5
1.4　省际交界区形成与发展的相关理论 …… 6
1.5　我国主要的省际交界区 …… 10
第 2 章　苏鲁豫皖交界区：历史与发展状况 …… 12
2.1　苏鲁豫皖交界区的历史 …… 12
2.2　苏鲁豫皖交界区开放合作的现实基础 …… 19
2.3　苏鲁豫皖交界区开放合作状况 …… 23
2.4　苏鲁豫皖各省对交界区开放合作的态度 …… 32
第 3 章　苏鲁豫皖交界区：困境与出路 …… 36
3.1　苏鲁豫皖交界区开放合作的主要障碍 …… 36
3.2　苏鲁豫皖交界区开放合作的重要意义 …… 40
3.3　区域合作理论 …… 42
3.4　苏鲁豫皖交界区开放合作的发展潜力 …… 45
第 4 章　苏鲁豫皖交界区产业分工与合作 …… 52
4.1　苏鲁豫皖交界区产业发展状况 …… 52
4.2　重点工业行业选择 …… 57
4.3　服务业发展水平差异与旅游业协调发展 …… 72
4.4　苏鲁豫皖交界区产业分工与合作发展总体思路 …… 85
第 5 章　苏鲁豫皖交界区交通基础设施与生态建设 …… 88
5.1　苏鲁豫皖交界区交通基础设施建设 …… 88
5.2　苏鲁豫皖交界区物流业发展状况 …… 98
5.3　交通基础设施对物流业及经济发展的影响分析 …… 101

5.4　苏鲁豫皖交界区交通基础设施建设与物流业发展问题分析 …… 103
5.5　交通基础设施建设和物流业发展总体思路 …… 105
5.6　苏鲁豫皖交界区生态环境合作问题与建议 …… 109
第 6 章　苏鲁豫皖交界区城镇空间布局与城市层级体系 …… 118
6.1　苏鲁豫皖交界区城市化 …… 118
6.2　苏鲁豫皖交界区的城镇空间布局 …… 123
6.3　苏鲁豫皖交界区的城市层级体系 …… 136
第 7 章　苏鲁豫皖交界区：开放合作机制 …… 141
7.1　建立和完善苏鲁豫皖交界区开放合作机制的重要意义 …… 141
7.2　苏鲁豫皖交界区开放合作机制的主要内容 …… 145
7.3　苏鲁豫皖交界区开放合作机制的发展状况及突出问题 …… 149
7.4　深化苏鲁豫皖交界区开放合作机制的原则和路径 …… 152
参考文献 …… 165
后记 …… 167

第1章　省际交界区发展理论

改革开放以来，我国宏观经济取得快速发展，在“以经济建设为中心”的思想指导下，坚持改革开放，短短的四十余年，我国取得了举世瞩目的经济成就，社会主义市场经济体制不断发展和完善，市场力量也在不断突破传统计划体制的各种束缚，释放了巨大的生产力，逐步摆脱了“短缺经济”的状态，全面建成小康社会不断推进。回顾四十余年的发展历程，在宏观经济快速发展的同时，从纵向时间角度看，我国各地区、各部门都取得了显著进步；从横向空间角度看，地区间发展差距不断拉大，不平衡不充分的发展矛盾凸显。改革开放初期，“效率优先、兼顾公平”“让一部分地区、一部分人先富起来”的非均衡发展战略极大地促进了地方政府发展经济的积极性，一批经济“发展极”迅速崛起，如长三角地区、珠三角地区、环渤海地区，同时区域经济竞争成为非常普遍的现象，区域发展差距迅速拉开。为兼顾市场效率和区际公平，缓解区域经济发展差距不断拉大的状况，中央政府相继推行西部大开发、振兴东北老工业基地、中部崛起等区域发展战略，一大批国家层面的区域发展规划也相继编制，其在促进区域协调发展、优化生产力空间布局、彰显地区主体功能等方面发挥了重要作用。

1.1　行政区与经济区的矛盾运动

在我国区域经济发展过程中，行政区和经济区成为组织经济活动的空间载体。一大批学者对行政区、经济区、行政区经济、经济区经济的概念、特征、作用、矛盾运动等进行了深入探讨，如舒庆和刘君德[1，2]、舒庆[3]、刘君德[4，5]、周克瑜[6]、曾冰等[7]。行政区指为实现国家的行政管理、治理与建设，对领土进行合理的分级划分而形成的区域，其创置和变更以政治因素为主，并综合考虑社会、经济、自然等因素，是一种有意识的国家行为[8]。行政区是一种集政治、经济、社会、文化职能于一身的综合体，其形成与演化基于政治、文化、历史的因素，相对稳定而固化，其职能的实现主要依靠自上而下的纵向行政管理体系，具有明显的层级性和强制性。在市场经济条件下，随着经济活动规模和市场的不断扩大，以经济活动间的密切联系为特征，基于地域分工与协作而形成的具有开放性的经济地域就是经济区，因此经济区的形成和发展是经济活动的内在需要，其地域范围是模糊的、动态的、不稳定的，主要体现了经济活动间的横向联系，经济区功能的发挥具有自发性、动态性、开放性、自组织性等特点。

行政区与经济区既有区别又有联系。行政区的主导职能是政治和社会管理职能，但在我国经济社会发展的转型时期，行政区也具有很强的经济职能，政府对行政区内的经济活动具有广泛的干预性；经济区的主导职能是经济职能，强调区域间横向联合与优势互补。行政区具有行政决策和经济调控权力，同时追求自身财税利益，各级地方政府是行政区内的决策主体和利益主体，可以自上而下地运用行政权力干预经济社会活动以达成政府的多元目标；而经济区运行主体是企业，基于自发自愿的经济联系而实现对经济活动的自组织功能，往往不存在经济区统一的决策主体和利益主体。行政区的空间范围是明晰的，行政区划具有法律效应，通常长期稳定，行政区划的变更与调整需要遵循严格的法律程序，其边界既代表着自然空间的分界线，又意味着行政区强制力量的终结线；而经济区的空间范围并不明确，它是模糊的、隐性的、可变的，基于产业间的前后向联系的广度和深度而变化，基于经济活动规模和市场规模的变化而拓展，在经济发展的不同阶段，经济区和行政区的范围会出现包容、交叠、分割等不同的空间结构。

在我国区域经济发展过程中，行政区和经济区都成为经济活动的空间载体，行政区的刚性约束与经济区的动态性要求必然引发行政区与经济区的矛盾运动。一方面，在经济活动规模小、层次低的情况下，市场规模尚未突破行政区的约束，经济区的范围在行政区范围内，行政区的刚性约束没有表现出来，两者的矛盾并不突出，作为经济活动的空间组织形式，行政区甚至有利于降低空间交易成本，促进区域内要素商品流动，提高经济效率，迅速促进行政区经济的发展。另一方面，随着经济活动规模的扩大、经济联系范围的拓展，在更大空间范围内组织经济活动成为必然要求，促进着地域分工体系的形成和不断深化，在这种情况下，经济区有突破行政区的内在要求，而行政区的刚性约束变成了对经济区的现实分割，再加上行政区政府业已形成，甚至日益固化的经济职能和自身的经济利益诉求，行政区对经济区的现实分割就成为区域经济发展的突出障碍。

事实上，现阶段行政区的分割效应十分显著，它制约着要素商品的区域流动、刺激“以邻为壑”的区域竞争、限制跨区域的基础设施互联互通、深化了行政区交界地带的边缘地位，国内跨地区的经济协调难度有时甚至超过了国家间的经济协调难度。那么如何才能克服行政区的分割效应，从而顺利实现经济区对行政区的“替代”呢？虽然从长期看，随着市场经济体制的不断完善，以及全面深化改革的不断推进，市场力量必将突破行政区的分割效应，但在这一过程中，也需要人们发挥主观能动性，以促进经济区对行政区的替代。首先，需要转变政府职能，从管理型政府向服务型政府转变，从经济组织者向公共服务供给者转变，市场的归市场、政府的归政府，厘清职责、明确定位，通过不断加强政府的公共服务职能促进区域合作，弱化其经济组织职能、消除本位主义、调整对地方政府的考核机制、修正地方政府的目标函数，从而减少分割的倾向。其次，不断优化市场环境和企业生态，保护和倡导企业家精神，尊重市场主体决策，尊重跨区域企业间兼并重组和资本流动，坚决消除企业间横向联系的人为障碍。再次，促进市场力量作用下基于比较优势的地域分工体系的形成，区域分工是区域合作的基础，区域合作是区域分工的深化，地域分工体系的形成是市场主体竞争的结果。竞争促进分工，分工促进合作，这一过程中要鼓励市场竞争，避免政府竞争。最后，区域非均衡发展现象是客观规律，市场力量在突破行政区约束过程中，在提高整体经济效率的同时，也会孕育行政区交界地带新经济中心，它将通过极化效应和涓滴效应不断促进区域经济发展。

综上所述，行政区并非组织经济活动理想的空间载体，基于行政区的刚性、封闭性、垂直性等特点，它与市场经济所要求的要素流动的范围、方向、规模、经济主体间的横向经济联系等并不适应，往往成为市场力量的一种刚性约束。诚然，在我国经济社会发展的转型期、社会主义市场经济发展的初始阶段，行政区作为一种经济活动空间组织形态，发挥了重要作用，但它的积极作用是阶段性的、过渡性的。随着市场经济的不断发展，行政区的消极作用已然显现，经济区对行政区的“替代”势在必行，在全面深化改革、扩大开放的过程中，经济区将成为更理想的经济活动的空间载体。

1.2　省际交界区

省际交界区是以省级行政边界为起点，向行政区内部横向延展一定宽度所构成的、沿边界纵向延伸的窄带型区域[9]。行政区与经济区的矛盾运动集中体现在这一地区，虽然一省（自治区、直辖市）内各市域或县域也有交界地带，但省（自治区、直辖市）内市域行政边界或县域行政边界的分割效应相对并不明显，省级政府通常有足够的动机和能力去协调各市域或各县域的经济活动，避免市场分割带来的不利影响。但对于省际交界区来说，由于省级空间单元的相对独立性和中央政府协调能力与协调手段的制约（虽然中央政府已出台了一些跨省域的协调政策，如各种上升到国家战略的区域规划），省际交界区跨省域的横向经济联系依然存在很多困难。

我国省级行政区陆路边界线共66条，总长5.2万千米，分布了849个县级行政区[10]。关于省际交界区的地理范围，学术界目前尚无统一的界定标准。根据交界区相邻省域的个数将省际交界区简单地分为两省（自治区、直辖市）交界区（如湘赣、辽吉）、三省（自治区、直辖市）交界区（如陕甘宁、晋豫陕、浙闽赣）、四省（自治区、直辖市）交界区（如苏鲁豫皖、晋冀鲁豫）等。研究比较深入的省际交界区有：蒙晋陕豫交界区（内蒙古自治区简记蒙）、苏鲁豫皖交界区、陕甘宁交界区、川滇黔交界区、晋冀鲁豫交界区、川滇藏交界区、渝鄂湘黔交界区、粤港交界区等[11]。

我国幅员辽阔、省际交界线长、省域经济发展不平衡程度深，省际交界区情况不能一概而论。刘玉亭和张结魁[12]将我国省际毗邻地区分成弱弱毗邻地区、强弱毗邻地区、强强毗邻地区三种类型。弱指的是落后省（自治区、直辖市）或地区，强指的是发达省（自治区、直辖市）或地区，不同类型的省际毗邻地区，具有不同的区域特征。弱弱毗邻地区指落后省（自治区、直辖市）或地区的交界地带，如陕晋蒙三省（自治区）交界地区，煤炭、石油等能源资源丰富，省（自治区）内社会经济发展中心与边远地区差异明显，三省（自治区）间交通基础设施建设滞后，相似的资源禀赋和产业结构使企业间缺乏必要的联系与协调，交界区中心城市弱小，难以发挥辐射引领作用，制约了地区内与区际联系，影响地区开发。强弱毗邻地区指落后省（自治区、直辖市）或地区与发达省（自治区、直辖市）或地区的毗邻地区，如皖东与江苏的毗邻地区，交界区相邻两省具有很强的经济协作互补性，合作潜力大，但省级行政界线分割也制约着该地区整体社会经济发展水平的提高。强强毗邻地区指发达省（自治区、直辖市）的交界地区，多分布于我国东部地带，如京津冀、苏浙沪地区，这类交界区区位条件优越，交通运输便利，经济发展水平高，产业和企业间横向联系密切，地域分工体系基本形成，经济区已突破行政区约束。例如，长三角核心区一体化程度高，区内经济中心带动能力强；再如京津冀地区，地域分工体系越来越明确，随着2017年雄安新区规划建设，区域统筹协调发展的格局已然形成。

从省际毗邻地区类型看，弱弱毗邻地区的发展已成为我国区域经济协调发展的短板，行政区对经济区的分割作用最为突出，苏鲁豫皖交界区正是这类地区的一个典型代表，该交界区既有发展水平较高的苏北和鲁南地区，又有发展水平较低的豫东和皖北地区。从外部环境看，该区处于长三角与京津冀两大发达经济区的边缘低谷地带；从内部看，四省交界区包含了强强毗邻型（苏鲁）、强弱毗邻型（苏豫、苏皖、鲁豫）、弱弱毗邻型（豫皖）三种类型交界区，情况更加复杂。深入分析该地区形成与发展的历史与现状、探讨其困境与出路、分析其产业分工与合作的基础、地方政府在公共服务方面的合作、交界区城市空间格局与功能定位和发展战略等具有重要的现实意义，同时也对我国其他弱弱省际交界区的发展具有一定的借鉴意义。

1.3　我国省际交界区的特征

（1）政治特征：行政分割。省际交界区由隶属于不同省级行政区的多个地级市组成，从行政关系看，它接受所在省级行政区政府领导，但整个区域又隶属于不同省级行政区政府的管辖，区域内各地级市间并无直接的行政联系。在省级层面上，由于该地区分属不同省（自治区、直辖市），无法由某个省级政府单独管理，常常导致某一地区“三不管”现象；在中央层面上，政府工作重心往往偏于更大空间范围的区域协调，对省际交界区的关注较少。

（2）地理特征：多中心外围。省际交界区隶属于不同省级行政区，并且每个省级行政区都有属于自己的经济中心——一般是省会城市，这样就导致省际交界区同时处于多个经济中心的外围。

（3）经济特征：经济洼地。省会城市一般都是所在省（自治区、直辖市）的经济中心、政治中心，某些发展较好的省会城市或直辖市还是某个城市群的中心，而省际交界区往往远离本省（自治区、直辖市）政治中心，不仅是地理空间的外围，还是经济高地周边的洼地，接受各经济中心的经济辐射有限。

（4）人文特征：水土交融。省际交界区由于地理位置集中，虽然分属不同省（自治区、直辖市）管辖，但生活在临近的土地上，这里的人们多多少少都有相近的文化、习俗、性格和观念等，历史上这里的人们交往密切，往往存在着血浓于水的历史情结。

（5）产业特征：重复趋同。由于省际交界区内各个地级市想建立起属于自己的一套完整的产业体系，这就不免会造成重复建设、恶性竞争、资源浪费的现象。由于缺乏有效合作和产业分工，会出现产业链条单一、产业结构趋同、规模经济发展不足、市场竞争力弱的现象。

（6）交通特征：密而不通。虽然省际交界区内的大多数地级市都有四通八达的交通网络，但是由于各个地级市所在省（自治区、直辖市）的发展水平不同、公共基础设施发展规划衔接不畅，导致在某些基础设施建设上无法达到一致的目标，出现了大量的“断头路”，这就给地区内资源要素的流动带来了巨大阻碍，大大增加了运输费用，更进一步地影响了市场合作。

1.4　省际交界区形成与发展的相关理论

区域非均衡发展是一种普遍现象，也是经济发展过程中必然出现的空间现象。这是经济体各部门、各地区间的差异性造成的，在资源约束条件下，所有部门和地区保持同步增长既不现实也无效率，必须保证主导部门和先发地区的发展，产生极化效应以提高效率，并最终形成扩散效应以促进非主导部门和后发地区的发展。区域非均衡增长理论包括赫希曼的不平衡增长理论、缪尔达尔的循环累积因果理论、佩鲁的增长极理论、弗里德曼的中心–外围理论、区域经济发展梯度转移理论等[13]。本节要基于克鲁格曼的核心–边缘模型、弗里德曼的中心–外围理论、佩鲁的增长极理论、克里斯塔勒的中心地理论分析我国省际交界区的形成与发展。

1.4.1　克鲁格曼的核心–边缘模型

20 世纪 90 年代初，空间对经济活动的作用引起了主流经济学家的重视，1991 年著名的国际经济学家保罗·克鲁格曼发表在《政治经济学》杂志上的文章《收益递增与经济地理》开创了经济地理学的主流经济学回归运动[14]，其首创的核心–边缘模型基于迪克希特–斯蒂格利兹的垄断竞争一般均衡分析框架，通过萨缪尔森的“冰山运输成本”引入空间因素，以经济学的视角与范式研究经济活动空间分布规律，探讨了经济活动空间集中和分散的内在机制。

人口、财富、经济活动在空间上的非均匀分布是现实中一个非常普遍的现象，自然条件（自然资源、自然环境等）及要素禀赋的空间差异是一个重要原因，但不足以解释现实中的区域经济差异问题，具有相同或相似自然条件的区域，在经济活动强度和密度方面却可以存在很大差异。核心–边缘模型在解释经济活动空间分布规律时，假设初始两个完全相同的区域抛开所有外生因素对经济活动空间分布的影响，由于两个区域不存在外生差异，在这种情况下，影响经济活动空间分布的因素就只有经济系统的内生力量了。核心–边缘模型建立在企业层面上的规模报酬递增、不完全竞争的市场结构及差异化工业品假设上，利用一般均衡分析方法进行空间经济分析，揭示了决定经济活动空间分布模式的集聚力与扩散力的根源（微观基础）及其作用机制——循环累积因果关系。

在核心–边缘模型中，决定长期空间均衡的力量有两种：一种是市场接近性所带来的优势，这是引起区域分异的力量，称为集聚力；另一种力量源于市场竞争的强度，它是空间分散的力量，在企业集聚度高的地区，企业间的竞争强度往往也相对更高，限制企业的获利能力，称为市场拥挤劣势，这种扩散力促使经济活动在空间上分布得更均匀。正是这两种力量的相对强弱决定了长期稳定的经济活动空间分布模式。

核心–边缘模型指出，区域间的运输成本、消费者对现代部门产品的支出比例（工业化水平）、规模报酬递增程度对经济活动的空间集聚有重要影响。一般而言，运输成本越低、工业化水平越高、规模报酬递增程度越强，越有利于经济活动空间集聚。

即使在初始同质化的经济空间中，一定条件下，经济活动也存在空间集中的倾向。现实中，在我国各省级行政区，基于资源禀赋、历史、文化、行政的力量，各省级行政区已形成其经济中心，在循环累积因果关系作用下，经济中心的地位不断得到强化而成为核心，外围区的相对地位不断弱化而成为边缘，省级行政区内核心–边缘的空间结构非常普遍。在我国经济社会发展的转型时期，各省级政府参与省际经济竞争、提升本省（自治区、直辖市）整体经济效率的动机也促使其在组织本省（自治区、直辖市）经济活动时，有意识地将经济资源和基础设施投资向经济中心倾斜，从而使外围区的边缘化倾向更加严重，长此以往，省际交界区特别是弱弱毗邻型的省际交界区，往往成为一块被遗忘的角落。地区发展差距拉大的现实引起社会和各级政府的普遍关注，在“区域协调发展”“科学发展观”等政策取向和指导思想推动下，边缘区发展获得了一定的支持，但长期形成的边缘地位在短期内难以逆转，涓滴效应的显现也需要长期的过程。

1.4.2　弗里德曼的中心–外围理论

美国区域规划专家弗里德曼于 1966 年出版的《区域发展政策》[15]，系统提出了中心–外围理论模式。在《极化发展的一般理论》[16]《城市化、规划和国家发展》[17]等书中将中心–外围理论的研究对象从空间经济扩展至社会生活的各个层面，强调中心–外围关系不仅存在于不同区域之间，也存在于不同产业部门之间和不同类型的企业之间。

弗里德曼指出，客观存在的资源、市场、技术和环境等的区域分布差异决定了任何国家的区域系统都由中心和外围两个子空间系统组成：当某些区域的空间聚集形成累积优势，就会形成区域经济体系的中心，其他地区就会处于外围，中心和外围构成了一个以权威性和依附性关系为标志的空间体系。

空间体系内中心区域具有较强的创新能力，创新不仅包括技术创新，还包括组织形式等方面的制度创新。弗里德曼认为可以将经济发展看作一种由基本创新群最终汇成大规模创新系统的不连续积累过程，经济发展通常源于区域内的少数“变革中心”，并由这些中心自上而下、由内及外地向创新潜能较低的周边地区扩散，创新也往往是从大城市向外围区进行扩散的。由于外围区依附中心区，从而形成空间二元结构，并随着时间的推移不断强化。在区域经济增长过程中，中心区居于主导地位，大量的生产要素由外围区涌入中心区，同时变革不断从中心区扩散到外围区，不断加深外围区对中心区的依赖关系，也形成和扩大着中心区与外围区的发展差距。

中心区与外围区支配和依赖关系不断强化、发展水平差距不断扩大，这种非均衡发展过程可能产生来自外围区的社会政治压力，如果压力受到控制，不均衡状态就会维持下去，否则，空间系统的发展将停滞或被打乱。要缩小中心区和外围区的发展差距，政府必须发挥积极的作用，促进生产要素的区际流动、改善交通条件、加快城市化进程，从而推动空间经济的一体化发展。

中心–外围理论为理解区域发展动力与发展水平的空间差异演变提供了一个基本的分析框架。该理论试图解释一个区域如何由互不关联、孤立发展，变成彼此联系、发展不平衡，又由极不平衡演变为相互关联的平衡发展的区域系统。

省际交界区的落后状态是中心–外围空间发展模式的必然结果，多省（自治区、直辖市）“叠加塌陷”是如苏鲁豫皖交界区这种跨省交界地区的鲜明特征，行政区与经济区的矛盾在交界区集中显现。为缓解交界区“叠加塌陷”贫困和社会政治压力，需要各级政府发挥积极作用，也依赖于政府间的密切合作，特别是改善交界区发展环境的政府间公共服务合作。

1.4.3 佩鲁的增长极理论

法国经济学家弗朗索瓦·佩鲁分别于1950年和1955年发表了《经济空间：理论的应用》和《略论发展极的概念》，提出“发展极”概念[18]，并于1955年首次提出“增长极”概念[19]。佩鲁认为经济要素间存在经济联系，基于这种联系形成了经济空间，如果把经济空间看作力场，那么这个力场中的推进型单元就是增长极。经济空间中富有活力的经济单元，其增长速度高于其他经济部门，形成具有推进效应的极化中心，带动整个经济的多维发展，佩鲁称之为推进型单元。增长极是围绕推进型的主导产业部门而组织起来的高度联合的一组产业，它不仅能迅速增长，而且能通过各种效应影响其他部门。增长极可以是部门的，也可以是区域的。

推进型产业的发展、创新或制度变革等经济扰动通过前后向关联效应带动整个经济的发展，主要体现在三个效应上：一是支配效应，即处于支配地位的经济主体对处于被支配地位的经济主体所施加的不可逆转或部分不可逆转的影响。二是乘数效应，生产规模、技术水平、生产阶段不同的一大批产业部门形成经济联系的通道，产生乘数效应。三是极化效应和扩散效应。极化效应指迅速增长的推进型产业吸引和拉动其他经济活动不断趋向增长极的过程；扩散效应指增长极的推动力通过一系列联动机制而不断向周围发散的过程。极化效应和扩散效应往往同时存在，随距离增长极的远近而变化，距离越近，这两种效应越强。

因此，区域经济的发展主要依靠条件较好的少数地区和少数产业带动，应把这些区位条件好的地区和产业培育成经济增长极。在此理论框架下，经济增长被认为是一个由点到面、由局部到整体依次递进、有机联系的系统。佩鲁认为，极化效应促成各种生产要素向增长极回流和聚集；扩散效应促成各种生产要素从增长极向其他部门和地区扩散。在发展的初级阶段，极化效应是主要的，当增长极发展到一定程度后，极化效应削弱，扩散效应加强。

布代维尔把增长极的概念从佩鲁抽象的经济空间发展到现实的经济地理空间，提出了区域增长极概念。他把区域增长极定义为配置在城市地区并引导其影响范围内经济活动进一步发展的一组扩张性产业，增长极在拥有推进型产业的城镇中出现。布代维尔主张，通过“最有效地规划配置增长极并通过其推进工业的机制”来促进区域经济发展[20]。

增长极对地区经济增长产生的作用是巨大的。从事某项经济活动的若干企业或联系紧密的某几项经济活动集中在某一区域，可以共同培养与利用当地熟练劳动力，加强企业间的技术交流和共同承担新产品开发的投资，形成较大的原材料等外购物资的市场需求和所生产产品的市场供给，扩大经济活动规模，提高分工程度，分摊风险与成本，从而活跃经济活动，获取地理位置临近的综合经济效益。

增长极理论提出以来，被许多国家用来解决不同的区域发展和规划问题，对提高经济效率、促进发展起到了积极作用。但许多国家的实践表明，基于增长极理论指导的区域发展政策也扩大了区域发展差距。增长极的极化作用，使周围地区的劳动力、资金、技术等要素转移到极化地区，剥夺了周围区域的发展机会，并且扩散阶段前的极化阶段可能过于漫长，要度过这个漫长的阶段，落后地区的人民要忍受贫困，政治不安定的因素可能会增加。

对于省际交界区而言，资源禀赋相似和行政分割往往导致交界区各城市产业同构化倾向和区域市场分割，限制了市场规模的扩大，不利于分工的深化，城市间往往成为竞争对手而非合作伙伴，特别是弱弱毗邻型交界区，推进型产业和推进型区域难以脱颖而出，交界区中心城市首位度低，难以承担起区域经济发展的组织者、引领者作用。省际交界区往往陷入“本地极化不足，损失区域经济发展效率”“省内极化过度，边缘化地位难以摆脱”的尴尬处境。

因此，省际交界区各市应形成“促进本地极化，培育增长极；弱化省内极化，追求一体化发展”的共识，要做到这一点，必须突破行政区分割对要素流动的限制，树立大局意识，避免本位主义。

1.4.4　克里斯塔勒的中心地理论

德国地理学家克里斯塔勒于 1933 年出版了《德国南部中心地原理》[21]，该书提出了“是否存在着决定城镇的数目、分布和规模的规律”这一问题，并围绕这一问题建立起他的中心地理论体系，其目的就是通过建立一个理论演绎模型来揭示那些支配城镇空间分布的原理。克里斯塔勒将自己的理论与杜能的农业区位论和韦伯的工业区位论并列，认为自己的研究是对杜能和韦伯理论的补充。

克里斯塔勒认为中心地的性质是本地区商业内外交流的中介和执行者，中心地所承担的为周围地区提供商品和服务的职能就是中心地职能，中心地有服务范围或服务半径，基于服务范围的不同，形成了各种层级的中心地体系。

克里斯塔勒证明了不同规模和不同功能的中心地在空间上的分布不是杂乱无章的，而是按一定的规律呈等级分布的。高级中心的数量总是少于低级中心，高级中心的服务范围和服务人口大于低级中心，且高级中心的商业服务职能涵盖低级中心。同级中心具有大致相同的功能，不同层级的中心则作用不同，彼此不能互相替代，即使高级中心拥有低级中心的全部功能，高级中心的低级功能却不能覆盖整个市场领地。良好的区位条件（如高密度的人口聚居区、交通便利的枢纽地带等）是各级中心地形成和发展的最重要的条件。

省际交界区的中心地体系尚不完善，或者中心地体系并未形成，或者中心地功能和层级并不清晰，这是交界区城市间激烈的市场竞争导致各城市追求在中心地体系中处于更高层级而忽视了体系间各层级中心的功能分工，甚至为了这种追求而人为地去割裂市场、设置障碍，从每个城市个体看，这种追求或许是一种理性的决策，但却以损害整体理性为代价，长期使交界区城镇规模体系处于不合理的配置中。

1.5　我国主要的省际交界区

本节根据相邻省域个数划分省际交界区类型，由于两省（自治区、直辖市）

相邻交界区太多，本书仅列出三省（自治区、直辖市）及以上相邻省际交界区。

三省（自治区、直辖市）相邻省际交界区：内蒙古黑龙江吉林——蒙黑吉交界区；内蒙古吉林辽宁——蒙吉辽交界区；内蒙古辽宁河北——蒙辽冀交界区；内蒙古河北山西——蒙冀晋交界区；内蒙古山西陕西——蒙晋陕交界区；内蒙古宁夏甘肃——蒙宁甘交界区；新疆甘肃青海——新甘青交界区；新疆西藏青海——新藏青交界区；青海西藏四川——青藏川交界区；青海甘肃四川——青甘川交界区；甘肃陕西四川——甘陕川交界区；山西陕西河南——晋陕豫交界区；陕西河南湖北——陕豫鄂交界区；西藏四川云南——藏川滇交界区；四川贵州云南——川黔滇交界区；四川重庆贵州——川渝黔交界区；湖北湖南江西——鄂湘赣交界区；河南湖北安徽——豫鄂皖交界区；安徽湖北江西——皖鄂赣交界区；安徽浙江江西——皖浙赣交界区；江苏安徽浙江——苏皖浙交界区；江西浙江福建——赣浙闽交界区；江西福建广东——赣闽粤交界区；湖南江西广东——湘赣粤交界区；湖南广东广西——湘粤桂交界区；湖南贵州广西——湘黔桂交界区；贵州云南广西——黔滇桂交界区。

四省（自治区、直辖市）相邻省际交界区：江苏山东河南安徽——苏鲁豫皖交界区；内蒙古宁夏甘肃陕西——蒙宁甘陕交界区；河北山西河南山东——冀晋豫鲁交界区；陕西四川湖北重庆——陕川鄂渝交界区；湖北重庆贵州湖南——鄂渝黔湘交界区。

五省（自治区、直辖市）相邻省际交界区：内蒙古宁夏甘肃陕西山西——蒙宁甘陕晋交界区。

第 2 章　苏鲁豫皖交界区：历史与发展状况

苏鲁豫皖交界区是历史形成的自然经济区域，这里物华天宝、人杰地灵，经济开发较早，历史上农业、手工业、商业甚为发达，曾经是中华民族的发祥地之一，古文化与鲁国有着密切的关系，基本属于东夷文化范畴。这一区域山水相连、人文相亲、习俗相近、道路相接、商旅相通，有史以来自然形成密不可分的传统联系，数千年来虽经历沧桑变幻、盛衰更迭、隶属迁移，但始终通过各种渠道沟通联系，延续着密切的人际往来、商品交流和社会联系。因此在行政区域的划分上，这一地区也一直有着密切的关系。

2.1　苏鲁豫皖交界区的历史

2.1.1　古九州之徐州

相传大禹治水时，将天下分为九州，徐州即为九州之一。据《尚书·夏书·禹贡》记载："海、岱及淮惟徐州。淮、沂其乂，蒙、羽其艺，大野既猪，东原厎平。厥土赤埴坟，草木渐包。厥田惟上中，厥赋中中。厥贡惟土五色，羽畎夏翟，峄阳孤桐，泗滨浮磬，淮夷蠙珠暨鱼。厥篚玄纤、缟。浮于淮、泗，达于河。"文中所说的海即现在的黄海，岱即泰山，淮即淮水。当时的徐州作为一个地理区域，范围在淮河以北、泰山以南，东临黄海，山东南部、江苏北部、安徽东北部。

《尔雅·释地》中也有记载称："两河间曰冀州，河南曰豫州，河西曰雍州，汉南曰荆州，江南曰扬州，济河间曰兖州，济东曰徐州，燕曰幽州，齐曰营州。"

济东即古济水以东。

唐代著名文学家柳宗元在《柳河东集》中也述及："海岱及淮为徐州。东至海，北至岱，南至淮也。以其淮海之所在，故曰朝宗。此言东海为师道所据也。"

行政区划向来是国家的一项重大政策内容。自古以来封建王朝划分行政区划时，就考虑到苏鲁豫皖交界区特殊的文化体系、经济关系和传统联系，为了便于统治和管理地方经济的发展，将此区域通盘考虑。当时徐州的范围基本上与现在淮海地区相近。

2.1.2 苏鲁豫皖交界区建省经历

由于苏鲁豫皖交界区地处南北方过渡地带，其天然所成的山水相连、自成一体的自然环境，风俗习惯、文化认同感的相近性，密切的人际往来、商品交流，造就了该区域密不可分的经济和社会联系，具有一定的建省基础。所以历史上，特别是近代，多次出现建省的主张。虽然由于种种原因，这些主张生命短暂甚至并未能够最终成为现实，但也可以看出此区域间开放与合作的重要地位。

1. 江淮省

清朝光绪年间，当时的状元、学者、实业家张謇是徐州建省的极力主张者。光绪三十年，张謇提出了《徐州应建行省议》，当时他正在徐州一带开矿设厂，自然也有综合开发利用徐州和周边资源的意思，更便利自己发展工矿。张謇在《徐州应建行省议》中规划了徐州建省的具体办法。他建议以徐州为中心，从苏、鲁、豫、皖四省各分出一些州县，划归徐州行省。计有江苏徐州府属之铜山、萧、砀山、丰、沛、邳、宿迁、睢宁，海州与沭阳、赣榆，淮安之安东、桃源；安徽凤阳之宿、灵璧，颍州之蒙城、涡阳、亳州，泗州与五河、盱眙、天长；山东沂州之兰山、郯城、费、莒、沂水、蒙阴、日照，兖州之滕、峄，济宁之鱼台、金乡，曹州之曹、单、城武；河南归德之商邱、虞城、宁陵、鹿邑、夏邑、永城、睢、考城、柘城。共 45 个州县。

张謇在其著作《徐州应建行省议》中认为在徐州设立行省的理由有两点：一是徐州地理位置重要，徐州"控淮海之襟喉，兼战守之形便，殖原陆之物产，富士马之资材，其地为古今主客所必争者，莫如徐州"。二是在当时特殊的历史条件下，徐州建行省具有抗衡英、德侵逼之外患与消弭会党起事之内乱的战略意义。当时在英控长江、德占山东后，英、德又力谋扩展，如果没有强大的政治军事力量，则很难抵挡英国势力的北犯和德国势力的南侵。"其在今日，非建行省设巡抚，则断乎不可"。张謇主张在"以徐州为众星之月，东到海州，西至商丘，南起泗州，北迄沂水，包括苏、皖、鲁、豫四省交会之区的四十五州县”建立行省，他认为，在徐州设省可以二便四要（二便是便于裁漕督、便于练兵；四要是训农、勤工、通商、兴学）。张謇在徐州设省的用意，用张謇的话来说，是“变散地为要害”；从今天的角度来看，是“变边缘为中心”，在四省边缘地带构造经济中心，改变淮海的相对落后局面，实现新亚欧大陆桥东段的崛起[①]。

与此同时，朝廷又收到御史周树模请裁漕运总督折，在交由政务处会议之后，于光绪三十年十二月丙寅做出决定：谕裁漕运总督，改设江淮巡抚。谕云：“政务处奏议复裁改漕运总督一折，江北地方辽阔，宜有重镇。顺治年间，改设漕运总督，原兼管巡抚事。现在河运全停，著即改为江淮巡抚，以符名实而资治理。即以原驻地方为行省，江宁布政使所属之江、淮、扬、徐四府暨通、海两直隶州，全归管理。仍著两江总督兼辖，各专责成。”就这样，张謇在徐州设立行省主张没有实现，“徐州在江苏，地居最北，若于平地创建军府，既多繁费；所请分割江苏、安徽、山东、河南四十余州县，亦涉纷更”。江苏却被南北分裂，苏、淮划江而治，成立了江淮省。

江淮省的设立，遭到了朝野内外的强烈反对，其纷纷上奏，提出江淮建省不便有四，大意为：其一，江淮设省与光绪二十六年（1900 年）朝廷开始实行的裁革冗员新政精神不符；其二，划江而治使江苏失去形胜，难以成省；其三，将影响江苏、江淮两地的财赋；其四，增加机构，影响行政效率。这样的结果令清廷大为惊讶，不得已于光绪三十一年（1905 年）三月十七日，又下一谕：“政务处奏覆会议苏淮分省一折。苏淮分省，于治理既多不便，著即毋庸分设，江淮巡抚，即行裁撤。所有淮扬镇总兵，著改为江北提督，以资震慑。”[②]江淮省从设立到裁撤，前后仅三个月，算得上是近代史上寿命最短的省级建制。

2. 江北分省

武昌起义爆发后，全国各地竞相宣布独立，清政府原有的统治体制迅速瓦解。在此背景下，江北分省问题又一次出现。1912 年 4 月 11 日，设立于清江浦的江北议会和江北都督蒋雁行向全国发出通电，要求改江北为行省，并否认设在苏州的江苏省议会有代表全省的权力。但此举遭到当时已就任临时大总统的袁世凯与江苏省都督程德全的反对。虽有江北民众团体各界“异常愤激，纷纷集议，拟以死力争”，采取通电、上书与请愿等各种方式试图挽回局面，各界还共同推举陈士髦等五人为代表，到北京请愿，向临时参议院提交《江北分省请愿书》，并遍访旅京的江北人士寻求支持，但最终还是未能如愿。

---

① 张謇，《徐州应建行省议》，《张謇全集》第一卷，南京：江苏古籍出版社，1994.

②《清实录》，北京：中华书局，2012.

3. 归德省

1931 年，时任国民党内政部常务次长的安徽凤阳人张我华等提交给国民党中央政治会议的缩小省区案中，主张将全国划分为 69 个省，其中主张以淮阴县（今淮安市）为江淮省省会设立江淮省；以徐州为归德省省会，合江苏省、山东省、河南省、安徽省四省边缘之地，设立归德省。后因各种原因，未能推行。

4. 徐淮省

1940 年民国省制问题设计委员会胡焕庸（地理学家）提出的分省案中，主张充分利用苏鲁豫皖交界区已有的发达交通、矿产资源发展经济，也主张设立徐淮省。当时设计面积 66 872 平方千米，共 35 个市县。胡焕庸认为在徐州设省，可以有效地解决诸多问题，如微山湖的统一开发，淮河、沂沭、泗水系的综合治理和环保等问题，可以促进各省交界的稳定，这些也是当前现实中仍然存在且需要全盘考虑的基础设施、公共服务与生态环境建设等问题。

5. 伪淮海省

1938 年 5 月 19 日，徐州沦陷。1942 年 2 月 19 日，汪伪政府行政院决定“苏北行政公署”与“淮阴行政公署”合并，成立“苏淮特别区行政长官公署”。

1944 年 1 月 13 日，汪伪中央政治委员会第 131 次会议决定撤销“苏淮特别区行政长官公署”，设立伪淮海省，省会徐州。

1944 年 2 月 1 日，伪淮海省正式成立，任命郝鹏举为省长，下辖徐州市及铜山县、萧县、丰县、沛县、夏镇、砀山县、宿迁县、邳县、睢宁县、淮阴县、淮安县、涟水县、泗阳县、东海县、灌云县、赣榆县、沭阳县、阜宁县，并将安徽的亳县、宿县、灵璧县、泗县划入，所辖区域为江苏、安徽，共 23 个市县，面积 5 万平方千米，人口约 1300 万。

1945 年 8 月 15 日，日本侵略者投降，伪淮海省仅存在一年半就消亡了。

2.1.3　苏鲁豫皖边区省委

在中国共产党的领导下，苏鲁豫皖交界区广大民众为抗日战争和解放战争的最后胜利做出了不可磨灭的贡献。

1935 年 2 月，在地方党组织遭受严重破坏的恶劣环境下，郭子化召集张光中等各地党组织负责人召开会议，决定成立中共苏鲁边区临时特委，统一领导苏鲁边区党的活动。

1936 年底，革命形势进一步发展，特委的活动范围已扩大到苏鲁豫皖四省边区的十几个县。为此，特委决定将中共苏鲁边区临时特委改为中共苏鲁豫皖边区临时特委，郭子化任中共苏鲁豫皖边区临时特委书记，机关设在鲁南抱犊崮山区的高桥镇。在革命最艰苦的时期，中共苏鲁豫皖边区临时特委领导了周边四个省，二十多个县市的革命斗争。

1937 年，按照中央安排，中共苏鲁豫皖边区临时特委移交河南省委，当时中央交给河南省委的党员组织关系共 460 人，其中中共苏鲁豫皖边区临时特委就有 300 人，由此可见中共苏鲁豫皖边区临时特委的卓越功绩。

1938 年 5 月 19 日，徐州沦陷。根据八路军准备向苏鲁豫皖四省挺进的战略部署，中共中央于 1938 年 10 月，决定将山东省委扩大改建为苏鲁豫皖边区省委，郭洪涛任书记，景晓村任秘书长，程照轩任组织部长，孙陶林任宣传部长，郭子化任统战部长，军事部长由郭洪涛兼任。至此，中共苏鲁豫皖边区临时特委完成了历史使命，其成员并入苏鲁豫皖边区省委。苏鲁豫皖边区省委管辖山东全境和原属河南省委管辖的苏鲁豫皖边区。1938 年秋，基本上形成了鲁南、苏皖、湖西、豫皖苏四个坚实的抗日根据地，这些抗日根据地成为八路军坚持山东、新四军坚持华中敌后抗战的重要基地，有力地配合了滕县保卫战、台儿庄大捷和徐州会战等大型战役。

2.1.4 淮海经济区

1986 年 3 月淮海经济区宣告成立，迄今已 34 年有余，其范围涉及苏鲁豫皖 4 省 20 个地级市，包括江苏的徐州、连云港、淮安、盐城、宿迁（5 个地级市），山东的济宁、菏泽、临沂、枣庄、日照、泰安、莱芜（7 个地级市），河南的商丘、开封、周口（3 个地级市），安徽的淮北、宿州、阜阳、蚌埠、亳州（5 个地级市）。截至 2016 年底，淮海经济区总人口约 1.2 亿，占全国总人口的 9.3%；总面积约 17.8 万平方千米，约占全国总面积的 1.9%；地区生产总值约 4.9 万亿元，占全国 GDP（gross domestic product，国内生产总值）的 6.6%；财政收入约 0.47 亿元，占全国财政收入的 3.9%。

淮海经济区发展至今可以分为以下三个阶段。

（1）联合发展阶段（2000 年以前）。1980 年 7 月《国务院关于推动经济联合的暂行规定》和 1984 年《中共中央关于经济体制改革的决定》为淮海经济区的发展提供了坚实的政策基础。《中华人民共和国国民经济和社会发展第七个五年计划》更明确地提出："形成以省会城市和一批口岸与交通要道城市为中心的二级经济区网络。"这些城市要敞开大门，同周围中小城市和地区发展广泛的横向联系，增强辐射力，形成范围不同、各具特色的经济区，进一步唤醒此区域合作意识。1984 年 11 月，胡耀邦总书记视察徐州时召集苏豫皖三省领导商谈促进交界区域横向联合等事宜，更有力地促进了区域联合协作的迅速开展。1986 年初，著名经济学家于光远同志倡导提出淮海经济区的概念，并划定了基本范围（苏鲁豫皖 14 个地市），淮海经济区成为国内第一个跨省的区域性经济合作组织。1996 年，全国人大常委会副委员长费孝通四次到淮海，两次在京主持专题会议，提出了加快区域经济发展的思路，并以书面形式向时任中共中央总书记江泽民提交了五点建议，第一条就是"设立区域经济协作综合试点区"。在这一时期淮海经济区的发展总体上呈现出以政府推动为主导，以企业为主体，在市场规律作用下，跨区域合作联合逐步增强，区域合作发展运行机制逐步建立，各行政区之间的经济关系出现由孤立逐渐向合作转变，合作领域逐步拓宽的特点。

（2）规划引领阶段（2000～2009 年）。2000 年，江苏省确立"三圈五轴"城市化空间战略布局，明确徐州是省重点规划建设的四个特大城市和三大都市圈的核心城市之一，2002 年出台了以徐州为核心，涉及四省六个地级市、两个县（市、区）的《徐州都市圈规划纲要》，旨在通过培育徐州都市圈，实现区域共同发展，提升区域综合竞争力。随后，其他省（自治区、直辖市）也相继出台了系列规划或战略，如山东省提出的济宁都市圈、河南省提出的中原城市群和安徽省提出的东向发展战略。这一时期，一些加强地方保护、设置行政壁垒、妨碍公平竞争等分割市场的规定被逐渐废止，长期存在的地区封锁格局基本上被打破，区域合作发展呈现多极化、多圈层、多要素的总体态势。这一时期淮海经济区的发展突破了较多束缚，注入了活力、动力，呈现多极化、多圈层、多要素的一体化合作发展态势。

（3）核心区一体化建设阶段（2010 年至今）。2010 年，徐州市提出并倡导实施了加快淮海经济区核心区一体化建设的战略设想，确定了徐州、连云港、宿迁、枣庄、济宁、商丘、淮北、宿州八个市为核心区城市，力求通过核心区一体化建设的先期快速推动，进而带动淮海经济区的整体发展。截至 2016 年已举办过六届核心区城市市长会议，共同签署了一系列合作协议，讨论通过了多项重点工作方案。这一时期，各成员市积极落实区域合作协议，强化对接、有序协调、联动发展、整体推进，在产业协作、交通互联互通、旅游同城化、跨区域污染防治等方面进行有效合作，使核心区一体化建设不断深化，呈现良好的发展势头。

2.1.5　徐州都市圈

徐州都市圈，也被称作徐州城市群，是以徐州为中心的经济区域带，地跨苏鲁豫皖四省，其区域构成以江苏省境内为主体。范围包括：江苏省的徐州市、连云港市、宿迁市，安徽省的宿州市、淮北市，山东省的枣庄市和济宁市的微山县，河南省永城市，共涉及 8 个城市，2000 年总人口 3188 万，涉及面积 4.8 万平方千米。

2000 年 7 月，“徐州都市圈”概念出炉。当时，江苏省委、省政府召开全省城市工作会议，会议要求通过强化南京、苏锡常、徐州三大都市圈的功能，更好地带动全省城镇的快速发展。2001 年 10 月，江苏省政府办公厅发出了《关于切实做好南京徐州都市圈规划编制工作的通知》，通知指出：“南京、徐州都市圈的建设和发展是全省城市化发展战略和城镇空间布局的重要组成部分。”

2003 年，《徐州都市圈规划（2001—2020）》出台。2002 年 2 月，经国务院审查同意，建设部行文批复了《江苏省城镇体系规划（2001—2020）》。批复原则同意《江苏省城镇体系规划（2001—2020）》确定的江苏省城镇发展战略。江苏省城镇发展要以南京、徐州和苏锡常三个都市圈为战略重点，逐步使人口和产业向各级城镇合理集聚。为了实施国务院批复的《江苏省城镇体系规划（2001—2020）》，编制了《徐州都市圈规划（2001—2020）》。

徐州都市圈将强化徐州市的中心城市功能，形成以徐州主城区为一个核心、沿陇海线这一条轴线所构成的“点轴”空间结构。重点打造成产品深加工、物流信息、旅游、特色名优食品制造、纺织、中医药开发和制造、信息制造业、重化工、钢铁、重型机械、现代服务业等产业群，成为苏北地区首要的经济增长极和实施全省区域共同发展战略的重要区域。

2006 年 5 月，在徐州举行了“2006 徐州都市圈互动发展论坛”，其主题为“徐州都市圈交通一体化与协调互动机制构建”。此次论坛由徐州市委、徐州市人民政府、江苏省发展和改革委员会、江苏省交通运输厅共同举办，旨在加强和构建徐州都市圈城市间快速便捷的交通通道，以交通一体化促进经济一体化，实现都市圈各城市的合作共赢、共谋发展。

2015 年，《江苏省城镇体系规划（2015—2030）》中布局了全省“一带两轴、三圈一极”的紧凑型城镇空间结构，其中与徐州相关的有“徐州都市圈”“沿东陇海城镇轴”。

2015 年 11 月，江苏省住房和城乡建设厅组织启动《徐州都市圈规划（2015—2030）》修编工作。鉴于徐州都市圈为省际城市群，规划修编工作注重加强与安徽、山东、河南三省的沟通联系，解决跨省协调问题，并从国家战略、区域融合角度，将淮海经济区、淮海城市群、沿东陇海城镇轴作为研究范围。

2.2　苏鲁豫皖交界区开放合作的现实基础

省际交界区是以省级行政边界为起点，向行政区内部横向延展一定宽度所构成的、沿边界纵向延伸的窄带型区域。本节根据上述原则，确定苏鲁豫皖交界区是由江苏、山东、河南和安徽 4 省接壤地带 12 个地级市组成，可分为四大经济板块，即苏北板块的徐州、连云港、宿迁，鲁南板块的菏泽、济宁、枣庄、临沂、日照，皖北板块的宿州、淮北、亳州，豫东板块的商丘。苏鲁豫皖交界区 12 个城市地域相连、习俗相近、道路相接、商旅相通、资源丰富、优势互补，城市特色和产业结构相近，在自然、人文地理等方面具有较强的连续性和相似性，一直以来区域间各地保持和延续着密切的人际交往、经济贸易和社会联系，目前已经初步形成了合作与发展的协调机制，在产业协同协作、交通互联互通、公共服务一体化、跨界河域污染防治、区域警务协作、科技资源优化整合，以及商贸、物流、旅游等方面实现了有效合作。

2.2.1　优势互补，具有共同的经济发展诉求

苏鲁豫皖交界区各城市都是人类文明的重要发祥地，山水相连、人缘相亲、文化相近、习俗相似、道路相接、商旅相通，自古以来区域之间就保持和延续着密切的人际交往、经济贸易、文化往来和社会联系，举世闻名的淮海战役就证明了淮海地区人民并肩战斗的英雄历史和光荣传统。同时这个地区具有相同的自然地理环境，包括温度带、气候、水系、主要矿产资源等，发展基础相近，也面临着共同的发展问题，形成了合作发展的良好条件。

（1）资源的一致性和互补性，有利于区域资源的合作开发、整合利用和优势互补。从资源的一致性看，该地区是全国重要的煤炭能源基地和粮食主要产区。苏鲁豫皖交界区是我国重要的煤炭能源基地，包括鲁西南、苏北、淮北、豫东四大煤田，其中兖滕两淮能源开发区是国家 19 个重点国土综合开发区之一，大部分都位于该交界区内。该地区具有储量大、煤种齐全、煤质优良、地理位置优越、靠近消费中心等优势，同时又有江、河、海、路纵横交错的运输网络，其工业价值和开采利用价值优于其他产煤区。苏鲁豫皖交界区以平原为主，四季分明，水运发达，灌溉条件便利，适宜农作物生长，是全国重要的粮食生产基地和农副产

品加工基地（表 2-1），在全国农业发展中具有十分重要的战略地位。

表 2-1　苏鲁豫皖交界区各市粮食产量占全省或全国的比重（2016 年）

城市	产量/万吨	占全省比重	占全国比重
徐州市	469.16	13.54%	0.76%
连云港市	360.80	10.41%	0.59%
宿迁市	384.54	11.09%	0.62%
日照市	88.48	1.88%	0.14%
临沂市	412.40	8.77%	0.67%
枣庄市	163.25	3.47%	0.26%
济宁市	587.00	12.49%	0.95%
菏泽市	766.51	16.31%	1.24%
商丘市	540.30	9.09%	0.88%
宿州市	403.19	11.80%	0.65%
淮北市	126.88	3.71%	0.21%
亳州市	473.90	13.87%	0.77%

资料来源：《中国统计年鉴》、各省市统计年鉴

从资源的互补性来看，各城市许多资源又各具特色，互补性强，共同构成苏鲁豫皖交界区的资源宝库。截至 2016 年末，济宁已发现和探明储量的矿产 70 多种，以煤炭为主，为全国重点开发的八大煤炭基地之一；淮北盐场是全国大海盐生产基地之一；徐州拥有井盐、铁、钛等多种矿产，井盐储量为 220 亿吨，钾矿探明储量 22 亿吨（约占国内探明储量的 1/5）；东海县素有“中国水晶之乡”之称；宿州市已发现探明储量 17 种，白云岩、大理石、耐火黏土储量位均居安徽省第一；商丘市也有丰富的矿产资源，境内新发现的通柘煤田，是河南省迄今为止发现的最大煤田。

苏鲁豫皖交界区旅游资源丰富，拥有“三孔”世界遗产、云龙湖（5A 级旅游景区）及泉山、皇藏峪等国家级森林公园，徐州、亳州、商丘等国家历史文化名城，徐州、连云港、亳州等中国优秀旅游城市，淮海战役烈士纪念塔园林、花果山等多处国家 3A、4A 和 5A 级旅游景区。还有徐州狮子山楚王陵、龟山汉墓，以及微山湖、台儿庄古城、淮北相山、连云港连岛、日照海滨等。这些都为发展旅游合作提供了资源条件。

（2）产业结构的一致性（表 2-2）。虽然近年来苏鲁豫皖交界区积极推进经济结构调整，三次产业对地区生产总值的贡献率与全国和长江三角洲一样实现了

"二、三、一"布局，但结构优化、产业升级的进程明显落后。从三次产业结构看，2016 年第一产业占比在 10%以下的城市有徐州、枣庄、日照、临沂、淮北；高于 10%但低于 15%的有连云港、宿迁、济宁、菏泽；超过 15%的有亳州、宿州、商丘。由此可见，苏鲁豫皖交界区第一产业份额偏高，工业化程度较低，如何促进该区域工业化是苏鲁豫皖交界区今后共同发展的重中之重。

表 2-2　苏鲁豫皖交界区各市 2016 年三次产业比重

城市	第一产业占比	第二产业占比	第三产业占比
徐州市	9.3%	43.3%	47.4%
连云港市	12.7%	44.2%	43.1%
宿迁市	11.7%	48.5%	39.8%
日照市	8.1%	47.3%	44.6%
临沂市	8.9%	43.1%	48.0%
枣庄市	7.6%	51.2%	41.2%
济宁市	11.2%	45.3%	43.5%
菏泽市	10.9%	51.3%	37.8%
亳州市	19.7%	38.7%	41.6%
淮北市	7.7%	56.3%	36.0%
宿州市	19.2%	38.0%	42.8%
商丘市	19.6%	41.2%	39.2%

资料来源：《中国统计年鉴》、各省市统计年鉴

（3）发展阶段的一致性。各城市在各自省内都处于省区域经济发展的边缘区，属于欠发达地区。整体来说，苏鲁豫皖交界区各城市的经济发展水平比较相近，经济结构相似，基本上都处于同一发展层次，即从初期阶段进入快速阶段的重要发展时期，具有合作的现实条件。

（4）经济区位的一致性。苏鲁豫皖交界区具有优越的地理和交通优势，却都面对着不利的经济区位，在省域经济和全国区域经济发展中处于双重边缘化地位，处在沿海"南北"、沿桥"东西"区域经济发展的多重"低谷"叠加之中，实现"低谷隆起"是它们一直以来的共同梦想和经济诉求。提高区域竞争力，靠各自孤军作战是不行的，必须通过区域合作，建立共生机制，这就必然要消除阻碍区域经济一体化发展的市场和体制障碍，深入推进开放合作，现在各成员市党政领导和许多企业都表现出强烈的合作意愿。从资源城市转型发展看，交界区内的徐州、淮北、宿州、济宁、枣庄等城市因煤而兴，目前都面临着资源衰退、环境污染、

产业接续等共同的问题，产业、城市亟待转型。通过加强合作，推进产业协同发展，可以有效破解区域性连片资源型城市转型发展难题。

（5）人文积淀的一致性。苏鲁豫皖交界区文化底蕴深厚，风俗习惯、文化认同感相近，孔孟文化、运河文化、彭祖文化及两汉文化等的发源地云集于此，这成为苏鲁豫皖交界区开放合作和旅游一体化的重要推动力。

2.2.2 交通网络发达，运输方式齐全

交通运输网络是形成区域开放合作的重要基础条件。苏鲁豫皖交界区各成员市围绕构建便捷、快速、畅通的立体交通网络，加快交通基础设施建设，促进区域交通互联互通和基础设施资源共享，铁路、公路、水运、航空等基本实现了便捷、快速、畅通的立体交通网络。交界区内京沪、京九、陇海、新石二纵二横铁路干线形成“井”形框架，京福、京沪、连霍、日东高速公路及国道干线构成了密集运输网络。苏鲁豫皖交界区内的连云港、日照港是天然深水良港，京杭大运河穿境而过，鲁宁输油管道纵贯南北，航空线路基本覆盖经济区，便捷的交通使该交界区具有货畅其流、人便其游的优势条件。

2.2.3 合作机制日益完善，合作层次日益提升

苏鲁豫皖交界区合作由来已久，早在1986年就成立了淮海经济区，这是我国最早设立的经济区，并成立了淮海经济区经济开发联合会，设立办事机构淮海经济区联络处。淮海经济区成立后，每年召开一次市长会议，共同商讨合作事宜，交流经验，密切关系，增进合作。建立了多元化、多层次的合作交流机制和平台，如淮海经济区企业家联合会、淮海经济区工商协作会议、淮海经济区报业联盟、淮海经济区文化旅游联盟、淮海经济区警务协调机制、淮海经济区国土资源局长论坛、淮海经济区书画协会、淮海经济区非物质文化遗产研究中心等，每年开展活动，促进了区域发展与合作交流。2010年，徐州和济宁、枣庄、连云港、宿迁、宿州、淮北、商丘，这8个地域距离更近的城市在原有淮海经济区的框架基础上，建立了淮海经济区核心区合作平台，定期召开市长会议，意图在共同探索一体化建设，促进共同发展，围绕产业合作格局、交通一体化进程、培育文化产业、扩大医保结算、提升商贸物流合作、建立环境污染治理协作、加强警务协调、打造旅游市场、加强区域科技人才交流等方面进行探索。所涉及的各城市有关部门也都形成了合作机制，并开展相应工作。

高层对接交流、行业对口协作活跃。各成员市党政高层领导走访会晤、学习考察、对话交流，就规划衔接、交通通联、产业合作、园区建设、招商引资、文化旅游等双边协作、多向联合等事宜进行了有益广泛的交流对接。连云港走访日照，共同商讨实施“一带一路”倡议布局，加快口岸建设，实现紧密合作、比翼齐飞；徐州、济宁坚持每年互访，围绕“转型发展、提质增效”强化协作，健全协调机制，提升合作竞争实力；宿迁走访连云港等，交流激活内生活力经验，转轨沿海开发，争创发展优势；蚌埠走访宿州、亳州、阜阳，宿州走访蚌埠，连云港走访宿迁，就城市建设和新型现代产业园的发展进行有益的商讨合作；商丘、宿州、淮安分别走访徐州，互相学习借鉴新型城镇化建设经验；济宁走访菏泽，探讨共同打造鲁西南经济隆起事宜。高层对话交流的密切进行，能有力地推动部门、行业、企业之间的联合协作向实质性对接展开。

2.3　苏鲁豫皖交界区开放合作状况

现在的苏鲁豫皖交界区，位于亚欧大陆桥东部桥头堡区域，在全国经济总格局中占有重要位置。但同时又处于四个省级行政区的交界地区，较少受到周边城市群中心城市的辐射和吸引，边缘化问题突出，内部缺乏协作，外部缺少开放，经济发展总体上比较滞后。因此，以问题为导向，选择具有典型代表性的苏鲁豫皖交界区作为研究对象，剖析其经济活动的特征和机理，分析其区域开放合作的可行性，旨在解决省际边界地区的边缘化问题，使之全面对接融入国家和省级区域开放合作的发展新战略、新格局，拓展区域发展新空间，形成全面开放合作新局面。

2.3.1　各地级市基本情况

（1）徐州。徐州市简称徐，古称“彭城”，江苏省省辖市，位于江苏省西北部、华北平原的东南部、长江三角洲北翼，地处南北方过渡地带，拥有承东接西、沟通南北、双向开放、梯度推进的战略区位优势，东襟淮海，西接中原，南屏江淮，北扼齐鲁，素有“五省通衢”之称，为北国锁钥，南国门户，向来为兵家必争之战略要地和商贾云集中心。连霍、京福、京沪等国家高速公路主干线在此交会，京沪、陇海两大干线铁路于此相交，京杭大运河傍城而过，徐州观音国际机场是淮海经济区唯一的大型干线机场，徐州市运输管道是华东输油管道的重要组成部分。徐州已经初步形成公路、铁路、水运、航空、管道“五通汇流”的立体化交通格局，成为全国重要的交通和铁路枢纽、能源基地和工业基地。徐州总面积 11 765 平方千米，2016 年末，市区面积 3040 平方千米，辖 5 个市辖区、3 个县、2 个县级市，常住人口为 871.00 万。徐州是国家“一带一路”重要节点城市，淮海经济区中心城市，长江三角洲区域中心城市，华东重要门户城市，徐州都市圈核心城市；是华东地区重要的科教、文化、金融、旅游、医疗、会展中心，苏北地区的经济、商业和对外贸易中心，国际新能源基地，素有“中国工程机械之都”的美誉。

（2）连云港。连云港市位于中国沿海中部，鲁中南丘陵与淮北平原的接合部，江苏省东北部，东濒黄海，与朝鲜、韩国、日本隔海相望，北与山东日照市接壤，西与山东临沂市和江苏徐州市毗邻，南连江苏宿迁市、淮安市和盐城市。土地总面积 7615 平方千米，水域面积 1759.4 平方千米。连云港 2016 年末常住人口 449.64 万，下辖 3 个区、3 个县。连云港市地处中国海陆、南北过渡的接合部，全国首批沿海 14 个对外开放城市之一、新亚欧大陆桥（中国境内为陇海、兰新铁路）东方桥头堡，拥有辽阔、稳定的经济腹地，对中国腹地丰富的物产资源及广大的消费市场有着较强的凝聚力和消化力。连云港是中国重要的综合性国际贸易枢纽港，全国十大海港、全球百强集装箱运输港口之一，开通了 50 条远近洋航线，与世界上 160 多个国家和地区的近 1000 多个港口有着密切的通航关系和贸易往来，并已初步形成以港口为中心的海陆空立体交通网络。连云港是中国优秀旅游城市、中国水晶之都，已基本形成医药、化工、纺织、食品、建材五大支柱行业，20 多个产品位居同行前列。

（3）宿迁。宿迁市是历史悠久但又年轻的新兴中心城市，1996 年 7 月经国务院批准成立为地级市，位于江苏省北部，属沿东陇海线经济带、沿海经济带、沿江经济带的交叉辐射区。区域内平原辽阔、土地肥沃、河湖交错，是著名的“杨树之乡”、“水产之乡”、“名酒之乡”、“花卉之乡”和“蚕茧之乡”，是中国优秀旅游城市、国家园林城市、国家卫生城市、中国金融生态城市、联合国环保节能新型示范城市。全市总面积 8524 平方千米，2016 年末常住人口 487.94 万，下辖 2 区 3 县，自古便有“北望齐鲁、南接江淮，居两水（即黄河、长江）中道、扼二京（即北京、南京）咽喉”之称。京杭大运河纵贯宿迁南北，宁宿徐高速公路、徐宿淮盐高速公路、京沪高速公路、新扬高速公路建成通车，有新长铁路、宿淮铁路，205 国道穿境而过，省道 344 加快推进，西距徐州观音国际机场 60 千米，北离连云港白塔埠机场 100 千米，东到淮安涟水机场 130 千米，空港优势非常明显。宿迁是闻名中外的“水产之乡”，水域面积 350 余万亩[①]，境内有两湖（洪泽湖、骆马湖）三河（大运河、淮河、沂河），其中，洪泽湖是中国著名的四大淡水湖之一，骆马湖是国内为数不多的二级水质湖，盛产银鱼、青虾、螃蟹等 50 多种水产品。宿迁是“中国白酒之都”，洋河、双沟两大名酒均产于此地。

（4）日照。日照市是山东省的一个地级市，位于我国沿海中部，山东东南部，黄海之滨，山东半岛的南翼。日照是一座新兴的沿海港口城市，东临黄海，与日本、韩国、朝鲜隔海相望，西靠沂蒙山，北连本省的青岛、潍坊，南接江苏省连云港。2016 年下辖 2 区 2 县及日照经济技术开发区和山海天旅游度假区。全市陆域面积 5310 平方千米，其中山区、丘陵、平原各约占 1/3，海域面积 6000 平方千米，海岸线长 168.5 千米，2016 年末日照市常住人口 290.11 万。日照市是山东省的一座港口城市，因“日光先照”而得名，沿海从南到北 60 千米金沙滩，素有“水上运动之都”“东方太阳城”之美誉，环境非常优美，为联合国宜居城市之一。

（5）临沂。临沂市因临沂河而得名，位于山东省东南部，地处长三角经济圈与环渤海经济圈结合点、东陇海国家级重点开发区域，东近黄海，西接中原，南邻江苏，素有“齐鲁襟喉、徐淮锁钥”之称，是国家综合交通枢纽。2016 年辖 3 区 9 县，面积 17 191 平方千米，2016 年末全市常住人口 1140.80 万，是山东省人口和面积第一大市。临沂市是一个多民族聚居区，除汉族外，有 48 个少数民族。经过中华人民共和国成立后几十年的艰苦奋斗，临沂市已奠定了良好的发展基础。临沂机场通达全国十几个城市，京沪高速公路、日东高速公路、新亚欧大陆桥铁路、沿海铁路大通道在临沂市境内纵横交错，构成了一个非常便捷的陆海空立体交通主干网，使得沂蒙大地对外联系更加便捷。如今临沂已成为中国商贸物流之都，全国重要的物流中心，是海关特批实行“旅游购物商品通关方式”的城市。2017 年，全市实现地区生产总值 4345.39 亿元，同比增长 7.9%。

（6）枣庄。枣庄市位于山东省最南部，是山东省设立的第四个地级市，东依沂蒙山，西濒微山湖，南接徐州，北临济宁，是中国南部地区进入山东以北地区的第一门户，被称为“山东南大门”，享有“江北水乡，运河古城”的美誉，并素有“鲁南明珠”之称。枣庄市总面积 4564 平方千米，2016 年末常住人口 391.56 万，辖 5 区 1 县。枣庄拥有 7300 年的始祖文化、4300 年的城邦文化、2700 年的运河文化、130 年的工业文化，处于“一山、一水、两汉、三孔”黄金旅游线上，是一座充满活力、独具魅力的新兴旅游城市。枣庄是具有辉煌历史的城市，车神奚仲在枣庄发明了世界上第一辆马车，拥有世界上最大的石榴园——冠世榴园。枣庄是近代民族工业文明的发源地，民国时期最大的华资企业——中兴公司在这里诞生，并发行了我国历史上第一只股票“枣庄中兴公司股票”。现在的枣庄被国

① 1 亩≈666.67 平方米。

务院批准为东部地区唯一的转型试点城市，这标志着枣庄的发展上升为国家战略，具有广阔的发展潜力。

（7）济宁。济宁市位于鲁西南腹地，地处黄淮海平原与鲁中南山地交界地带，北依泰山，南临淮河，东靠沂蒙，西傍黄河，是连接华东与华北、沿海与内陆的重要通道。京沪、京九、新石铁路交叉穿越，京福、济徐、日东高速公路和 4 条国道纵横境内，京杭大运河贯穿南北。全市总土地面积 11 187 平方千米，截至 2016 年末常住人口 835.44 万，辖 11 个县市区，素以“孔孟之乡，运河之都”著称于世，具有 7000 年的文明史，历史文化悠久，是东方文明的重要发祥地之一，是中国优秀旅游城市。济宁是山东省重点规划建设的三大都市圈之一和鲁南经济带中心城市，也是中央规划建设的“中华文化标志城”所在地。经过多年的发展，济宁培育了一批特色农产品基地，形成了一批优势产业和骨干企业，2016 年拥有 4 个中国名牌、81 个山东名牌产品，利税过千万元的工业企业 265 家、过亿元的工业企业 49 家。

（8）菏泽。菏泽市地处山东省西南部，位于山东、江苏、河南、安徽 4 省交界处，总面积 12 239 平方千米，2016 年末全市常住人口 862.26 万，辖 2 区 7 县，另有两个开发区。菏泽古称曹州，历史悠久，文化底蕴深厚，加之旅游资源丰富，美丽富饶，交通便利，曾几度商贸云集、货畅其流，成为中原地区的经济文化中心。城市交通便捷，区位优势明显，京九铁路与新亚欧大陆桥（日照—新乡铁路）在菏泽呈“十”字交会，是我国著名的“牡丹之都”“武术之乡”“书画之乡”“戏曲之乡”“民间艺术之乡”。

（9）商丘。商丘市是豫东最大城市，河南省的东大门，华中有影响力的城市，全球华商的共同家园。商丘市东临沿海，西扼中原，南襟江淮，北接齐鲁，地处东部沿海发达地区和中部地区的过渡地带，是河南省距离出海口最近的省辖市。商丘是国务院批准的内陆对外开放城市，是国家“一带一路”和中部崛起“两纵两横”产业带节点城市之一，是中原地区承接沿海地区产业转移的桥头堡。2016 年商丘下辖 6 县 2 区 1 县级市，另有商丘市城乡一体化示范区，全市总面积 10 704 平方千米，2016 年末常住人口 728.00 万，是国家大型能源基地、石油化工基地、煤化工基地，豫东政治、经济、文化、科教、物流、交通、商贸、金融中心。商丘是国家粮食生产核心示范区，是全国 20 个粮食产量超百亿斤的地级市之一；全国六大无烟煤基地之一，境内新发现的通柘煤田，储量 230 亿吨，是河南省迄今为止最大的煤田；重要的物资集散地和商贸中心，被河南省政府确定为区域性物流中心城市。

（10）宿州。宿州市位于安徽省最北部，与苏、鲁、豫 3 省 11 个县市接壤，史有“皖北大门”“徐南形胜”之称，东临洪泽（湖），西接芒砀（山），南濒涡淮（河），北驾故黄（河），处在淮海经济区腹地、长江三角洲经济带西缘，既是沿东陇海经济带的龙头，又是亚欧大陆桥的桥头堡；既是承接东部沿海发达地区向内陆辐射的前沿，又是南北经济文化交会的要冲。1998 年 12 月 6 日，经国务院批准成立省辖宿州市，全市总面积 9939 平方千米，2016 年末常住人口 559.93 万，辖 4 县 1 区。宿州为“舟车会聚，九州通衢之地”“扼汴控淮，当南北冲要”“跨汴阻淮，信江北一要地”，是著名的“中国酥梨之乡”“中国书画艺术之乡”“中国书法艺术之乡”“中国马戏之乡”“中国民间艺术（钟馗画）之乡”“中国观赏石之乡”“泗州戏之乡”。

（11）淮北。淮北市位于安徽省北部，地处华东地区腹地，苏、鲁、豫、皖 4 省之交，北接萧县，南临蒙城，东与宿州比邻，西连涡阳和河南永城，总面积 2741 平方千米，2016 年末常住人口 220.80 万，其中城市人口近 80 万，下辖 3 区 1 县。淮北是一个资源丰富、景观美丽的富饶城市，形成以煤炭、电力、纺织、酿酒、建材等为支柱的产业格局，是中国能源基地、农副产品生产基地和全国塌陷土地复垦示范区。淮北矿产颇丰、品种繁多，其中以煤炭为最，远景储量 350 亿吨，工业储量 80 亿吨，国家和安徽省重要的粮、棉、畜禽、蚕桑等农副产品生产基地。

（12）亳州。亳州市位于安徽省西北部，地处华北平原南端，居于中原战略要地，素有“南北通衢，中州锁钥”之称。北部与河南省商丘市相接，西部接壤河南省周口市，南部接壤安徽省阜阳市、淮南市，东部接壤淮北市、蚌埠市。亳州是国家历史文化名城，中国优秀旅游城市，中原经济区、长三角城市群成员城市、皖北旅游中心城市，全市土地面积 8521 平方千米，2016 年末常住人口 510.40 万，市辖 1 区 3 县。亳州是全国优质农副产品、林业生产基地，盛产中药材，建有全国最大的中药材专业交易市场，享有“药都”的美誉，是全球最大的中药材集散中心和价格形成中心，同时也是全国著名的“白酒之乡”，通过做好药、酒、道家文化等文章，结合文化名城、名人故里、中华药都、白酒之乡、养生亳州五大品牌优势，已形成独具特色的文化旅游产业。

2.3.2　苏鲁豫皖交界区发展状况

（1）人口和面积。12 个市的总面积为 110 349 平方千米，2016 年末常住人口 7347.88 万，人口密度约为 665.88 人/千米 ^{2}，与全国总体平均 143 人/千米 ^{2} 相比，该地区属于人口相对稠密的地区。

（2）经济总量。苏鲁豫皖交界区 2016 年地区生产总值总量达到 30 540.99 亿元，占到苏鲁豫皖四省地区生产总值总量的近 15%和全国 GDP 的 4.1%。

（3）人均地区生产总值。2016 年苏鲁豫皖交界区人均地区生产总值为 42 857

元，全部低于各自所在省的人均地区生产总值水平，其中宿迁人均地区生产总值比江苏省的一半略多，菏泽人均地区生产总值为山东省的 44.17%。同时也低于全国人均 GDP 的 53 935 元。

（4）经济密度。2016 年苏鲁豫皖交界区经济密度平均为 2767.67 万元/千米^2，比苏鲁豫皖整个四省的 3579.05 万元/千米^{2}低 811.38 万元/千米^2。

（5）城市化水平。苏鲁豫皖交界区 2016 年城市化率平均为 52.6%，落后于全国 57.35%的平均水平。

（6）城乡居民生活水平。2016 年苏鲁豫皖交界区城镇居民人均可支配收入为 26 869 元，较全国平均水平的 33 616 元低 6747 元；农村居民人均可支配收入为 12 187 元，略低于全国平均水平的 12 363 元（表 2-3～表 2-5）。

表 2-3　苏鲁豫皖交界区总体情况表（2016 年）

城市	面积/千米^2	年末常住人口/万人	地区生产总值/亿元	人均地区生产总值/元	人口密度/（人/千米^2）	经济密度/（万元/千米^2）	城市化率
徐州市	11 765	871.00	5 808.52	66 845	740.33	4 937.12	62.4%
连云港市	7 615	449.64	2 376.48	52 987	590.47	3 120.79	60.2%
宿迁市	8 524	487.94	2 351.12	48 311	572.43	2 758.24	57.5%
日照市	5 359	290.11	1 802.49	62 357	541.35	3 363.48	56.9%
临沂市	17 191	1 140.80	4 026.75	38 803	663.60	2 342.36	55.8%
枣庄市	4 564	391.56	2 142.63	54 984	857.93	4 694.63	55.5%
济宁市	11 187	835.44	4 301.82	51 662	746.80	3 845.37	55.2%
菏泽市	12 239	862.26	2 560.24	29 904	704.52	2 091.87	47.4%
商丘市	10 704	728.00	1 974.02	27 122	680.28	1 844.19	40.0%
宿州市	9 939	559.93	1 351.82	24 270	563.37	1 360.12	40.0%
淮北市	2 741	220.80	799.00	36 427	805.55	2 914.99	62.1%
亳州市	8 521	510.40	1 046.10	20 611	598.99	1 227.67	38.3%
平均	—	—	—	42 857	665.88	2 767.67	52.6%

注：人均地区生产总值一列各市数据来源于各省市统计年鉴

表 2-4　苏鲁豫皖交界区城乡居民人均可支配收入水平及增长率（2016 年）

城市	城镇居民人均可支配收入/元	增长率	农村居民人均可支配收入/元	增长率
徐州市	28 421	8.4%	15 274	9.2%
连云港市	27 853	8.3%	13 932	9.0%
宿迁市	24 086	8.3%	13 929	9.1%

续表

城市	城镇居民人均可支配收入/元	增长率	农村居民人均可支配收入/元	增长率
日照市	28 340	8.1%	13 379	8.6%
临沂市	30 859	7.8%	11 646	7.6%
枣庄市	27 708	7.4%	13 018	8.1%
济宁市	29 987	7.5%	13 615	8.3%
菏泽市	22 122	8.6%	10 705	9.2%
商丘市	25 217	7.0%	9 605	8.1%
宿州市	25 533	8.1%	9 917	8.5%
淮北市	27 248	6.1%	10 653	7.8%
亳州市	25 053	8.4%	10 576	8.6%
平均	26 869	7.8%	12 187	8.5%
全国	33 616	7.8%	12 363	8.2%

表 2-5　苏鲁豫皖交界区各市与所在省经济总量比较表（2016 年）

省/市	地区生产总值/亿元	地区生产总值占全省比例	人均地区生产总值/元	人均地区生产总值占全省比例
江苏省	76 086.17		95 390	
徐州市	5 808.52	7.63%	66 845	70.08%
连云港市	2 376.48	3.12%	52 987	55.55%
宿迁市	2 351.12	3.09%	48 311	50.65%
山东省	67 008.19		67 706	
日照市	1 802.49	2.69%	62 357	92.10%
临沂市	4 026.75	6.01%	38 803	57.31%
枣庄市	2 142.63	3.20%	54 984	81.21%
济宁市	4 301.82	6.42%	51 662	76.30%
菏泽市	2 560.24	3.82%	29 904	44.17%
河南省	40 471.79		42 575	
商丘市	1 974.02	4.88%	27 122	63.70%
安徽省	24 117.89		39 092	
宿州市	1 351.82	5.61%	24 270	62.08%
淮北市	799.00	3.31%	36 427	93.18%
亳州市	1 046.10	4.34%	20 611	52.72%

从 2016 年总体经济指标和各地市的主要经济指标来看，苏鲁豫皖交界区的经

济发展状况具有以下特征。

（1）从全国来看，该地区的经济发展总水平介于东部发达地区和西部欠发达地区，但主要经济指标基本上仍低于全国平均水平。

（2）从区域内部来看，整体来讲各地市经济发展水平较为接近，但仍存在差距。经济总体发展水平徐州最高，其次是济宁和临沂，三市地区生产总值占苏鲁豫皖交界区生产总值的比重分别为 19%、14%和 13%，三者累计占比为 46%以上。宿州和亳州经济则相对落后，无论是地区生产总值还是人均地区生产总值都远不及徐州和济宁的一半，经济密度分别只相当于徐州的 28%和 25%、济宁的 35%和 32%；城市化率较低，两市平均仅为 39.2%；城镇居民人均可支配收入和农村居民人均可支配收入也都位居本地区后列。从四大板块看，苏北与鲁南的整体发展水平相近，属于较为发达地区；豫东与皖北的发展水平基本接近，属于相对落后地区。

（3）从各自省内来看，苏鲁豫皖交界区内的各个城市都处于省际边缘区，在各省经济发展中都相对较为落后，边缘化倾向明显。在同一个省级行政区内，资源、商品、生产要素流动的障碍相对较小，在市场力量的作用下，要素有向市场规模较大的核心区流动的趋势，并且这种情形一旦形成，短期内很难改变，江苏、山东、安徽、河南四省的经济中心都不是苏鲁豫皖交界区内的这些城市，苏鲁豫皖交界区内的城市成为各省经济发展中的边缘区，因此难以避免在省内发展相对落后的局面。以 2016 年人均地区生产总值排名为例，12 个城市在各自省的排名处于后列，经济洼地特征明显。

由图 2-1 可见，按人均地区生产总值排序，2016 年江苏省的徐州、连云港和宿迁分别排在全省 13 个地级市的第 9 位、第 12 位、第 13 位，全都排在全省的后 5 位，苏北板块成为全省经济发展的边缘区。

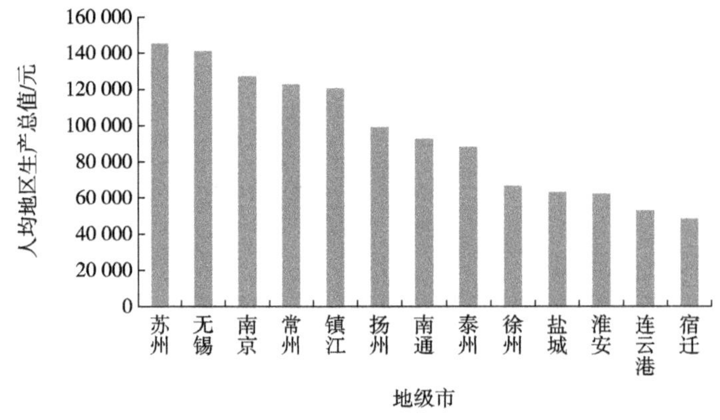

图 2-1　2016 年江苏省各地级市按人均地区生产总值排序

山东省的日照、枣庄、济宁、临沂、菏泽按人均地区生产总值排序，2016 年分别排在全省 17 个地级市的第 8 位、第 11 位、第 12 位、第 16 位、第 17 位，全省后 5 位中包揽了 2 席，与省内发达地区东营、威海、青岛、烟台等市相比，人均地区生产总值差距巨大，鲁南板块在全省经济发展中的边缘化较为明显，见图 2-2。

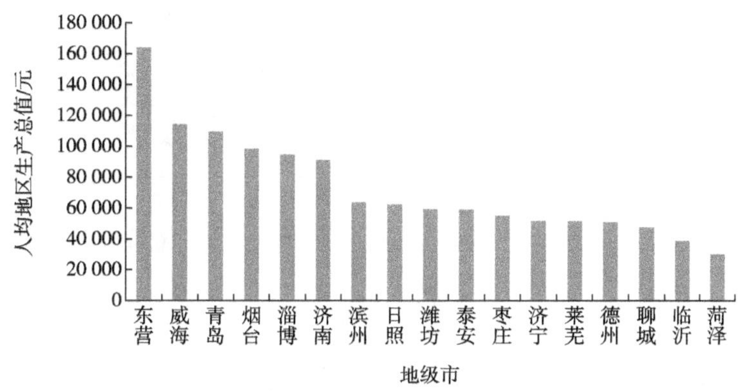

图 2-2　2016 年山东省各地级市按人均地区生产总值排序

由图 2-3 可见，按人均地区生产总值排序，2016 年河南省的商丘排在全省所有地级市（直辖县级市）的倒数第 2 位，同样在全省经济的边缘化特征十分显著。

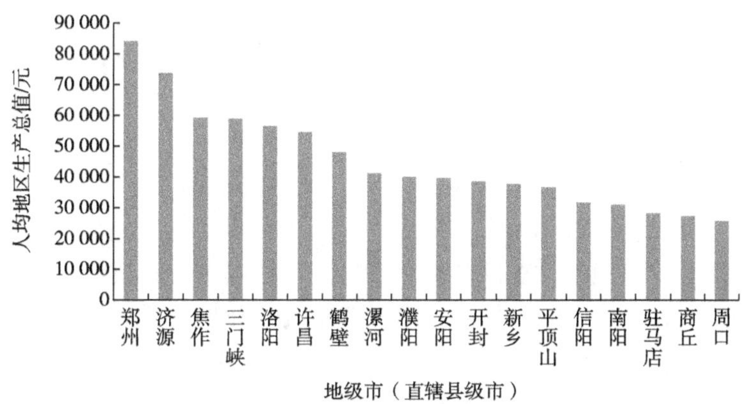

图 2-3　2016 年河南省各地级市（直辖县级市）按人均地区生产总值排序

由图 2-4 可见，按人均地区生产总值排序，2016 年安徽省的宿州、淮北、亳州分别排在全省 16 个地级市的第 13 位、第 9 位、第 15 位，表明皖北板块在全省经济发展中的边缘化较为突出。

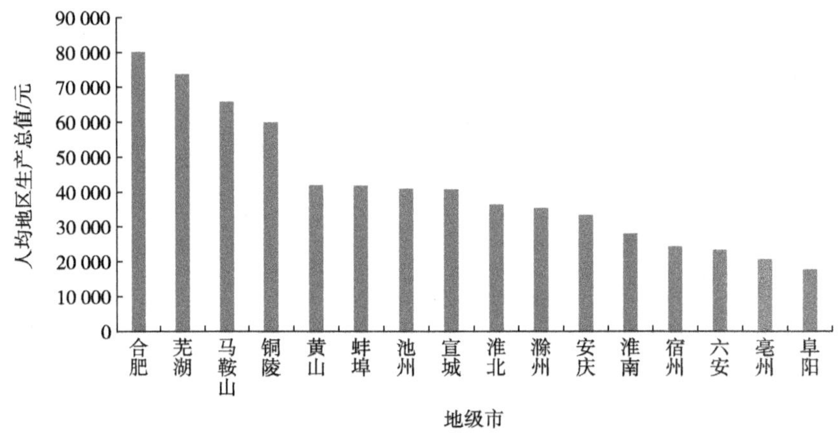

图 2-4　2016 年安徽省各地级市按人均地区生产总值排序

2.4　苏鲁豫皖各省对交界区开放合作的态度

苏鲁豫皖交界区处于我国东中部重要区域，涵盖四省多个城市，历经多年的发展和实践探索，区域认同不断增强，城市互通互联、互动互惠发展态势逐步形成。长期以来，各省对苏鲁豫皖交界区开放合作基本上保持了积极的态度。

2.4.1　江苏省

徐州市作为苏鲁豫皖交界区的核心城市，长期以来一直致力于积极推动该交界区的协同发展，是淮海经济区建设的主要策划者和推动者。但从淮海经济区多年的发展历程看，要超越各省的行政力量，将苏鲁豫皖四省接壤的 20 个市组成一个如此庞大的经济体，发展要素协调配置的难度之大可想而知。

2010 年国务院审定的《长江三角洲地区区域规划》中明确提出了要加快淮海经济区区域规划编制。在全国各地区经济体迅速崛起的大背景下，为了顺应时势、抢抓机遇，推动淮海经济区发展规划早日上升为国家战略，徐州市政府根据国家发展和改革委员会地区经济司的建议，提出了加快淮海经济区核心区一体化建设的战略设想。该设想一经提出，就得到了核心区内宿迁市、济宁市、连云港市、淮北市、宿州市、商丘市、枣庄市等城市的积极响应。2010 年 5 月 7 日，淮海经济区核心区城市市长会议在徐州市顺利召开，标志着淮海经济区核心区一体化建设正式启动。

第一届淮海经济区核心区城市市长会议上，各成员市本着开放合作、抱团取暖的原则，为实现经济“低谷隆起”的共同心愿，出台了《关于加快淮海经济区核心区一体化建设的意见》、《淮海经济区核心区一体化建设合作与发展协调机制》和《2010 年淮海经济区核心区一体化建设重点工作方案》等重要文件。各成员市从区域合作、共同发展的大局出发，认真贯彻会议要求，积极落实相关文件要求，强化对接、有序协调，联动发展、整体推进，在加快区域性基础设施建设、建立和完善环境保护长效机制、加强区域间产业互动交流、深化区域人才资源交流与合作、推进区域医疗卫生合作、推进区域旅游同城化发展等领域都取得了实质性的进展，进一步完善了区域合作体系，初步形成协调机制和相关制度，有力推进了一体化建设的顺利进行，各项重点工作取得明显实效，呈现良好的发展态势。

江苏省委和省政府一直高度重视淮海经济区建设。2005 年，时任江苏省委书记的李源潮多次来徐州调研，并到日照、济宁等江苏省外的淮海经济区成员市走访考察。罗志军在关于《中共江苏省委关于制定江苏省国民经济和社会发展第十三个五年规划的建议》的说明中讲到，要推动淮海经济区和淮河生态经济带规划建设，充分发挥徐州都市圈区域辐射带动作用，更好发挥拉动苏北发展的增长极、增长带作用。江苏省委、省政府领导多次明确表示，将全力支持徐州抢抓机遇，加快淮海经济区中心城市建设，推动徐州实现转型发展。

2.4.2　山东省

近年来，山东省政府也十分重视鲁南地区经济发展。2008 年，山东省人民政府就同意并发布了《鲁南经济带区域发展规划》。鲁南经济带包括日照、临沂、枣庄、济宁、菏泽 5 市 43 个县（市、区），位于新亚欧大陆桥东端，处在泛太平洋经济圈、中日韩经济圈与新亚欧大陆桥经济带的交会点，也是华东与华北、山东半岛与中原地区，以及长江流域与黄河流域、淮河流域的接合部。该区域是山东省“一体两翼”和海洋经济发展战略的重要构成，在全省经济发展中具有承南接北的作用。

“一群三圈”的城市发展布局是为增强山东整体竞争力，赶超江苏的重要规划内容，即大力培育半岛都市群、济南都市圈、青岛都市圈、济宁都市圈的总体框架。济宁都市圈的影响圈层将包括河南濮阳、开封、商丘及江苏徐州的相邻部分，与淮海经济区的部分城市相重合，与徐州都市圈、中原经济区都有一定的交集。打造济宁都市圈就是为了抢占四省交界地区的制高点，形成邻边经济新高地和全省重要的增长极，在区域经济发展中夺得先机。

山东省“十三五”规划中区域发展战略强调东部提升、中部崛起、西部跨越，纵深推进“两区一圈一带”建设，即山东半岛蓝色经济区、黄河三角洲高效生态经济区、省会城市群经济圈、西部经济隆起带。由于山东省的经济地位，其在对待交界区中苏豫皖的相关城市时，不是主动对接融入，而是更注重发挥引领带动作用。2017 年 1 月，山东省人民政府发布关于《济宁市城市总体规划（2014—2030 年）》的批复，原则上同意了济宁关于淮海经济区中心城市的定位和建设规划，推动济宁都市区构建，增强济宁都市区在西部经济隆起带、鲁南城镇带上的区域辐射与带动作用，并做好与周边城市的区域协调和联动发展。

2.4.3　河南省

商丘市位于苏鲁豫皖交界区河南省区域内，它是以河南省各地市为主的中原经济区和淮海经济区的交集城市。中原经济区以郑州大都市区为核心，范围包括河南全省及山西、山东、安徽、河北局部地区，总面积约 29 万平方千米，截至 2015 年底，总人口约 1.6 亿。尽管在 2011 年中原经济区建设已上升为国家战略，但过于庞大的区域范围和人口规模，经济区边缘城市很难接收到经济区中心城市的辐射与拉动。因此，商丘市一直十分主动地强调其对苏鲁豫皖交界区经济区的融入。商丘市委、市政府结合地理区位和发展定位，提出了“东张西望”的对外开放战略：“东张”就是向东张开双臂，积极对接长三角和环渤海经济圈，成为承接产业转移的桥头堡，深化与陇海兰新、淮海经济协作区等区域的合作，加强跨区域重大基础设施建设、现代物流、旅游、生态建设、污染防治等领域合作，推动科技要素、人力资源、市场、政府服务等对接，建设一体化区域市场；“西望”就是向西眺望郑汴，对接郑州航空港经济综合实验区，主动融入中原经济区核心增长极，成为中原经济区的东部战略支撑。

2.4.4　安徽省

《安徽省城镇体系规划（2011—2030 年）》中确定的城乡空间布局空间结构为“一圈一带一群”，“一圈”为合肥都市圈，“一带”为沿江（皖江）城市带，“一群”为皖北城市群。安徽长期以来经济发展的重心主要放在合肥都市圈与沿江（皖江）城市带，对皖北地区在资源配置与政策扶持上都相对薄弱，发展规划的指导思想上也是一直强调皖北地区与周边省市经济的对接，以提升皖苏产业发展一体化的深度与广度。宿州市和淮北市分别提出，“积极融入淮海经济区核心区，加快建立跨省市区合作协调机制”。2005 年 12 月，安徽宿州与江苏徐州签订了《徐州·宿州经济社会发展合作框架协议》，主动融入徐州经济圈。以共建共享为原则，在领域上实现由经济合作向全面合作的拓展，在运作上实现由事务性合作向制度性安排的对接，在空间上实现由局部性统筹向整体性谋划的深化，在成果上实现由合作互惠向联动共享的延伸，注重跨区域行政区间进行资源配置、协同发展，通过规划共绘、交通共联、产业共兴、市场共构等途径，共同推进淮海经济区建设。

旅游合作是苏鲁豫皖交界区各成员市间合作最紧密的内容之一。2013 年 10 月，各成员市签订了《淮海经济区旅游经济一体化框架协议》，各成员市间相继开通了十余条旅游专线，旅游业界的交流推介、客源互送正形成常态。2014 年 5 月，淮海经济区核心区 8 个城市的市长在会议上又签署了《淮海经济区核心区城市旅游合作协议》，实现淮海经济区景区年票制和一卡通等旅游同城化项目。徐州—宿州开发区的首条省际公交班车也已正式运营，在环境联合治理、人才交流、警务协作、新型农村合作医疗跨界合作等方面，也达成了较为广泛的合作。

第3章　苏鲁豫皖交界区：困境与出路

当前苏鲁豫皖交界区区域协调发展不断深入，区域经济增速持续高于全国平均水平，经济总量在全国比重持续上升，但同时又处于四个省级行政区的交界地区，较少受到周边城市群中心城市的辐射和吸引，边缘化问题突出，内部缺乏协作，外部缺少开放，经济发展总体上处于“低谷地带”。要摆脱发展困境，旨在解决省际边界地区的边缘化问题，推进区域经济一体化，使之全面对接融入国家和各省级区域开放合作的发展新战略、新格局，拓展区域发展新空间，形成区内外全面开放合作新局面。

3.1　苏鲁豫皖交界区开放合作的主要障碍

3.1.1　省际行政壁垒阻碍了区域经济一体化发展

边界区域是指在一定范围内某政治实体（如国家、行政区等）与其他接壤政治实体（如国家、行政区等）在交界处所构成的特定地理空间。省际边界地区位于我国最大的行政单元——省（自治区、直辖市）的交界处，是一个特殊的地理区域。行政边界的存在对行政区之间经济、社会因素流动产生的阻碍或促进作用，表现为边界区域中不同行政区的城市经济水平增长的结构性差别、要素流动的断裂或一体化。边缘性和欠发达性往往是其主要特征。通常交界区远离各成员所在行政区的政治、经济、文化中心，不易成为各级政府的重点发展区域，在经济上呈现出欠发达的特征。行政分割现象在省际边界地带尤为明显，具体表现为产业项目雷同、重复建设、过度开发、交界区基础设施互联互通性差等，这种经济发展方式极不利于省际边界地带的要素流动和整体效益发挥。

各种生产要素的跨行政区自由流动和重组是区域经济一体化发展的本质要求。而在行政区经济运行状态下，生产要素的流动主要集中在纵向行政区之间，其联系相对密切，而行政区间的要素流动不畅通，横向经济发展存在诸多矛盾和冲突。苏鲁豫皖交界区 12 个成员市隶属于苏鲁豫皖四省，同时也是四省经济发展的边缘区域，由于特定的区位条件及历史上形成了密切的地域关系，省际交界地带具有开展区域经济合作的优越条件，区域经济合作也取得了相当成效，但地区封锁和行政壁垒仍然存在，成为一体化发展的重要障碍，省际大量存在的“断头路”现象，就是很好的例证。由于受行政界线的刚性制约及地方利益的束缚，整体的优势分化，良好的区位条件受到严重制约。成员市之间的合作受到各自所属的省级行政部门的干扰较大，致使一些省际重大发展战略难以达成一致，使产业聚集与辐射受阻。而在有限的区域合作方面，又因不了解对方采取的策略且缺乏互信沟通，相互间缺乏有效的协调与合作机制，难以形成较高层次的合作，导致此省际边缘区虽有得天独厚的区位优势但依然得不到充分发挥，使区位和资源的高地塌陷为经济发展水平的低谷，呈现出明显的边缘性和欠发达性的特征。地方政府作为区域利益的代言人，可以通过行政管理来制定各自的区域发展思路和政策取向，再加上政府绩效考核体系的强化作用，四个省没有真正地在发展战略上产生认同感，行政区划的割裂成为区域合作发展的重大问题。在苏鲁豫皖交界区，江苏的重点是沿江和苏南，苏北成了江苏省的一个薄弱地区；山东的重点是在胶东半岛和济南都市圈，鲁南被边缘化，济宁、枣庄、临沂和菏泽是山东省的发展忽略区；安徽的重点是合肥和皖江沿线，皖江城市带战略中淮北、宿州、亳州不在其列；河南省的中原城市群建设中商丘也不在其中。

随着国家区域统筹和协调发展战略的推进，尤其经济发展进入新常态，各省（自治区、直辖市）纷纷加快了区域共同发展的步伐，打造欠发达地区经济增长点，以带动全省经济发展。江苏专门成立了苏北发展协调小组，对苏北经济薄弱县展开挂钩帮扶，苏南与苏北对接，大力推进产业、财政、科技、劳动力的“四项转移”，把徐州都市圈作为江苏三大城市圈发展规划之一。山东针对鲁南的发展也是全力以赴，尤其是突破菏泽战略带动整个鲁南发展，专门针对鲁南发展制定了济宁都市圈和鲁南城市带，将济宁建设成为山东的第三极。在皖北地区，安徽提出了“两淮一蚌”沿淮城市群的决策，加快资源优势向经济优势的转化，针对不同的区域发展状况，专门部署宿州、亳州、阜阳的发展，建立宿马（马鞍山）经济区。这些将有利于推进苏鲁豫皖交界区开放合作，加快一体化发展进程。该地区自淮海经济区设立以来，一直致力于区域内各城市的协调发展，但分属四省的行政分割状况导致城市之间的统筹难度很大，一体化发展较为缓慢，成效甚微。

总体来讲，各省间行政区划的分割仍是导致交界地区边缘化的关键因素，打破分而治之的局面，实现区域一体化发展，创立跨行政区的合作组织便成为推进苏鲁豫皖交界区开放合作的重中之重。

3.1.2 同质化竞争阻碍了区域产业分工协作

合理的区域产业结构既是区域经济协调发展的保证，也是区域经济协调发展的体现。一个区域，如果过多的城市拥有同一个产业，即产业集中度太低，则这些城市在该产业的发展上就会面临更加激烈的市场竞争，甚至导致恶性竞争，难以形成合理的产业地区分工协作体系，不足以发挥比较优势，从而妨碍区域经济的发展；如果某个产业只在个别城市发展，其他城市的产业与该产业并无关系，即产业集中度过高，该产业的发展就起不到拉动区域经济发展的作用，难以在区域内形成合理的产业配套体系，而只能与区域外其他地区建立产业的前后向联系。产业的过度集中和过度分散都不能有效促进区域经济的协调发展。苏鲁豫皖四省交界区由江苏北部、山东南部、河南东部与安徽北部地区组成，这些区域都是各省的经济谷地，是经济欠发达地区。苏鲁豫皖交界区南部是发达的长三角地区，北部是环渤海经济区，是中国南方经济与北方经济的过渡地带，对资本的吸引力较差，严重影响了该交界区的发展。

苏鲁豫皖交界区各成员市生产力水平和生产条件十分相似，且缺乏外生的生产要素投入，由于地区生产总值增长的目标导向而忽视了比较优势和产业分工合作规律，运用行政手段和地方保护措施规划引导各自产业发展，导致边界区域产业结构同质化问题突出，重点产业布局过于分散，重复建设现象较为普遍，产业集中度低，阻碍了区域产业的分工合作和集聚发展。苏鲁豫皖交界区资源丰富，是我国重要的能源基地之一，也是我国重要的农副产品和果菜生产基地。但总体上看，苏鲁豫皖交界区内产业集中度不高，城市各自为战、重复建设的现象还比较严重，城市间互补的分工合作体系尚未形成，区域竞争与冲突在所难免，区域经济合作的产业结构基础还有待建立。从第一产业分析，该地区第一产业占地区生产总值比重普遍较高，均对传统农业依赖度较高，农业现代化水平相对较低。从第二产业分析，该地区是全国重要的能源工业发展基地，长期煤炭采掘使多数城市形成了相似的产业结构，大多是建立在自然资源基础上的能源化工、资源加工型产业。目前丰富的煤炭资源又使该地区在长期资源输出型经济发展中面临着资源型产业的转型发展问题，在共同面临转型压力和承接发达地区产业转移时，该区域内城市在吸引外部资本、技术等方面出现了激烈的竞争，在转型方向上，往往有多个城市选择了同样的替代产业，使得不同城市间的相同产业出现激烈的市场竞争。从第三产业分析，各城市处于相似的地理和交通区位，首先是将生产性服务业（如建立大型物流园区等）作为产业转型的方向，争相打造区域性物流中心成为各城市竞争的重点，其次是商贸流通中心，商务、金融中心等也竞争得很激烈，造成市场分割，严重影响了规模经济效益，导致重复建设、成本增大、资源浪费的现象。

3.1.3　中心城市集聚和辐射效应不足削弱了区域合作的向心力

区域的合作会受到“内引力”与“外拉力”两个反方向力的作用，省际行政边缘地区尤为显著。其中，内引力主要来自区域内的产业合作红利，区域中心城市的辐射带动能力；外拉力主要来自所在的省级行政区、省会城市及区域外各中心城市的辐射和影响力。

中心城市和区域经济的发展是一种互动的关系，中心城市强大，可以辐射带动周边发展，反过来，经济腹地也可以支撑中心城市发展。而苏鲁豫皖交界区恰恰同时存在这两个问题：一个是中心城市不强；另一个是区域经济发展水平不高。在任何一个经济区内，中心城市的“发动机”不可或缺，就像上海之于长三角，北京之于京津冀，广州之于珠三角。从苏鲁豫皖交界区空间位置来看，徐州处于空间上的几何中心，经济总量也是区内最大，但从综合经济实力和辐射能力来看，徐州远不如北京、上海、广州等特大型城市的体量和辐射能力，目前不能够担当起辐射整个区域范围的重任。目前，徐州与济宁、临沂经济发展水平没有形成明显的梯度，对周边地区的人才、技术、资金、劳动力和自然资源难以形成唯一且强大的吸引力。从经济总量看，苏鲁豫皖交界区经济发展排名前三的城市分别是徐州、济宁、临沂，2016 年三市的地区生产总值都超过了 4000 亿元，占苏鲁豫皖交界区生产总值的比重分别为 19%、14%、13%，三者累计占比为 46%以上，事实上核心城市间出现了三足鼎立的局面，三者之间存在激烈竞争，这在很大程度上削弱了合作的向心力。

苏鲁豫皖交界区各城市都位于各省的边缘地带，经济欠发达，行政上的隶属关系加大了省会城市所形成的外拉力。在全国区域经济板块中，苏鲁豫皖交界区处于东部沿海的“脐部”地带，南接长三角，北连环渤海（京津冀），并面向大海背靠中原，正好是沿海和沿桥的接合部，东部和西部地区辐射的重要连接区，在区域内中心城市仍未形成足够强大的内引力，区域内分工合作难以深入推进之时，各城市受周边区域高地及其中心城市的外拉力的影响不断增大，出现了“八仙过海、各显神通”的局面，在某种程度上减弱了苏鲁豫皖交界区合作的向心力。

3.2 苏鲁豫皖交界区开放合作的重要意义

党的十八届五中全会明确指出：“增强发展协调性，必须在协调发展中拓宽发展空间，在加强薄弱领域中增强发展后劲。推动区域协调发展，塑造要素有序自由流动、主体功能约束有效、基本公共服务均等、资源环境可承载的区域协调发展新格局。”[①]省际交界区由于自身的优势和劣势，在区域经济格局中，既面临着新的发展机遇，又面临着被边缘化的危险，成为协调发展的重点区域。省际交界地区大多远离各自政治、经济中心，资源禀赋与各省主导产业不尽相同，受行政区划分割的影响，长期以来发展相对滞后，同时这些区域也是我国未来最具发展潜力的区域之一。以解决苏鲁豫皖交界区边缘化问题为导向，系统深入地分析省际交界地带经济开放合作的基本特点、存在的主要问题，从制度安排、体制机制、结构调整多个层面寻求全面加强内外开放合作的新机制、新路径和新模式，一方面有利于促进区域经济社会的协调发展，并使省际交界区经济发展进入良性互动状态；另一方面有利于提炼出解决省际交界区经济发展实际问题的思路和对策，提高整个区域的整体竞争力和综合实力。因此，探索省际交界区开放合作的发展模式和路径、推进区域一体化进程具有重要的战略意义。

（1）全面深入推进区域统筹协调发展和区域空间结构优化，释放区域合作发展的新红利。省际交界区既是省级经济政策的交会区，又是区域摩擦的集中地，空间协调难度大，统筹发展难点多。苏鲁豫皖交界区行政壁垒、产业低水平重复建设、资源过度开发等问题突出，各自为政，甚至以邻为壑，影响了资源的优化组合和区域整体效益的充分发挥，必将成为新时期区域经济统筹协调发展的重点区域。因此，迫切需要以解决问题为导向，在更高层面、更宽领域内统筹谋划苏鲁豫皖交界区如何融入全国以至全球区域分工协作格局的政策制度、体制机制和依赖路径，拓展区域协同发展新空间。

（2）推进苏鲁豫皖交界区区域经济一体化发展，释放省际交界区开放发展的新红利。省际交界区指在地理位置上处于一省的边界，行政分割阻碍了对内对外的深度开放，大多又远离重大的区域经济中心，受大城市的辐射带动影响小，处

---

① 引自2015年10月30日《广元日报》A01版中的文章：《中国共产党第十八届中央委员会第五次全体会议公报》。

于经济发展的末梢地位，迫切需要通过加强开放对接和区域合作，激发发展潜能，释放开放发展红利。苏鲁豫皖交界区处于各省的发展边缘区，长期得不到有效的区域开发，加之地方行政壁垒高筑，一体化发展障碍较多，同时又没有很好地对接开放，致使其良好的区域发展优势没能得到有效发挥，导致此区域经济发展水平较为落后，区位的高地却沦为当今经济的峡谷。可见，苏鲁豫皖交界区扩大对内外开放、建设开放高地有短板，但更具潜力和优势。国家新一轮区域发展总体战略深入实施，全面深化改革和全方位开放战略加快推进，国家重大基础设施互联互通的规划布局和中原城市群交通等基础设施的一体化发展，非常有利于推进苏鲁豫皖交界区的开放与合作，促进区域一体化进程。加强苏鲁豫皖交界区的开放合作，实施开放带动战略，通过扩大开放来促进合作发展，有利于更好地整合资源要素，发挥各地比较优势，培育区域发展新优势，优化区域产业分工和城镇布局，促进科学发展。

（3）构建苏鲁豫皖交界区开放合作中的政府协调机制，释放省际行政边缘制度创新的新红利。省际行政边缘区域的政府协调有其特殊的经济动因，也同我国行政区划体制紧密相关。苏鲁豫皖交界区虽然较早成立了淮海经济区等合作组织，但由于缺乏区域合作的统一规范制度和区域协调的有效体制机制，淮海经济区的作用甚微。

（4）推动黄河故道的综合治理开发和淮河生态经济带建设，推进沿线全面建成小康社会进程，确保国家粮食安全，释放绿色发展和共享发展的新红利。黄河故道综合治理和开发是一项功在当代、利在千秋的战略工程、系统工程、生态工程和民心工程。黄河故道淤泛区域涉及苏鲁豫皖 4 省 8 个地级市、25 个县（市、区），它综合治理和开发情况复杂、难度较大，综合性强，涉及部门多。实施黄河故道沿线综合开发是沿线区域加快自身发展的内在要求，是推进国家粮食安全战略实施和区域生态环境质量改善的重大举措，也是统筹城乡区域发展、加快沿线群众脱贫致富、全面建成小康社会的迫切需要。黄河故道沿线区域土地资源丰富，但利用率和产出率较低，通过综合治理和开发可以建成 1500 万亩标准农田和 500 万亩生态农业特色基地，同时可以新增 80 万亩左右稀缺的耕地资源，加快形成一批全国粮食生产基地和现代绿色生态农业示范区，有效增加四省发展的环境容量，进一步拓展该区域加快城镇化步伐的空间载体。通过推进黄河故道沿线的区域合作开发，将其建成我国新粮仓、黄淮平原的生态走廊和历史文化长城、四省边缘绿色发展的新兴增长区和百姓富裕幸福的美丽乐园，使沿线近 2000 万个革命老区农民脱贫致富，如期全面建成小康社会。

（5）促进国家重点区域发展战略的顺利实施和全国生产力布局的优化，不断开拓发展新境界。苏鲁豫皖交界区处在长三角与京津冀两大经济带和国家级城市群的互联互通中间连接地带、新亚欧大陆桥与沿海地带的接合部，既是“一带一路”的交会点，又是丝绸之路经济带东部开放的前沿阵地，区位优势独特，在连接南北、沟通东西的经济格局中具有重要战略地位，处于东部地区向西部地区辐射的中心连接区，承担着连接中国南北经济的“接力站”的重任。苏鲁豫皖交界区是长三角和京津冀先进技术和产业向我国中西部地区辐射的中转站，也是中西部地区向沿海发达地区输送农矿产品等原材料的枢纽，对中部崛起、西部开发战略的实施起着传递作用。目前我国从南到北已经形成了珠三角、长三角、环渤海经济区，苏鲁豫皖交界区仍是我国沿海发达地区中的一个断裂带，因此加快该地区的合作发展对形成我国连贯完整的黄金海岸将起到补缺的作用。在经济全球化和区域经济一体化加快发展的大背景下，随着国家区域发展总体战略深入实施，全面深化改革和全方位开放战略加快推进，从加快推动“一带一路”倡议顺利实施、促进东中西部区域协调发展的战略需要出发，迫切需要从更高层面、更宽领域统筹谋划苏鲁豫皖交界区开放合作中的重大问题。

（6）苏鲁豫皖交界区开放合作机制和模式的研究对我国其他相似的省际交界区发展具有很好的借鉴意义和参考价值，能发挥巨大的示范效应。我国省级行政区陆路边界线共 66 条，总长 5.2 万千米，按省界两侧各 15 千米计算，总面积约 156 万平方千米，分布了 849 个县级行政区，县（市、区）数量占全国县（市、区）总数的 35%以上。苏鲁豫皖交界区开放合作机制和模式的研究成果将为创新区域合作机制，探索全国省际边界地区合作发展新途径、新模式、新举措积累有益经验。

3.3　区域合作理论

区域合作是区域之间经济联系的一种形式。各个区域之间存在着经济基础、要素禀赋、发展条件等多方面差异，因此，在资源和要素不能完全自由流动的情况下，为满足各自生产、生活方面的多种需求，提高经济效益，各个区域在经济交往中就必然要按照比较利益的原则，选择发展其优势产业并进行经济贸易往来。于是，在区域之间就产生了分工合作。区域分工合作的意义在于能够使各区域充分发挥资源、要素、区位等多方面的优势，进行专业化生产；能够合理利用资源，推动生产技术的提高和创新，提高产品质量和管理水平；最终提高各区域的经济效益和国民经济发展的总体效益。长期以来，关于区域分工合作和经济活动区域分布理论的研究主要基于国际经济学相关的国际分工与贸易理论在区域层次上的应用，并且经历了一个不断发展的历史过程。

3.3.1　区域分工与合作理论

1. 比较优势理论

区域经济合作是要尽量发挥各个区域的比较优势，相互取长补短或优势互补，促进协同发展，扩大经济优势的影响力，这样才能形成区域经济发展的合力，创造出单个区域无法获得的经济利益。早期的西方古典经济学中的分工合作理论，主要是研究基于自然禀赋差异（如自然资源、区位条件、人口与劳动力资源、历史和地缘因素等）所决定的分工合作理论，最早可追溯到亚当·斯密的绝对成本优势理论和大卫·李嘉图的比较成本优势理论，之后发展到赫克歇尔和俄林的要素禀赋理论。古典分工合作理论认为资源和技术等要素禀赋差异引起的产品相对价格的差异是区域分工和贸易产生的原因。古典经济学中的分工合作理论，不仅对解释 19 世纪到第二次世界大战前的国际贸易或区域贸易格局具有十分重要的实际意义，而且对当前我们发挥自身优势、参与国际国内分工与合作、合理布局生产力等都具有十分重要的指导意义。随着经济的发展和技术的进步，社会分工水平越来越高，产业结构和贸易结构也在不断变化，直接推动了对区域分工合作的研究，新的分工和贸易理论应运而生。新分工合作理论扩大了要素的范围，赋予要素新的含义，如智力投资、培训、研究与开发、技术进步及信息获得都可以形成新的比较利益，出现新的贸易的相对优势，形成竞争优势。波特的竞争优势理论认为竞争优势主要取决于"钻石结构"系统中的诸因素，竞争优势的开发包括四个主要因素和两个辅助因素。他认为，影响一国开发其产业竞争优势的关键因素有四项：生产要素、需求状况、相关产业支撑及企业战略和组织，这四个方面相互促进、相互制约。在一国众多的行业中，最有可能在国际竞争中取得胜利的是在这四个因素方面有优势的那些行业。同时，机遇和政府的作用对国家竞争机制起着辅助作用。

2. 新国际劳动地域分工理论

新国际劳动地域分工理论是把产品生命周期理论、雁行产业发展形态说和比较优势理论等已有理论学说进行结合应用。认为产品的技术周期与不同国家之间和技术梯度之间存在动态匹配关系，基于技术差距的比较优势的梯度递进和转移决定着世界生产和贸易格局的阶段性动态演化。新贸易理论认为即使不存在相对价格差异，规模经济和不完全竞争也是国际贸易产生的独立因素，同时认为核心–边缘模式即区域经济的出现依赖于运输成本、规模经济、市场需求、制造业分布和产业外部性。

3. 马克思主义分工合作理论

马克思主义分工合作理论认为，劳动地域分工是社会生产力发展到一定阶段的产物，分工与合作相互依存、相互促进，并通过分工与合作提高效率、增进效益。其直接原因是区域之间的资源禀赋、发展基础、经济结构、生产效率等方面存在较大的差异与比较优势。该理论是为了最大限度地发挥区域比较优势，确定（或调整）区域产业结构和区域发展方向，有效地避免地区产业结构的趋同问题；认为分工与合作是相辅相成的，分工是合作的前提，合作有利于分工更好的实施和地区专业化的发展，在分工基础上的合作能使区域之间实现优势互补、优势共享或优势叠加，由此获得整体大于部分之和的“合成效益”；强调由合理分工实现资源配置在区域之间的优化重组，使区域之间、行业之间，以及区域人口、资源、环境与经济社会发展之间保持高度和谐统一和自组织状态，有利于形成高级有序的区域产业结构和空间结构；强调以发挥区域优势为前提的地域分工与合作，从而有利于提高个体效率和整体效益等。

苏鲁豫皖交界区 12 个城市资源的一致性和互补性，有利于区域资源的合作开发、整合利用和优势互补，区域合作具有现实基础。该区域资源要素禀赋优越，是我国重要的粮食生产和煤炭能源基地。该地区拥有丰富的农业资源，是全国重要的粮食主产区。从山东兖州、枣庄经江苏徐州、安徽淮北到河南商丘是我国东部地区著名的“煤带”，是华东地区重要的煤电能源基地，同时各地许多资源又各具特色，互补性强，共同构成苏鲁豫皖交界区的资源宝库。例如，鲁西南、豫东和苏北的石油、天然气，淮北的盐场，徐州的井盐、铁、钛、大理石、石灰石，东海的水晶，宿州的大理石等。但受行政区划体制的影响难以形成有效的区域分工合作机制，导致边界区域产业结构同质化问题突出，重复建设现象较为普遍，产业集中度低，区域产业的协同和集聚发展效应没有得到有效发挥，区域竞争与冲突问题较为突出。

3.3.2　区域竞合理论

竞争与合作是彼此关联的，要研究合作问题，必然涉及竞争问题，而研究和处理竞争问题，则又需要合作来化解，该理论强调的是在现代企业竞争中必须保持合作。20 世纪 80 年代以来，经济的全球化和信息化加剧了市场变化，并不断影响着企业的决策和运作。在这样的背景下，企业孤立经营的传统格局正在被打破，企业进入了从孤立生产向合作经营、从生产型向关系型、从独立发展向互联合作的大转变时期。通过企业间的合作可以带来“1 + 1 > 2”的联盟协同效益，使单个企业的局部优势发展壮大为全面的竞争优势，实现资源的最优综合利用。企业的竞争正进入利益共享的合作-竞争时代。“竞合”从企业中产生，进而被区域合作等其他研究领域所采用。

根据合作的相互关系和作用，苏鲁豫皖交界区的 12 个城市之间的合作可以分为三种：竞争型合作、互补型合作、互利型合作。由于功能定位相同，在争夺经济发展所需的资源要素方面会产生竞争，这种城市之间的经济合作是竞争中的合作。工业主导型城市的徐州和济宁，它们之间经济联系的竞争大于合作，但竞争中存在合作，合作是未来的发展方向；徐州与连云港的合作，济宁、临沂与日照的合作等是典型的互补型的城市合作，突出表现为港口-腹地的经济合作；在交界区内各成员市具有发展旅游产业的优势，为了充分发挥各自优势，各自既有竞争又有合作，通过合作打造区域旅游中心，形成典型的互利型的城市合作。

3.4　苏鲁豫皖交界区开放合作的发展潜力

1986 年初，著名经济学家于光远倡导提出了淮海经济区的概念，同年组建淮海经济区经济开发联合会，淮海经济区宣告成立，涵盖苏鲁豫皖 20 个地级市、17.8 万平方千米、1.34 亿人口，分别约占全国面积的 1.8%和总人口的 9.75%。三十多年来，苏鲁豫皖交界区的开放合作不断深入，合作发展基础不断增强，区域发展增速持续高于全国平均水平，经济总量在全国比重持续上升。

苏鲁豫皖交界区合作的发展进程大体经历了三个历史阶段：第一阶段是联合发展阶段（2000 年以前），以市长联席会议轮值方式，开展区域经济研讨和发展重大事项协商，呈现出以政府推动为主导，跨区域合作领域不断拓宽，联合发展日益增强的态势。第二阶段是规划引领阶段（2000～2009 年），2000 年，江苏省明确徐州为省重点规划建设的四个特大城市和三大都市圈的核心城市之一，2003 年联合制订出台了《徐州都市圈规划（2001—2020）》，旨在通过培育徐州都市圈实现区域共同发展，区域发展呈现多极化、多圈层、多要素的合作态势，城市的联系日益紧密。第三阶段是一体化建设阶段（2010 年至今），2010 年，徐州倡导通过核心区一体化建设带动整个交界区的合作发展，徐州、连云港、宿迁、枣庄、济宁、淮北、宿州、商丘八市作为核心区城市，截至 2016 年已举办了六届核心区城市市长会议，各成员市专门会商确定年度重点工作方案。2018 年，淮海经济区协同发展座谈会在中心城市徐州召开，共同商讨确定新一轮区域合作重大问题、重点领域、重点任务，推动区域协同发展向更高水平和更高位置迈进。徐州、淮北、菏泽、济宁、临沂、连云港、商丘、宿迁、宿州、枣庄10个兄弟城市共同签署了《淮海经济区协同发展战略合作框架协议》，发布了《淮海经济区协同发展宣言》。区域合作不断向广领域、多方位拓展，在基础设施互通互联、产业协作、商贸往来、旅游同城化、公共服务一体化、环保联治、区域警务协作、社会事业共建共享方面取得了重大进展，初步形成了政府搭台、部门服务、行业合作、企业联合的广领域、多层次、立体式合作发展的新局面，展现出了巨大的合作发展潜力。

3.4.1　交通互联互通

推进苏鲁豫皖交界区开放合作进程，交通基础设施建设应先行。苏鲁豫皖交界区把加强交通同城化建设作为推进协同发展的重点领域和先行举措，积极谋划区域“大通道、大枢纽、大网络”建设，大力推进交通互联互通和基础设施资源共享，组织编制了《淮海经济区协同发展战略交通一体化发展专题规划》，同步实施在建项目，协同推进规划项目，科学谋划长远项目，加快构建快速、便捷、安全、高效的区域综合交通体系。

同步推进苏鲁豫皖交界区内交通基础设施项目建设。全面梳理区域内城市间“断头路”和等级标准不一致道路，坚持同步实施、同标准建设，切实加大推进力度，提高联通通道通行效率，逐步取消区域内国省道公路收费站。徐宿淮盐、商合杭、青日连盐、宿州—淮安等铁路已竣工运营，淮萧徐快速通道和徐淮阜高速至合徐高速联通，鲁南、徐连等高速铁路，皖北（淮宿蚌）城际铁路，三洋、连淮扬镇铁路正在加快推进。各城市之间均有高速公路相连，密度居于全国前列。现有京福高速公路、京沪高速公路、连霍高速公路、日兰高速公路、青兰高速公路、泗许高速公路、商周高速公路、长深高速公路、宁洛高速公路、徐州西北绕城高速公路、商丘绕城高速公路等重要线路。徐宿快速通道及枣菏、新台等高速公路进展顺利，徐淮阜高速公路、徐淮快速通道等工作有序推进。积极构建苏鲁豫皖交界区城际公交体系，加快开通区域公交一卡通。不断拓展到徐州观音国际机场、临沂启阳机场直达班车，方便区域内航空旅客出行。徐州贾汪至枣庄台儿庄、徐州至萧县、徐州至宿州城际公交班线已实现常态化运营，徐州至淮北等城际公交项目正在积极筹建之中。连云港市充分发挥江苏自贸区连云港片区的辐射带动作用，先后开通至淮安、宿迁、徐州、济宁的内河集装箱航线，与徐州、宿迁等市签订了共建共用连云港口岸合作协议，全力打造“海陆空”多式联运立体交通体系。大运河作为苏鲁豫皖交界区内各成员市间的重要航运水道，沿岸各成员市间的港口建设及各类联运设施也不断上马，京杭运河湖西航道改造、京杭运河济宁至台儿庄（济宁段）航道“三改二”，新汴河航道、新万福河航道、郓城新河航道整治进展顺畅。淮北市全力推进商丘—淮北—宿州水运通道建设，切实提升航运能力，满足发展需要。菏泽牡丹机场、连云港新机场、台儿庄城市候机楼、永城城市候机楼等工程项目加快建设，枣庄机场已获得中国民用航空局立项阶段行业批准意见，商丘机场项目前置要件办理完毕。徐州市高标准规划建设淮海国际陆港，有效整合铁路物流园区、内河作业区、高铁物流园区等，为资源集聚、产业发展提供支撑、注入活力。

协同推进规划项目申报审批工作。建立常态化沟通渠道，协商解决、合力推动区域内高速公路、普通公路、高速铁路、城际铁路、航道和城市候机楼等规划项目的实施和建设问题。编制建设项目库，开展连淮高速公路扩建，尽快启动徐州—淮北—阜阳、台儿庄—睢宁、连云港—宿迁—宿州、淮北—砀山、徐州—宿州—固镇—蚌埠、德州—东阿—单县（鲁皖界）、临沂—滕州、临沂—东海、徐州—临沂、鄄鄄高速公路，临沂—新沂高速铁路，合肥—新沂—青岛、淮北—宿州—蚌埠、淮北—商丘—菏泽城际铁路，连云港—临沂货运铁路，宿连航道、徐洪河航道、新汴河—溧西河—洪泽湖西南线航道、微山三线船闸等重点项目规划申报审批工作。

加强长期规划和项目储备。依托国家综合运输大通道，立足于淮海经济区整体发展，加强与国家铁路部门对接，规划构筑多层次、相互融合的轨道网，做好高速铁路、城际铁路等项目储备。协同争取济南—济宁—商丘、徐州—淮北—阜阳、徐州—枣庄—曲阜、徐州—济宁、徐州—淮北、宿州—宿迁—淮安、枣庄—临沂、徐州—宿州—蚌埠—南京、徐州—菏泽等城际铁路，连云港—临沂高速铁路，三门峡—亳州—淮北—宿州—江苏沿海、临沭—连云港、徐州—菏泽、枣庄—宿迁—扬州、连云港—宿迁—蚌埠、宿淮铁路和新长铁路扩能改造，萧县县城至徐州轨道交通等项目进入国家和省级规划，积极开展徐州轨道交通南延至淮北城区的前期研究。

3.4.2　产业分工协作

瞄准装备与智能制造、新能源、新材料、集成电路、生物医药大健康等战略性新兴产业和现代物流、文化旅游等现代服务业及高端化工、农副产品加工等优势产业，大力推进区域产业分工合作，培养壮大优势特色产业集群，提升整体竞争实力。目前，区域内城市在产业方面开展了一些初步的合作，正在向纵深发展。2013 年，徐州与周边城市签订了企业地产品销售合作协议，实现成员市间的产业对接转移，在建立互动交流机制、区域信息通报等七方面达成合作共识。商丘市以建设承接产业转移示范园区为契机，以产业集聚区发展为平台，形成冷、热、软、硬、苦、甜等特色为主导产业的十个产业集群。宿州市依托南北共建园区、新兴产业集聚区推进电子、机械制造业融合发展。枣庄市巩固提升水泥产业整合重组，有效化解区域内市场过度竞争，促进行业价值合力回归，提高企业效益，并与徐州市机械企业联手，共同发展机械配件精加工项目。宿州市萧县与徐州市泉山区缔结为友好县区，共同建设萧县-泉山园区，开展机械、纺织等产业协作。徐州市泉山区与淮北市杜集区共建跨省合作园区，打造以机械制造为主，兼顾机械研发、物流于一体的机械产业集聚区。

3.4.3 商贸物流合作

从全国经济版图来看，苏鲁豫皖交界区位居全国东西连接、南北互通的枢纽地带，是沿海经济带和陆桥经济带的接合部，在全国经济整体格局中，地位非常重要，为区内发展枢纽经济提供了十分有利的条件。自淮海经济区成立以来，区域内各成员市共同致力于投资环境的改善，实施“大开放、大交通、大市场”的战略，强化区域合作，支持和鼓励商贸企业在区域内互相延伸商业网点，促进商业资源自由流动，推进区域共同市场建设。推动物流信息资源互联互通，逐步实现区域内优势互补、资源共享，加快构建淮海经济区一体化物流服务体系。依据物流业发展空间布局及与制造业配套发展的要求，重点扶持发展多式联运、公路物流、城市物流配送、大宗商品物流、物流信息和新技术应用，以及制造企业物流配套等一批对区域物流系统建设有影响的重点项目，发挥示范带动作用。以现代化交通枢纽为依托，建设大物流园区与大物流中心，重点打造区域性物流载体，设立区域性物流分拨中心，通过多措并举的方式，徐州正在积极打造国家级区域性物流中心。江苏连云港正积极联手邻省的山东日照港加速一体化，港口整合将有力提升区域内港口的竞争力，港口物流合作前景十分广阔。

3.4.4 区域旅游合作

旅游合作是交界区各成员市间合作最紧密的内容之一。2013 年 10 月，淮海经济区第 25 届市长会议在泰安签署合作协议，加强了区域间文化旅游合作，各成员市间相继开通了十余条旅游专线，联合举办旅游合作对接会推进资源共享、客源互送，枣庄—宿迁、徐州—济宁、日照—商丘等市签订旅游合作协议，结成旅游友好城市，进行联动互惠合作。2014 年 5 月，淮海经济区核心区城市市长会议通过了《淮海经济区核心区城市旅游合作协议》，本着优势互补、资源共享、利益互惠的原则，明确提出加强旅游行政管理、旅游宣传促销、旅游项目开发、旅游企业交流、旅游市场监管、旅游保障机制等方面的协调与合作。近年来，各成员市在推行旅游同城化待遇、完善旅游同城化标识、实施旅游同城化管理、推进旅游同城化机制等方面加强合作，推进交界区无障碍旅游建设，交界区内景区年票制和一卡通等旅游同城化进程进一步加快。各成员市积极整合交界区内优势旅游资源，尝试共同推出交界区精品线路，建设一批 4A 级旅游景区，加大"江苏旅游新三角"、"两汉文化、山河圣人"和"一山一水两汉三孔"等旅游品牌的推广力度。

3.4.5　区域公共服务合作

区域公共服务合作主要是指由政府主导的，包括企业、非政府组织等多元主体参与的，通过构建相互合作的关系，整合地方利益，制定协同的公共服务规划与政策，促进公共服务资源自由流动、相互对接、互惠共享，让人们在区域内可以随时随地无障碍地享有同等待遇的公共服务的过程。实施区域公共服务合作，可以消除区域经济一体化发展过程中遇到的障碍，促进生产要素在区域内各地区之间自由流通，让生产要素不会因为行政区的差异而有不同的政策待遇，从而实现人力、资金、技术等生产要素的优化配置。苏鲁豫皖交界区的基本公共服务一体化取得了实质性进展，积极推进教育、医疗卫生和公共文化资源共享，共建科技创新体系，积极开展就业、人才和社会保障合作，加强区域社会管理，实现发展成果更多、更公平地惠及全体人民。

教育和科技合作方面，苏鲁豫皖交界区 12 个城市积极完善人才交流制度，建立区域人力资源交流、技能人才培养、业务网站联盟、信息互认互享的新机制。徐州市具有巨大的科教资源优势，截至 2019 年拥有以中国矿业大学为代表的 14 所高等院校，其中本科院校 8 所（包括 2 所军校），高等专科学校 6 所，科研院所 31 家，拥有中国工程院院士 9 名、近 20 万名在校大学生，同时是重要的区域性职业教育基地和江苏省职业教育创新发展实验区，拥有高中级职业技术院校 40 余所，各类职业培训机构近 900 家，每年都为周边城市培养和输送大批高端人才和实用技能人才。宿迁市依托高校及科研院所，搭建科技平台组织生态科技博览会暨产学研合作洽谈会，探索科技资源共享新模式。

医保合作方面，各成员市之间实现了保险异地即时结算报销，为保险跨省区市合作提供了范例。2012 年徐州 12 家市级定点医疗机构与菏泽、济宁、枣庄、淮北、宿州等地签订了新型农村合作医疗服务协议，徐州三级医院住院病人中有40%左右来自县区及周边省市。

警务合作方面，区域各城市签署《苏鲁豫皖周边地区警务情报信息协作平台协议书》，巩固发展以“打击联手、整治联动、治安联防、维稳联保、信息联网、网上联控”为主要内容的警务合作机制，切实加强警务联动，实现边界地区的平安建设互动协作。

3.4.6 环保联治

生态是区域经济一体化发展的保障。苏鲁豫皖交界区核心区城市同处国家南水北调和淮河流域水污染防治核查区域，建立了跨界河流域污染防治区域协作制度，联合监测、联合防治、共享监测信息，推动了该区域环境保护和生态建设。加强生态环境保护的区域联动，建立了跨行政区的组织和与之相对应的工作协调及联动机制，完善了环境信息共享与发布制度；日照市与连云港市进一步完善鲁苏边界环境污染的合作机制建设（联治、联防、联控、联动），加大环境执法力度，严厉打击环境污染行为，从源头上防范跨界流域水污染纠纷；淮北市与徐州市、宿州市、商丘市等建立年度会商制度，对跨区域河流开展出入境断面水质监测，互通信息，明确责任，开展跨界河流联合监管、防治，编制跨界河流污染事故处置应急预案；枣庄市与徐州市签订《铜山区、台儿庄区跨界污染纠纷处置和应急联动工作机制》，联合打击环境违法行为；宿迁市与周边城市开展跨界河流联合监测、联合防治，对新沂河、通榆河、淮沭新河三条河流进行例行监测；济宁市制订和实施的生态济宁三年行动计划则突出了工作重点，强化了关键举措。

3.4.7 黄河故道联合开发

黄河故道区域涉及苏鲁豫皖 4 省 8 个地级市、25 个县（市、区）、444 个乡镇，黄河故道区域土地资源丰富、自然条件优越，历史文化资源丰富。经过各地多年来的治理，该区域虽具备了实施统一综合开发的基本条件，但目前区域的农业综合开发仍是点状开发，沿黄河故道统筹的整体带状式的区域规模开发态势并未形成，而适合大规模的区域联合开发恰恰又是黄河故道开发的优势所在，国务院和区域内各地方政府对黄河故道综合开发高度重视。2015 年初，中国国际经济交流中心就黄河故道综合开发开展了专题研究，形成了《关于加快明清黄河故道综合整治和开发的建议》课题报告，李克强总理和张高丽副总理对此先后做出重要指示，并且将黄河故道综合开发纳入了《中华人民共和国国民经济和社会发展第十三个五年规划纲要》。江苏省委、省政府制定了《关于加快黄河故道地区农业综合开发促进农业农村经济发展的意见》《关于江苏省黄河故道农业综合开发和农村经济发展规划（2012—2020 年）》。2012 年徐州市委、市政府科学编制了黄河故道综合开发总体规划，坚持水利、交通、农业、生态、文化旅游、扶贫、土地综合整治“七位一体”整体开发思路。目前交界区各省市都在积极谋划黄河故道的综合整治和开发，区域合作开发前景非常广阔。

第4章　苏鲁豫皖交界区产业分工与合作

区域分工是区域合作的基础。只有立足全交界区考虑产业布局、发挥市场配置资源的基础性和决定性作用、促进优势互补、体现比较优势和竞争优势，才能突出各地特色、优化产业布局，构建体现区域特色、具有竞争力的现代产业体系，实现差异化错位发展。

4.1　苏鲁豫皖交界区产业发展状况

本节首先对苏鲁豫皖交界区12个城市的产业发展整体状况做一个介绍，其次在之后各节分别对各城市工业和服务业中具有比较优势的行业进行分析。如无特殊说明，本节数据均来自各城市统计年鉴或Wind数据库。

4.1.1　苏北三市产业发展状况

苏鲁豫皖交界区苏北三市（徐州、连云港、宿迁）自2010年以来，宏观经济保持较快发展，但经济下行趋势也很明显。

2018年，徐州市实现地区生产总值6755.23亿元，按可比价计算，较上年增长4.2%。其中，第一产业实现增加值631.39亿元，增长2.44%；第二产业实现增加值2812.02亿元，增长1.54%；第三产业实现增加值3311.82亿元，增长7.00%。人均地区生产总值达76 915元。

2015 年徐州市三次产业增加值比例调整为 9.5∶44.3∶46.2，第三产业增加值占比比上年提高 1 个百分点，首次超过第二产业 1.9 个百分点，产业结构实现由“二三一”向“三二一”的转变。2018 年徐州市三次产业增加值比例调整为 9.35∶41.63∶49.02，第三产业比重进一步提升。2018 年徐州市重点培育的六大优势工业产业中除装备制造业有所增长外，其他能源、食品加工、煤盐化工、冶金和建材都有较大幅度下降。

2018 年连云港市地区生产总值 2771.70 亿元，按可比价计算，较上年增长 4.74%。其中第一产业实现增加值 325.57 亿元，第二产业实现增加值 1207.39 亿元，第三产业实现增加值 1238.74 亿元，三次产业比重为 11.75∶43.56∶44.69。人均地区生产总值为 61 332 元。重点工业行业包括装备制造、石化、新医药、新材料、新能源产业等。

2018 年，宿迁市实现地区生产总值 2750.72 亿元，按可比价计算，较上年增长 6.84%。其中第一产业实现增加值 300.84 亿元，第二产业实现增加值 1279.54 亿元，第三产业实现增加值 1170.34 亿元，三次产业比重为 10.93∶46.52∶42.55。人均地区生产总值为 55 906 元。重点工业行业包括食品饮料、纺织服装、机电装备、家居制造、功能材料产业等。

从苏北三市 2010 年后宏观经济总体情况看，名义地区生产总值保持平稳上升，但实际地区生产总值增速呈下降趋势，表现出较大的下行压力（图 4-1）。

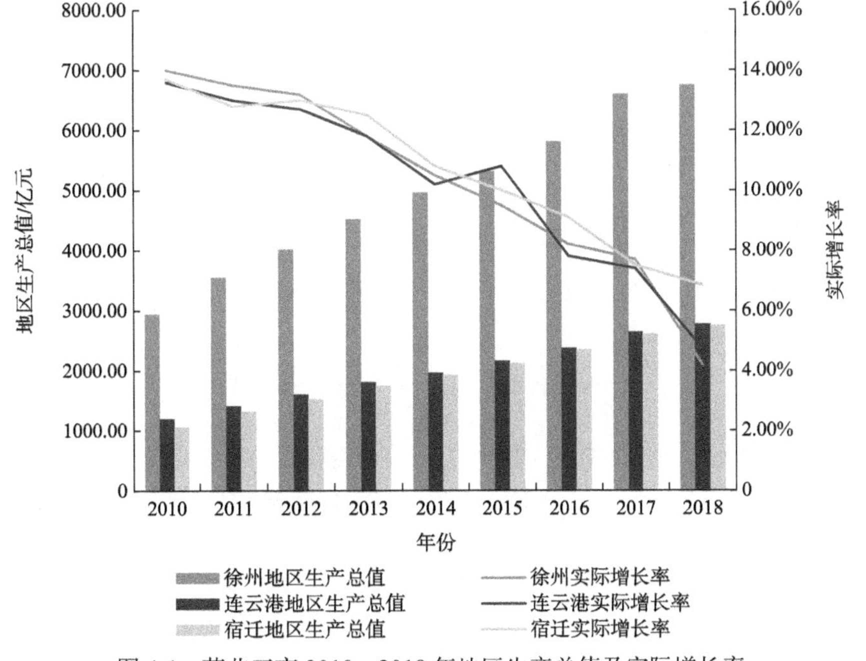

图 4-1　苏北三市 2010～2018 年地区生产总值及实际增长率

4.1.2 鲁南五市产业发展状况

2018 年，菏泽市实现地区生产总值 3078.78 亿元，按可比价计算，较上年增长 7.90%。其中第一产业实现增加值 301.13 亿元，第二产业实现增加值 1570.28 亿元，第三产业实现增加值 1207.37 亿元，三次产业比重为 9.8∶51.0∶39.2。人均地区生产总值为 32 558 元。重点工业行业包括化学原料和化学制品制造业、医药制造业、农副食品加工业、煤炭开采和洗选业等。

2018 年，济宁市实现地区生产总值 4930.58 亿元，按可比价计算，较上年增长 5.80%。其中第一产业实现增加值 491.24 亿元，第二产业实现增加值 2234.24 亿元，第三产业实现增加值 2205.1 亿元，三次产业比重为 10.0∶45.3∶44.7。人均地区生产总值为 55 430 元。重点工业行业包括设备制造业、纺织服装业、造纸和纸制品业、橡胶和塑料制品业等。

2018 年，枣庄市实现地区生产总值 2402.38 亿元，按可比价计算，较上年增长 4.30%。其中第一产业实现增加值 156.89 亿元，第二产业实现增加值 1219.65 亿元，第三产业实现增加值 1025.84 亿元，三次产业比重为 6.5∶50.8∶42.7。人均地区生产总值为 58 798 元。重点工业行业包括化学原料和化学制品制造业、石油煤炭及其他燃料加工业、通用设备制造业、造纸和纸制品业等。

2018 年，临沂市实现地区生产总值 4717.80 亿元，按可比价计算，较上年增长 7.30%。其中第一产业实现增加值 369.68 亿元，第二产业实现增加值 2028.75 亿元，第三产业实现增加值 2319.37 亿元，三次产业比重为 7.8∶43.0∶49.2。人均地区生产总值为 41 227 元。重点工业行业包括食品加工业、专用设备制造业、木业、冶金、化工等。

2018 年，日照市实现地区生产总值 2202.17 亿元，按可比价计算，较上年增长 7.30%。其中第一产业实现增加值 166.45 亿元，第二产业实现增加值 1064.22 亿元，第三产业实现增加值 971.5 亿元，三次产业比重为 7.6∶48.3∶44.1。人均地区生产总值为 69 062 元。重点工业行业包括汽车及零部件制造业、装备制造业、冶金、医药等。

从图 4-2 可以看到，鲁南五市名义地区生产总值自 2010 年以来也是保持平稳上升态势，但以可比价计算的实际地区生产总值的增长率也是持续下滑，这既是经济新常态下的普遍状态，也反映了我国宏观经济近年来的下行压力在地级市层面的严峻性。鲁南五市中，济宁和临沂的经济总量分居前两位，但这两市的人均地区生产总值却排在了日照和枣庄之后。

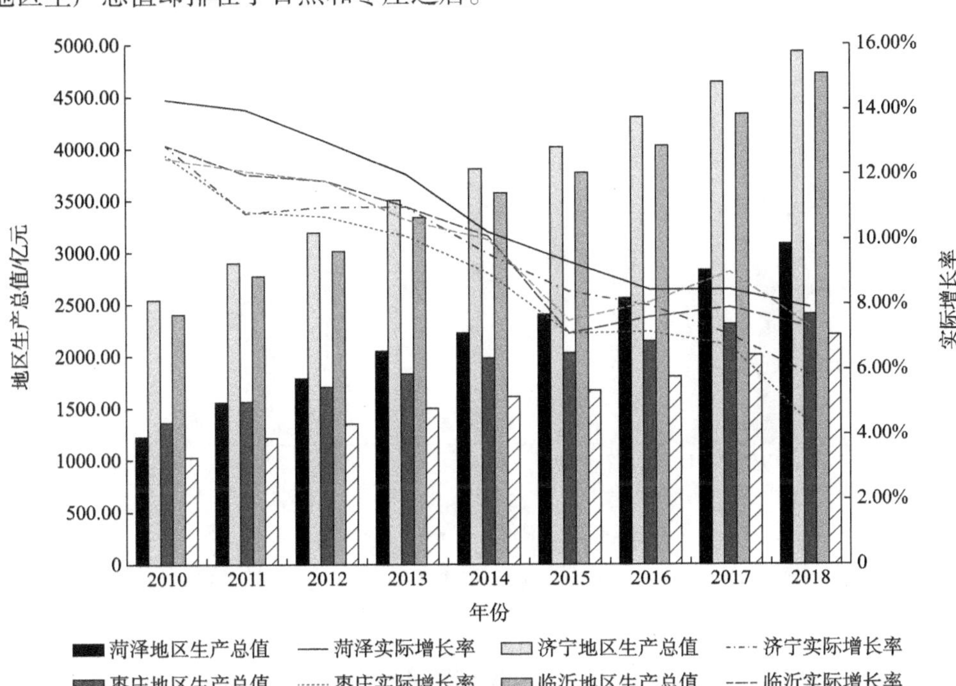

图 4-2　鲁南五市 2010～2018 年地区生产总值及实际增长率

4.1.3　豫东一市产业发展状况

如图 4-3 所示，2018 年，商丘市实现地区生产总值 2389.04 亿元，按可比价计算，较上年增长 8.70%。其中第一产业实现增加值 381.84 亿元，第二产业实现增加值 987.64 亿元，第三产业实现增加值 1019.57 亿元[①]，三次产业比重为 15.98∶41.34∶42.68。人均地区生产总值为 32 673 元。重点工业行业包括电子信息、装备制造、汽车及零部件、食品、现代家居、服装服饰等。

商丘市 2010～2018 年地区生产总值增速虽有下滑，但下滑幅度与苏北、鲁南等市相比较平缓。

① 由于数值进行了四舍五入修约，三次产业合计值与地区生产总值存在偏差。

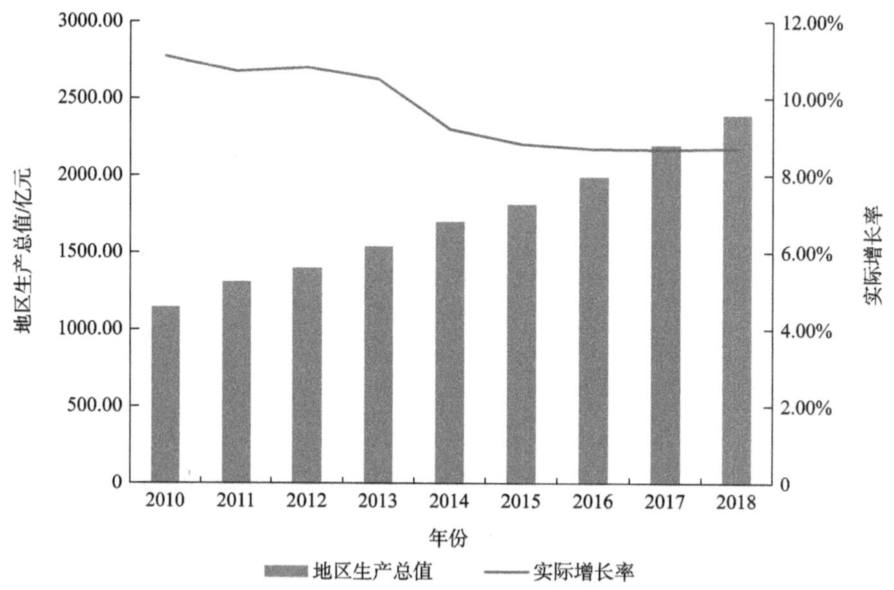

图 4-3　豫东一市 2010～2018 年地区生产总值及实际增长率

4.1.4　皖北三市产业发展状况

2018 年，宿州市实现地区生产总值 1630.22 亿元，按可比价计算，较上年增长 8.50%。其中第一产业实现增加值 253.62 亿元，第二产业实现增加值 600.57 亿元，第三产业实现增加值 776.03 亿元，三次产业比重为 15.6∶36.8∶47.6。人均地区生产总值为 28 757 元。重点工业行业包括农副食品加工业，食品制造业，纺织业，木材加工及木、竹、藤、棕、草制品业，煤炭开采和洗选业等。

2018 年，淮北市实现地区生产总值 985.19 亿元，按可比价计算，较上年增长 3.60%。其中第一产业实现增加值 65.29 亿元，第二产业实现增加值 539.97 亿元，第三产业实现增加值 379.93 亿元，三次产业比重为 6.6∶54.8∶38.6。人均地区生产总值为 43 962 元。重点工业行业包括食品工业、纺织服装业、建材行业、煤炭开采和洗选业、煤化工等。

2018 年，亳州市实现地区生产总值 1277.19 亿元，按可比价计算，较上年增长 10.10%。其中第一产业实现增加值 210.41 亿元，第二产业实现增加值 496.8 亿元，第三产业实现增加值 569.99 亿元[①]。三次产业比重为 16.5∶38.9∶44.6。人均地区生产总值为 24 547 元。重点工业行业包括煤炭开采和洗选业，农副食品加工

① 由于数值进行了四舍五入修约，三次产业合计值与地区生产总值存在偏差。

业，酒、饮料和精制茶制造业，医药制造业，电气机械和器材制造业等。

皖北三市自 2010 年以来，名义地区生产总值持续上升，增速保持波动下降态势（图 4-4）。三市中经济总量最大的为宿州，但其人均地区生产总值比较低。

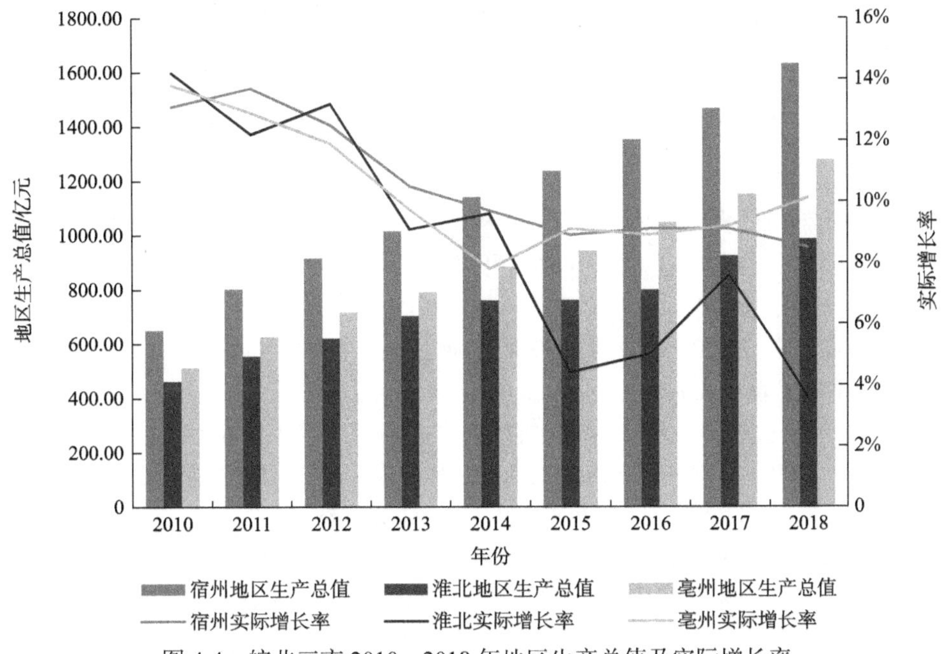

图 4-4　皖北三市 2010～2018 年地区生产总值及实际增长率

总体上看，2010 年以来，苏鲁豫皖交界区 12 个地级市经济总量保持较快增长，但在这一时期宏观经济下行压力下，基本呈现增幅逐渐回落态势，一些城市经济增速下行幅度较大，形势比较严峻；这一时期，经济结构仍在不断优化，由于 12 市处于工业化进程的不同阶段，部分城市第三产业比重已超越第二产业比重（如徐州、临沂等），处于工业化的中后期，但更多城市还处于工业化中期，第二产业比重仍超过第三产业比重。这一时期，企业实力不断壮大，但企业效益不高，相对于发达地区，高新技术产业占比仍偏低，传统型、资源依赖型、高耗能产业占比仍偏高。

4.2　重点工业行业选择

本节对苏鲁豫皖交界区 12 市的工业结构进行考察，以确定各市具有比较优势的工业行业。由于工业总产值反映一个地区工业产能的基本情况，本节主要采用各工业行业工业总产值指标进行分析，又由于2017年后我们所考察的部分城市不再提供各工业行业工业总产值数据，鉴于数据的统一性和可比性，我们以2016年苏鲁豫皖交界区12市各工业行业工业总产值指标进行行业选择的分析。

4.2.1 苏鲁豫皖交界区工业结构整体情况

把苏鲁豫皖交界区12市作为一个整体，考察该交界区工业行业情况，根据2016年各市工业行业工业总产值数据可以发现，该区域工业行业工业总产值占比在3%以上的重点行业有12个（表4-1）：化学原料及化学制品制造业（11.95%），农副食品加工业（10.31%），非金属矿物制品业（6.97%），木材加工及木、竹、藤、棕、草制品业（6.66%），黑色金属冶炼及压延加工业（4.82%），医药制造业（4.67%），纺织业（4.50%），电气机械及器材制造业（4.12%），通用设备制造业（3.65%），专用设备制造业（3.57%），纺织服装、鞋、帽制造业（3.52%），橡胶和塑料制品业（3.11%），12个行业的总占比为67.85%。

从这些重点行业可以看到，该交界区工业结构仍偏传统的资源型、劳动密集型行业，高新技术型、战略性新兴产业占比很低。该交界区两大支柱产业为化学原料及化学制品制造业、农副食品加工业，合计占比22.26%，与该交界区经济发展水平相应，支柱产业层次较低。前十大重点行业占比为61.22%，产业集中度不高。

接下来考察交界区内各市工业结构，首先通过各市十大支柱行业及其在本市工业行业工业总产值占比数据来考察各市工业结构的特点。

4.2.2 苏鲁豫皖交界区各市十大支柱行业

我们分苏北、鲁南、豫东、皖北四大板块内各市考察其工业总产值比重前十位的工业行业，以及前十位工业行业的工业总产值总占比。

徐州市十大支柱行业发展较为均衡，占比最高的是化学原料及化学制品制造业，达到13.7%，其他九个行业占比在4%～10%，从行业看，技术含量较高的行业较多，如电气机械及器材制造业、通用设备制造业、专用设备制造业、医药制造业等。前十大支柱行业合计占比66.47%，这一数据在所有12市中最低，反映了徐州工业行业体系较为完整，因此十大支柱行业占比相对较低（表4-2）。

表 4-1　2016 年苏鲁豫皖交界区 12 市各工业行业工业总产值

工业行业	徐州	连云港	宿迁	枣庄	临沂	菏泽	济宁	日照	商丘	宿州	淮北	亳州	行业区域比重
煤炭开采和洗选业/万元	1 905 249			2 890 100	79 000	963 698	6 750 500			216 433	2 680 076	409 431	2.58%
黑色金属矿采选业/万元	136 214	3 705		122 300	1 670 000		19 200	69 418			131 851		0.35%
有色金属矿采选业/万元		48 707		0	49 000		5 100	37 121			39 257		0.03%
非金属矿采选业/万元	983 345	566 370	156 093	232 900	905 000		31 100	33 142		304 138	20 999	1 352	0.53%
开发辅助活动/万元		36 054		0	0		0				0		0.01%
其他采矿业/万元				0	2 000		0				0		0
农副食品加工业/万元	9 362 629	4 607 777	3 230 393	1 948 500	19 538 000	5 563 876	4 575 700	3 534 540	3 030 964	3 832 408	2 579 053	1 585 744	10.31%
食品制造业/万元	1 652 451	475 925	795 169	842 900	2 600 000	1 621 773	1 801 200	227 658	2 384 885	705 616	658 450	414 222	2.31%
饮料制造业/万元	4 214 714	896 162	3 118 622	465 200	963 000	705 147	180 400	331 374	856 142	472 717	532 738	1 218 295	2.27%
烟草制品业/万元	2 074 983			0	40 000		0				0	16 864	0.35%
纺织业/万元	7 133 428	488 723	3 486 973	1 189 200	2 249 000	7 037 751	2 546 000	336 586	1 842 638	703 392	327 323	299 283	4.50%
纺织服装、鞋、帽制造业/万元	2 114 409	1 541 557	2 486 194	1 987 600	1 562 000	1 448 853	5 035 400	171 293	3 201 669	1 146 938	600 629	369 222	3.52%
皮革、毛皮、羽毛（绒）及其制品业/万元	1 027 155	328 957	364 270	122 600	954 000	876 502	72 600		943 192	560 045	68 257	115 140	0.88%
木材加工及木、竹、藤、棕、草制品业/万元	12 933 820	784 270	5 545 987	768 000	11 736 000	5 545 041	602 200	69 452	580 936	2 018 918	115 698	228 598	6.66%

续表

工业行业	徐州	连云港	宿迁	枣庄	临沂	菏泽	济宁	日照	商丘	宿州	淮北	亳州	行业区域比重
家具制造业/万元	981 992	182 412	361 778	147 600	774 000	1 629 439	167 200	47 998	56 363	397 377	341 169	102 113	0.84%
造纸及纸制品业/万元	887 304	236 958	248 615	1 069 500	1 582 000	647 603	5 329 000	890 541	218 400	380 091	202 757	27 810	1.91%
印刷业和记录媒介的复制/万元	413 815	498 558	1 217 774	290 700	732 000	475 994	325 500	100 427	331 115	119 191	127 294	140 889	0.78%
文教体育用品制造业/万元	1 556 754	891 846	1 560 253	1 111 000	2 521 000	4 210 503	421 500	168 233	473 404	308 932	117 587	87 070	2.18%
石油加工、炼焦及核燃料加工业/万元	2 029 522	2 372 862	60 698	715 800	933 000	6 424 572	736 700	594 877	20 788		44 185		2.27%
化学原料及化学制品制造业/万元	18 688 463	11 719 886	2 212 740	4 134 000	10 336 000	18 114 738	2 564 600	2 282 417	1 384 064	1 162 844	567 297	281 009	11.95%
医药制造业/万元	5 768 258	5 595 554	290 603	316 300	4 453 000	6 390 891	1 452 100	103 418	1 152 500	212 563	247 942	2 722 132	4.67%
化学纤维制造业/万元	1 192 391	47 819	1 839 844	0	230 000	275 709	34 400		31 107	28 132	0		0.60%
橡胶和塑料制品业/万元	3 452 037	703 598	1 304 377	1 394 100	3 691 000	1 390 782	4 812 100	527 112	481 925	695 461	539 606	129 561	3.11%
非金属矿物制品业/万元	7 799 281	6 326 747	2 102 624	3 904 400	7 584 000	4 314 683	3 351 300	1 118 812	2 110 387	2 184 081	1 416 287	662 054	6.97%
黑色金属冶炼及压延加工业/万元	7 867 242	7 184 611	735 401	370 400	7 342 000	179 820	468 300	4 503 836	774 251	55 921	126 355	31 337	4.82%
有色金属冶炼及压延加工业/万元	3 226 842	1 472 288	1 147 349	156 800	5 027 000	398 280	192 900	50 938	140 269		391 999	6 566	1.99%
金属制品业/万元	3 903 631	2 726 499	701 243	1 030 400	3 740 000	1 135 915	2 003 300	536 437	325 023	378 962	826 761	216 544	2.85%
通用设备制造业/万元	6 103 663	1 134 769	1 249 387	2 534 100	4 269 000	1 947 253	2 756 100	623 905	843 117	169 703	766 192	71 992	3.65%

续表

工业行业	徐州	连云港	宿迁	枣庄	临沂	菏泽	济宁	日照	商丘	宿州	淮北	亳州	行业区域比重
专用设备制造业/万元	5 960 545	1 688 997	392 593	2 053 400	4 682 000	1 546 822	2 201 100	340 199	256 157	584 349	2 195 712	62 716	3.57%
汽车制造业/万元	878 356	573 983	304 462	238 600	2 350 000	1 320 242	1 708 100	5 916 248	1 000 888	156 328	127 495	457 983	2.44%
铁路、船舶、航空航天和其他运输设备制造业/万元	1 398 609	1 134 977	219 189	152 700	279 000	465 265	262 300	28 307	549 735	221 595	52 986	39 789	0.78%
电气机械及器材制造业/万元	9 056 214	2 189 520	2 403 300	2 043 900	2 381 000	2 179 164	1 517 500	444 694	1 331 625	566 659	1 119 691	128 633	4.12%
通信设备、计算机及其他电子设备制造业/万元	3 883 797	1 515 904	2 601 223	593 900	740 000	321 881	375 200	418 064	851 339	135 641	420 603	160 464	1.95%
仪器仪表制造业/万元	5 719 406	45 200	114 043	296 200	396 000	308 258	87 700	17 557	1 262 704	50 789	98 949		1.37%
其他制造业/万元	238 424	86 059	132 033	392 300	107 000	133 744	45 400		93 937	46 626	3 956	9 369	0.21%
废弃资源和废旧材料回收加工业/万元	155 855	409 572	70 819	51 700	83 000	88 474	88 700	6 157	44 905		8 543	118 763	0.18%
金属制品、机械和设备修理业/万元	45 890		10 647	0	0	8 155	0	6 615			16 983		0.01%
电力、热力的生产和供应业/万元	1 562 204	1 083 420	398 994	866 700	2 316 000	1 552 271	2 254 700	1 040 986	1 097 505	603 498	680 900	393 951	2.25%
燃气生产和供应业/万元	86 718	106 767	81 376	91 700	255 000	31 229	129 600		7 048	16 118	28 405	36 654	0.14%
水的生产和供应业/万元	48 006	41 113	21 907	10 400	103 000	87 228	91 700	17 338	35 541	34 727	35 431	4 160	0.09%
按城市合计/万元	136 443 616	59 748 126	40 966 973	34 535 900	109 253 000	79 341 556	54 996 400	24 595 700	27 714 523	18 470 193	18 259 416	10 549 710	100.00%

资料来源：各市 2017 年统计年鉴、济宁市 2016 年统计年鉴

表 4-2 2016 年苏北三市各市十大支柱行业及占比

徐州十大支柱行业	占比	连云港十大支柱行业	占比	宿迁十大支柱行业	占比
化学原料及化学制品制造业	13.70%	化学原料及化学制品制造业	19.62%	木材加工及木、竹、藤、棕、草制品业	13.54%
木材加工及木、竹、藤、棕、草制品业	9.48%	黑色金属冶炼及压延加工业	12.02%	纺织业	8.51%
农副食品加工业	6.86%	非金属矿物制品业	10.59%	农副食品加工业	7.89%
电气机械及器材制造业	6.64%	医药制造业	9.37%	饮料制造业	7.61%
黑色金属冶炼及压延加工业	5.77%	农副食品加工业	7.71%	通信设备、计算机及其他电子设备制造业	6.35%
非金属矿物制品业	5.72%	金属制品业	4.56%	纺织服装、鞋、帽制造业	6.07%
纺织业	5.23%	石油加工、炼焦及核燃料加工业	3.97%	电气机械及器材制造业	5.87%
通用设备制造业	4.47%	电气机械及器材制造业	3.66%	化学原料及化学制品制造业	5.40%
专用设备制造业	4.37%	专用设备制造业	2.83%	非金属矿物制品业	5.13%
医药制造业	4.23%	纺织服装、鞋、帽制造业	2.58%	化学纤维制造业	4.49%
十大支柱行业合计占比	66.47%	十大支柱行业合计占比	76.91%	十大支柱行业合计占比	70.86%

连云港市最重要的支柱行业是化学原料及化学制品制造业、黑色金属冶炼及压延加工业，占比都达到 12%以上，另外三个占比接近 10%的行业分别是非金属矿物制品业、医药制造业、农副食品加工业，其在连云港经济中占有重要地位。连云港市工业结构的一个重要特点是五大重点行业比较突出，专业化特色较为鲜明。十大支柱行业占比达到 76.91%，显著高于徐州，从一个侧面反映了其专业化特色。

宿迁市最重要的工业行业是木材加工及木、竹、藤、棕、草制品业，占比达到 13.54%，另外纺织业、农副食品加工业、饮料制造业占比都超过 7%，其他行业发展相对较为均衡，十大支柱行业占比达 70.86%，通信设备、计算机及其他电子设备制造业和电气机械及器材制造业等都非常重要，相对来说，宿迁市工业结构高级化程度高，行业技术含量普遍较高。

菏泽市化学原料及化学制品制造业一枝独秀，占工业总产值比重达到 22.83%，另外纺织业，石油加工、炼焦及核燃料加工业，医药制造业也较为重要，除化学原料及化学制品制造业外，其他行业发展较为均衡（表 4-3）。

表 4-3 2016 年鲁南五市各市十大支柱行业及占比

菏泽十大支柱行业	占比	济宁十大支柱行业	占比	枣庄十大支柱行业	占比	临沂十大支柱行业	占比	日照十大支柱行业	占比
化学原料及化学制品制造业	22.83%	煤炭开采和洗选业	12.27%	化学原料及化学制品制造业	11.97%	农副食品加工业	17.88%	汽车制造业	24.05%

续表

菏泽十大支柱行业	占比	济宁十大支柱行业	占比	枣庄十大支柱行业	占比	临沂十大支柱行业	占比	日照十大支柱行业	占比
纺织业	8.87%	造纸及纸制品业	9.69%	非金属矿物制品业	11.31%	木材加工及木、竹、藤、棕、草制品业	10.74%	黑色金属冶炼及压延加工业	18.31%
石油加工、炼焦及核燃料加工业	8.10%	纺织服装、鞋、帽制造业	9.16%	煤炭开采和洗选业	8.37%	化学原料及化学制品制造业	9.46%	农副食品加工业	14.37%
医药制造业	8.05%	橡胶和塑料制品业	8.75%	通用设备制造业	7.34%	非金属矿物制品业	6.94%	化学原料及化学制品制造业	9.28%
农副食品加工业	7.01%	农副食品加工业	8.32%	专用设备制造业	5.95%	黑色金属冶炼及压延加工业	6.72%	非金属矿物制品业	4.55%
木材加工及木、竹、藤、棕、草制品业	6.99%	非金属矿物制品业	6.09%	电气机械及器材制造业	5.92%	有色金属冶炼及压延加工业	4.60%	电力、热力的生产和供应业	4.23%
非金属矿物制品业	5.44%	通用设备制造业	5.01%	纺织服装、鞋、帽制造业	5.76%	专用设备制造业	4.29%	造纸及纸制品业	3.62%
文教体育用品制造业	5.31%	化学原料及化学制品制造业	4.66%	农副食品加工业	5.64%	医药制造业	4.08%	通用设备制造业	2.54%
电气机械及器材制造业	2.75%	纺织业	4.63%	橡胶和塑料制品业	4.04%	通用设备制造业	3.91%	石油加工、炼焦及核燃料加工业	2.42%
通用设备制造业	2.45%	电力、热力的生产和供应业	4.10%	纺织业	3.44%	金属制品业	3.42%	金属制品业	2.18%
十大支柱行业合计占比	77.80%	十大支柱行业合计占比	72.68%	十大支柱行业合计占比	69.74%	十大支柱行业合计占比	72.04%	十大支柱行业合计占比	85.55%

济宁市工业结构中资源型城市经济特征明显，其第一大支柱行业为煤炭开采和洗选业，占比达到 12.27%，第二大行业造纸及纸制品业占比达 9.69%，资源依赖度较高的行业如纺织服装、鞋、帽制造业，农副食品加工业，非金属矿物制品业也都占有较重要的地位。

枣庄市化学原料及化学制品制造业、非金属矿物制品业两大支柱行业占比都超过 10%，煤炭开采和洗选业为其第三支柱行业，采掘业仍占有重要地位，其他行业发展较为均衡，但工业行业结构整体层次偏低，资源型城市经济特征较为明显。

临沂市第一大支柱行业农副食品加工业占比达到 17.88%，第二大支柱行业木材加工及木、竹、藤、棕、草制品业占比达到 10.74%，其余八大行业差距较小，发展较为均衡，十大支柱行业总占比为 72.04%。

日照市工业结构专业化特征非常明显，三大支柱产业汽车制造业、黑色金属冶炼及压延加工业、农副食品加工业占比都在 14%以上，体现了日照港口经济和农产品资源丰富的有利条件。在所有 12 市中其产业集中度最高，十大支柱行业占比达到 85.55%。

商丘市前五大支柱行业为纺织服装、鞋、帽制造业，农副食品加工业，食品制造业，非金属矿物制品业，纺织业，其资源依赖型经济特征较为明显。技术层次较高的行业如电气机械及器材制造业、仪器仪表制造业、医药制造业等已有一定发展（表 4-4）。

表 4-4 2016 年豫东一市十大支柱行业及占比

商丘十大支柱行业	占比
纺织服装、鞋、帽制造业	11.55%
农副食品加工业	10.94%
食品制造业	8.61%
非金属矿物制品业	7.61%
纺织业	6.65%
化学原料及化学制品制造业	4.99%
电气机械及器材制造业	4.80%
仪器仪表制造业	4.56%
医药制造业	4.16%
电力、热力的生产和供应业	3.96%
十大支柱行业合计占比	67.83%

宿州市工业结构表现出较强的农副产品依赖型特征，其第一大行业为农副食品加工业，占比超过 20%，第三大行业为木材加工及木、竹、藤、棕、草制品业，占比接近 11%，整体上看，技术含量偏低（表 4-5）。

表 4-5 2016 年皖北三市各市十大支柱行业及占比

宿州十大支柱行业	占比	淮北十大支柱行业	占比	亳州十大支柱行业	占比
农副食品加工业	20.75%	煤炭开采和洗选业	14.68%	医药制造业	25.80%
非金属矿物制品业	11.82%	农副食品加工业	14.12%	农副食品加工业	15.03%
木材加工及木、竹、藤、棕、草制品业	10.93%	专用设备制造业	12.03%	饮料制造业	11.55%
化学原料及化学制品制造业	6.30%	非金属矿物制品业	7.76%	非金属矿物制品业	6.28%
纺织服装、鞋、帽制造业	6.21%	电气机械及器材制造业	6.13%	汽车制造业	4.34%
食品制造业	3.82%	金属制品业	4.53%	食品制造业	3.93%
纺织业	3.81%	通用设备制造业	4.20%	煤炭开采和洗选业	3.88%
橡胶和塑料制品业	3.77%	电力、热力的生产和供应业	3.73%	电力、热力的生产和供应业	3.73%
电力、热力的生产和供应业	3.27%	食品制造业	3.61%	纺织服装、鞋、帽制造业	3.50%
专用设备制造业	3.16%	纺织服装、鞋、帽制造业	3.29%	纺织业	2.84%
十大支柱行业合计占比	73.84%	十大支柱行业合计占比	74.08%	十大支柱行业合计占比	80.88%

淮北市工业结构对资源较为依赖，其第一大行业为煤炭开采和洗选业，占比达 14.68%，第二大行业为农副食品加工业，占比达 14.12%。

亳州市医药制造业是其第一大行业，占比高达 25.8%，特色明显。另外农副食品加工业、饮料制造业占比都超过 10%，特色较为鲜明，而其他行业占比较低。

整体上看，苏鲁豫皖交界区 12 市的工业结构高级化程度不够，资源依赖型经济特征明显，高新技术产业发展不足，从各市工业部门的支柱行业来看，虽然也有一些城市形成了特色较为鲜明的工业体系，但各城市支柱行业趋同现象较为明显。

4.2.3　工业行业趋同情况分析

下面考察 2016 年苏鲁豫皖交界区各市十大支柱行业中每一行业涉及的城市数，可以清晰地发现该交界区工业行业同质化现象仍较为严重（表 4-6）。

表 4-6　重点工业行业涉及的城市及数量

重点工业行业	涉及的城市	城市数量/个
非金属矿物制品业	徐州、连云港、宿迁、菏泽、济宁、枣庄、临沂、日照、商丘、宿州、淮北、亳州	12
农副食品加工业	徐州、连云港、宿迁、菏泽、济宁、枣庄、临沂、日照、商丘、宿州、淮北、亳州	12
化学原料及化学制品制造业	徐州、连云港、宿迁、菏泽、济宁、枣庄、临沂、日照、商丘、宿州	10
纺织服装、鞋、帽制造业	连云港、宿迁、济宁、枣庄、商丘、宿州、淮北、亳州	8
纺织业	徐州、宿迁、菏泽、济宁、枣庄、商丘、宿州、亳州	8
电气机械及器材制造业	徐州、连云港、宿迁、菏泽、枣庄、商丘、淮北	7
通用设备制造业	徐州、菏泽、济宁、枣庄、临沂、日照、淮北	7
专用设备制造业	徐州、连云港、枣庄、临沂、宿州、淮北	6
医药制造业	徐州、连云港、菏泽、临沂、商丘、亳州	6
电力、热力的生产和供应业	济宁、日照、商丘、宿州、淮北、亳州	6
木材加工及木、竹、藤、棕、草制品业	徐州、宿迁、菏泽、临沂、宿州	5
黑色金属冶炼及压延加工业	徐州、连云港、临沂、日照	4
金属制品业	连云港、临沂、日照、淮北	4
煤炭开采和洗选业	济宁、枣庄、淮北、亳州	4
食品制造业	商丘、宿州、淮北、亳州	4
石油加工、炼焦及核燃料加工业	连云港、菏泽、日照	3
橡胶和塑料制品业	济宁、枣庄、宿州	3
汽车制造业	日照、亳州	2
饮料制造业	宿迁、亳州	2
造纸及纸制品业	济宁、日照	2
化学纤维制造业	宿迁	1
通信设备、计算机及其他电子设备制造业	宿迁	1
文教体育用品制造业	菏泽	1
仪器仪表制造业	商丘	1
有色金属冶炼及压延加工业	临沂	1

苏鲁豫皖交界区 12 市所涉及的支柱行业共 25 个，其中 10 个及以上城市作为支柱的行业包括非金属矿物制品业、农副食品加工业、化学原料及化学制品制造业，这 3 个行业占整个区域工业总产值的 29.23%。6 个及以上、10 个以下的城市作为支柱的行业包括纺织服装、鞋、帽制造业，纺织业，电气机械及器材制造业，通用设备制造业，专用设备制造业，医药制造业，电力、热力的生产和供应业，这 7 个行业占整个区域工业总产值 26.28%。5 个城市作为支柱的产业的是木材加工及木、竹、藤、棕、草制品业，占整个区域工业总产值 6.66%。该交界区各城市经济发展水平相近、资源禀赋相似，各城市竞相发展一些资源依赖型产业，如非金属矿物制品业，农副食品加工业，化学原料及化学制品业，纺织业，木材加工及木、竹、藤、棕、草制品业等，从而导致区域经济合作的工业结构基础并不扎实（图 4-5）。

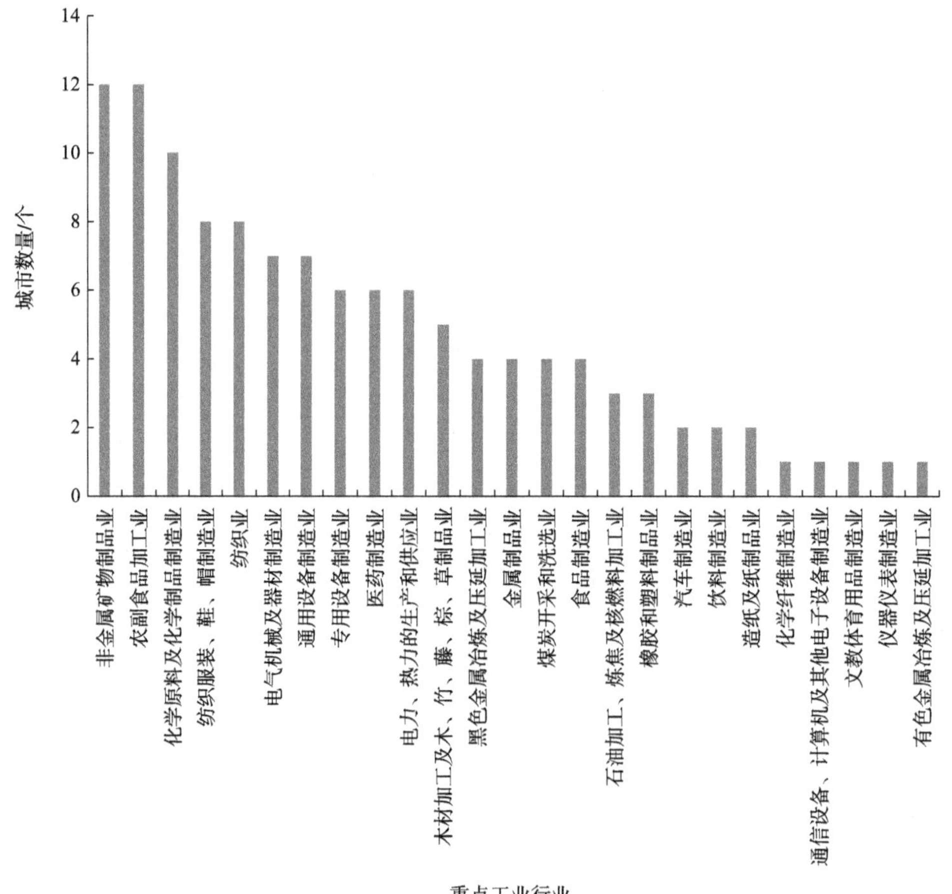

图 4-5　苏鲁豫皖交界区重点工业行业涉及的城市数

4.2.4　基于比较优势的重点产业选择

区位熵反映某行业在区域内的相对比较优势，一般来说，某行业区位熵的值大于 1，说明该行业在本地区的专业化程度高于整个区域，从而体现行业的比较优势，区位熵的值越大，这一行业的专业化程度就越高。一个城市，应该重点发展其具有比较优势的行业，从重点行业选择角度看，区位熵值越大，行业比较优势就越强，因此下面计算各市所有工业行业的区位熵，从而为各市重点工业行业选择提供依据（表 4-7）。

表 4-7　工业行业区位熵

工业行业	区位熵											
	徐州	连云港	宿迁	菏泽	济宁	枣庄	临沂	日照	商丘	宿州	淮北	亳州
煤炭开采和洗选业	0.54	0	0	0.47	4.75	3.24	0.03	0	0	0.45	5.68	1.50
黑色金属矿采选业	0.29	0.02	0	0	0.10	1.01	4.37	0.81	0	0	2.06	0
有色金属矿采选业	0	2.80	0	0	0.32	0	1.54	5.18	0	0	7.38	0
非金属矿采选业	1.37	1.80	0.72	0	0.11	1.28	1.57	0.26	0	3.13	0.22	0.02
开发辅助活动	0	10.29	0	0	0	0	0	0	0	0	0	0
其他采矿业	0	0	0	0	0	0	5.63	0	0	0	0	0
农副食品加工业	0.67	0.75	0.76	0.68	0.81	0.55	1.73	1.39	1.06	2.01	1.37	1.46
食品制造业	0.53	0.35	0.84	0.89	1.42	1.06	1.03	0.40	3.73	1.66	1.56	1.70
饮料制造业	1.36	0.66	3.35	0.39	0.14	0.59	0.39	0.59	1.36	1.13	1.29	5.09
烟草制品业	4.39	0	0	0	0	0	0.11	0	0	0	0	0.46
纺织业	1.16	0.18	1.89	1.97	1.03	0.77	0.46	0.30	1.48	0.85	0.40	0.63
纺织服装、鞋、帽制造业	0.44	0.73	1.72	0.52	2.60	1.63	0.41	0.20	3.28	1.76	0.93	0.99
皮革、毛皮、羽毛（绒）及其制品业	0.85	0.62	1.01	1.25	0.15	0.40	0.99	0	3.85	3.43	0.42	1.24
木材加工及木、竹、藤、棕、草制品业	1.42	0.20	2.03	1.05	0.16	0.33	1.61	0.04	0.31	1.64	0.10	0.33
家具制造业	0.85	0.36	1.05	2.43	0.36	0.51	0.84	0.23	0.24	2.55	2.21	1.15
造纸及纸制品业	0.34	0.21	0.32	0.43	5.08	1.62	0.76	1.90	0.41	1.08	0.58	0.14
印刷业和记录媒介的复制	0.39	1.07	3.83	0.77	0.76	1.08	0.86	0.53	1.54	0.83	0.90	1.72
文教体育用品制造业	0.52	0.68	1.74	2.43	0.35	1.47	1.06	0.31	0.78	0.77	0.29	0.38
石油加工、炼焦及核燃料加工业	0.66	1.75	0.07	3.57	0.59	0.91	0.38	1.07	0.03	0	0.11	0
化学原料及化学制品制造业	1.15	1.64	0.45	1.91	0.39	1.00	0.79	0.78	0.42	0.53	0.26	0.22

续表

工业行业	区位熵											
	徐州	连云港	宿迁	菏泽	济宁	枣庄	临沂	日照	商丘	宿州	淮北	亳州
医药制造业	0.91	2.01	0.15	1.73	0.57	0.20	0.87	0.09	0.89	0.25	0.29	5.53
化学纤维制造业	1.46	0.13	7.51	0.58	0.10	0	0.35	0	0.19	0.25	0	0
橡胶和塑料制品业	0.81	0.38	1.02	0.56	2.81	1.30	1.09	0.69	0.56	1.21	0.95	0.39
非金属矿物制品业	0.82	1.52	0.74	0.78	0.87	1.62	1.00	0.65	1.09	1.70	1.11	0.90
黑色金属冶炼及压延加工业	1.20	2.49	0.37	0.05	0.18	0.22	1.39	3.80	0.58	0.06	0.14	0.06
有色金属冶炼及压延加工业	1.19	1.24	1.41	0.25	0.18	0.23	2.32	0.10	0.25	0	1.08	0.03
金属制品业	1.00	1.60	0.60	0.50	1.28	1.05	1.20	0.77	0.41	0.72	1.59	0.72
通用设备制造业	1.22	0.52	0.83	0.67	1.37	2.01	1.07	0.69	0.83	0.25	1.15	0.19
专用设备制造业	1.22	0.79	0.27	0.55	1.12	1.66	1.20	0.39	0.26	0.89	3.37	0.17
汽车制造业	0.26	0.39	0.30	0.68	1.27	0.28	0.88	9.84	1.48	0.35	0.29	1.78
铁路、船舶、航空航天和其他运输设备制造业	1.31	2.43	0.68	0.75	0.61	0.57	0.33	0.15	2.54	1.54	0.37	0.48
电气机械及器材制造业	1.61	0.89	1.42	0.67	0.67	1.43	0.53	0.44	1.16	0.74	1.49	0.30
通信设备、计算机及其他电子设备制造业	1.46	1.30	3.25	0.21	0.35	0.88	0.35	0.87	1.57	0.38	1.18	0.78
仪器仪表制造业	3.07	0.06	0.20	0.28	0.12	0.63	0.27	0.05	3.34	0.20	0.40	0
其他制造业	0.83	0.69	1.54	0.80	0.39	5.42	0.47	0	1.62	1.20	0.10	0.42
废弃资源和废旧材料回收加工业	0.62	3.74	0.94	0.61	0.88	0.82	0.41	0.14	0.88	0	0.26	6.14
金属制品、机械和设备修理业	2.34	0	1.81	0.72	0	0	0	1.87	0	0	6.48	0
电力、热力的生产和供应业	0.51	0.80	0.43	0.87	1.82	1.11	0.94	1.88	1.76	1.45	1.66	1.66
燃气生产和供应业	0.45	1.26	1.40	0.28	1.66	1.88	1.65	0	0.18	0.62	1.10	2.45
水的生产和供应业	0.41	0.80	0.62	1.27	1.93	0.35	1.09	0.82	1.49	2.18	2.25	0.46

根据区位熵提供的信息，并结合行业产值占地区工业总产值比重，徐州市应重点发展化学原料及化学制品制造业，木材加工及木、竹、藤、棕、草制品业，电气机械及器材制造业，黑色金属冶炼及压延加工业，纺织业，通用设备制造业，专用设备制造业，仪器仪表制造业，通信设备、计算机及其他电子设备制造业，烟草制品业等工业行业（表 4-8）。在行业选择过程中，我们认为区位熵大于 1 的十大支柱行业、区位熵大且有一定产值份额的行业可以成为重点发展的工业行业，其他各市也基于这一标准进行重点行业选择。

表 4-8　徐州市重点工业行业区位熵和产值份额

工业行业	区位熵	产值份额
化学原料及化学制品制造业	1.15	13.70%
木材加工及木、竹、藤、棕、草制品业	1.42	9.48%
电气机械及器材制造业	1.61	6.64%
黑色金属冶炼及压延加工业	1.20	5.77%
纺织业	1.16	5.23%
通用设备制造业	1.22	4.47%
专用设备制造业	1.22	4.37%
仪器仪表制造业	3.07	4.19%
通信设备、计算机及其他电子设备制造业	1.46	2.85%
烟草制品业	4.39	1.52%

连云港市应重点发展化学原料及化学制品制造业，黑色金属冶炼及压延加工业，非金属矿物制品业，医药制造业，金属制品业，石油加工、炼焦及核燃料加工业，通信设备、计算机及其他电子设备制造业，有色金属冶炼及压延加工业，铁路、船舶、航空航天和其他运输设备制造业等工业行业。

宿迁市应重点发展木材加工及木、竹、藤、棕、草制品业，纺织业，饮料制造业，通信设备、计算机及其他电子设备制造业，纺织服装、鞋、帽制造业，电气机械及器材制造业，化学纤维制造业，文教体育用品制造业，印刷业和记录媒介的复制，有色金属冶炼及压延加工业等工业行业。

菏泽市应重点发展化学原料及化学制品制造业，纺织业，石油加工、炼焦及核燃料加工业，医药制造业，木材加工及木、竹、藤、棕、草制品业，文教体育用品制造业，家具制造业，皮革、毛皮、羽毛（绒）及其制品业等工业行业。

济宁市应重点发展煤炭开采和洗选业，造纸及纸制品业，纺织服装、鞋、帽制造业，橡胶和塑料制品业，通用设备制造业，专用设备制造业，金属制品业，食品制造业，汽车制造业等工业行业。

枣庄市应重点发展非金属矿物制品业，煤炭开采和洗选业，通用设备制造业，专用设备制造业，电气机械及器材制造业，纺织服装、鞋、帽制造业，橡胶和塑料制品业，文教体育用品制造业，造纸及纸制品业等工业行业。

临沂市应重点发展农副食品加工业，木材加工及木、竹、藤、棕、草制品业，黑色金属冶炼及压延加工业，有色金属冶炼及压延加工业，专用设备制造业，金属制品业，黑色金属矿采选业等工业行业。

日照市应重点发展汽车制造业、黑色金属冶炼及压延加工业、农副食品加工业、造纸及纸制品业等工业行业，并重点关注有色金属矿采选业的潜在发展机会。

商丘市应重点发展纺织服装、鞋、帽制造业，食品制造业，纺织业，电气机械及器材制造业，仪器仪表制造业，汽车制造业，皮革、毛皮、羽毛（绒）及其制品业，饮料制造业，通信设备、计算机及其他电子设备制造业，铁路、船舶、航空航天和其他运输设备制造业，印刷业和记录媒介的复制等工业行业。

宿州市应重点发展农副食品加工业，非金属矿物制品业，木材加工及木、竹、藤、棕、草制品业，纺织服装、鞋、帽制造业，食品制造业，橡胶和塑料制品业，皮革、毛皮、羽毛（绒）及其制品业，饮料制造业，家具制造业，非金属矿采选业，铁路、船舶、航空航天和其他运输设备制造业等工业行业。

淮北市应重点发展煤炭开采和洗选业，农副食品加工业，专用设备制造业，非金属矿物制品业，电气机械及器材制造业，金属制品业，通用设备制造业，食品制造业，饮料制造业，通信设备、计算机及其他电子设备制造业，家具制造业等工业行业。

亳州市应重点发展医药制造业、农副食品加工业、饮料制造业、汽车制造业、食品制造业、煤炭开采和洗选业、印刷业和记录媒介的复制、废弃资源和废旧材料回收加工业等工业行业（表 4-9）。

表 4-9　苏鲁豫皖交界区各市重点工业行业

城市	重点发展的工业行业
徐州市	化学原料及化学制品制造业，木材加工及木、竹、藤、棕、草制品业，电气机械及器材制造业，黑色金属冶炼及压延加工业，纺织业，通用设备制造业，专用设备制造业，仪器仪表制造业，通信设备、计算机及其他电子设备制造业，烟草制品业
连云港市	化学原料及化学制品制造业，黑色金属冶炼及压延加工业，非金属矿物制品业，医药制造业，金属制品业，石油加工、炼焦及核燃料加工业，通信设备、计算机及其他电子设备制造业，有色金属冶炼及压延加工业，铁路、船舶、航空航天和其他运输设备制造业
宿迁市	木材加工及木、竹、藤、棕、草制品业，纺织业，饮料制造业，通信设备、计算机及其他电子设备制造业，纺织服装、鞋、帽制造业，电气机械及器材制造业，化学纤维制造业，文教体育用品制造业，印刷业和记录媒介的复制，有色金属冶炼及压延加工业
菏泽市	化学原料及化学制品制造业，纺织业，石油加工、炼焦及核燃料加工业，医药制造业，木材加工及木、竹、藤、棕、草制品业，文教体育用品制造业，家具制造业，皮革、毛皮、羽毛（绒）及其制品业
济宁市	煤炭开采和洗选业，造纸及纸制品业，纺织服装、鞋、帽制造业，橡胶和塑料制品业，通用设备制造业，专用设备制造业，金属制品业，食品制造业，汽车制造业
枣庄市	非金属矿物制品业，煤炭开采和洗选业，通用设备制造业，专用设备制造业，电气机械及器材制造业，纺织服装、鞋、帽制造业，橡胶和塑料制品业，文教体育用品制造业，造纸及纸制品业
临沂市	农副食品加工业，木材加工及木、竹、藤、棕、草制品业，黑色金属冶炼及压延加工业，有色金属冶炼及压延加工业，专用设备制造业，金属制品业，黑色金属矿采选业
日照市	汽车制造业、黑色金属冶炼及压延加工业、农副食品加工业、造纸及纸制品业、有色金属矿采选业
商丘市	纺织服装、鞋、帽制造业，食品制造业，纺织业，电气机械及器材制造业，仪器仪表制造业，汽车制造业，皮革、毛皮、羽毛（绒）及其制品业，饮料制造业，通信设备、计算机及其他电子设备制造业，铁路、船舶、航空航天和其他运输设备制造业，印刷业和记录媒介的复制

续表

城市	重点发展的工业行业
宿州市	农副食品加工业，非金属矿物制品业，木材加工及木、竹、藤、棕、草制品业，纺织服装、鞋、帽制造业，食品制造业，橡胶和塑料制品业，皮革、毛皮、羽毛（绒）及其制品业，饮料制造业，家具制造业，非金属矿采选业，铁路、船舶、航空航天和其他运输设备制造业
淮北市	煤炭开采和洗选业，农副食品加工业，专用设备制造业，非金属矿物制品业，电气机械及器材制造业，金属制品业，通用设备制造业，食品制造业，饮料制造业，通信设备、计算机及其他电子设备制造业，家具制造业
亳州市	医药制造业、农副食品加工业、饮料制造业、汽车制造业、食品制造业、煤炭开采和洗选业、印刷业和记录媒介的复制、废弃资源和废旧材料回收加工业

充分发挥各市工业体系中的比较优势，优化生产能力空间格局，避免城市间的过度竞争，这样才能形成良好的分工与合作的产业基础。

4.2.5　重点工业行业发展对策建议

1. 发挥比较优势，形成错位竞争、分工合作、优势互补的产业空间格局

苏鲁豫皖交界区各市应根据发展基础、产业体系和产业配套现状、区域产业竞争优势等确定自己的重点发展行业，形成各市主导产业、支柱产业、潜导产业体系。在发展过程中，随着经济社会人口资源等条件变化，各市的比较优势也会不断调整，优势行业也不是一成不变的，市场主体往往对此有更敏锐的洞察力，因此在产业发展过程中，要坚持政府宏观引导与充分发挥市场在资源配置中的决定性作用，避免重点行业的固化现象。对于即使不符合本地重点发展的行业，如果市场主体有发展需要，也不能严加限制。

2. 本着空间集中、土地集约、企业集聚的原则，推动产业园区建设

进一步加快产业园区建设。产业园区已成为工业集聚发展的主要载体，有利于形成产业配套基地，吸引专业技术人才，便于专业化的生产性服务业的发展，获取城市化经济和本地化经济利益。苏鲁豫皖交界区各市要在现有各级各类产业园区的基础上，进一步整合、共享资源，提升产业园区综合服务平台和服务能力，为产业发展打造良好的营商环境。

3. 坚持“存量优化、增量强化”的调整思路

在未来发展中，各市要有意识地引导本市不具有比较优势的行业存量产能适度压缩，同时积极鼓励本地区具有较强比较优势、发展潜力大、规模效应突出的工业行业发展，促进增量产能，突出地区优势，逐步形成良性协调的区域产业结

构。在战略性新兴产业的发展上，各地区更应加强规划合作、突出地方特色、细分产业与产品，避免一哄而上和新一轮的产业趋同。

4. 进一步优化区域公共基础设施

适应“互联网+”经济的发展，进一步优化、提升区域网络基础设施，打造服务范围更广、影响力更大的区域网络服务平台，以促进商品、要素、服务的更便捷流动；进一步优化区域交通基础设施，消除“断头路”，完善物流体系，加强地区合作，提升物流效率。

4.3 服务业发展水平差异与旅游业协调发展

第三产业（服务业）可分为流通部门和服务部门两个部分，具体又分为四个层次。第一层次是流通部门，包括交通运输业、邮电通信业、商业、饮食业、物资供销和仓储业；第二层次是为生产和生活服务的部门，包括金融、保险业、房地产业、公用事业、地质勘探业、咨询服务业和综合技术服务业、居民服务业、农业服务业、水利业、公路及内河（湖）航道养护业等；第三层次是为提高科学文化水平和居民素质服务的部门，包括文化、教育、广播电视、科学研究、卫生、体育及社会福利事业等；第四层次是为社会公共需要服务的部门，包括国家机关、政党机关、社会团体及军队、警察等。

克拉克研究了劳动力在三次产业之间的转换规律。他通过对主要发达国家劳动力转移进行实证研究得出结论，即随着经济发展，随着人均国民收入水平提高，劳动力首先由第一产业向第二产业转移，进而再向第三产业转移，从劳动力在三次产业之间分布状况看，第一产业劳动力比重逐渐下降，第二产业特别是第三产业劳动力比重则呈现出增加的趋势。

库兹涅茨研究了产业结构演变规律，发现随着国民经济发展，第一产业实现的国民收入在整个国民收入中的比重与第一产业劳动力在全部劳动力中的比重一样，处于不断下降之中。在工业化阶段，第二产业创造国民收入的比重及占用劳动力比重都会提高，其中前者上升速度会快于后者。在工业化后期特别是后工业化时期，第二产业创造国民收入的比重和占用劳动力比重会不同程度下降；第三产业创造国民收入的比重及占用劳动力比重会持续地处于上升状态，其中在工业化中、前期阶段，其劳动力比重的上升速度会快于国民收入比重的上升速度。

4.3.1　苏鲁豫皖交界区服务业总体发展差异分析

1. 服务业从业人员状况的地市差异分析

表 4-10 是 2014 年苏鲁豫皖交界区 12 市服务业从业人员数量及占比。从全市范围来看，服务业从业人员的排序（人数从多到少）情况是：临沂市、徐州市、济宁市、菏泽市、商丘市、连云港市、枣庄市、宿州市、宿迁市、亳州市、日照市、淮北市。从市辖区角度看，服务业从业人员的排序（人数从多到少）情况是：徐州市、临沂市、济宁市、连云港市、枣庄市、菏泽市、日照市、商丘市、宿州市、宿迁市、亳州市、淮北市。从全市范围看，服务业从业人员比重排序（从大到小）情况是：亳州市、菏泽市、宿州市、商丘市、临沂市、连云港市、日照市、济宁市、枣庄市、徐州市、宿迁市、淮北市。从市辖区范围看，服务业从业人员比重排序（从大到小）情况是：亳州市、菏泽市、宿州市、商丘市、日照市、临沂市、连云港市、济宁市、枣庄市、徐州市、淮北市、宿迁市。

表 4-10　苏鲁豫皖交界区 12 市服务业从业人员数量与占比（2014 年）

地市	服务业从业人员数/人		服务业从业人员比重	
	全市	市辖区	全市	市辖区
徐州市	417 500	225 726	38.76%	38.94%
连云港市	230 000	153 234	47.69%	45.01%
宿迁市	168 500	61 401	32.60%	21.36%
淮北市	78 264	53 015	28.42%	23.47%
宿州市	173 460	80 379	54.37%	48.43%
亳州市	155 619	57 306	67.67%	68.14%
枣庄市	189 190	124 060	39.56%	40.25%
济宁市	372 601	161 657	40.74%	42.68%
日照市	135 327	89 100	43.57%	45.96%
临沂市	454 685	187 948	47.88%	45.26%
菏泽市	322 073	97 588	64.03%	58.96%
商丘市	315 120	84 042	50.45%	47.12%

资料来源：《中国城市统计年鉴 2015》

无论是从全市看，还是从市辖区看，徐州市、临沂市和济宁市三个城市都是服务业从业人员较多的三个地级市。但是，从服务业人员所占的比重来看，城市经济规模较大，产业体系较为完整的城市，其服务业从业人员所占比重反而较小，城市经济规模较小，产业体系不完整的城市，其服务业从业人员所占比重反而较大，上述表现符合我国产业发展规律。经济较落后的城市由于制造业从业人员所占比重较低，因而服务业从业人员所占比重较大。从服务业从业人员规模来看，徐州市、临沂市和济宁市是苏鲁豫皖交界区的三个区域性中心城市（表 4-10 和表 4-11）。

表 4-11　苏鲁豫皖交界区 12 市服务业从业人员数量与占比（2015 年）

地市	服务业从业人员数/人		服务业从业人数增长率		服务业从业人员比重	
	全市	市辖区	全市	市辖区	全市	市辖区
徐州市	416 925	222 581	−0.14%	−1.39%	39.71%	40.33%
连云港市	239 862	162 062	4.29%	5.76%	50.32%	48.86%
宿迁市	173 431	62 481	2.93%	1.76%	33.45%	22.59%
淮北市	76 046	51 352	−2.83%	−3.14%	32.75%	26.80%
宿州市	484 000		179.03%		63.27%	
亳州市	159 435	61 585	2.45%	7.47%	68.18%	67.79%
枣庄市	190 285	130 884	0.58%	5.50%	40.22%	41.95%
济宁市	366 790	159 808	−1.56%	−1.14%	41.75%	43.58%
日照市	137 972	92 947	1.95%	4.32%	44.51%	48.00%
临沂市	451 636	184 715	−0.67%	−1.72%	48.11%	45.51%
菏泽市	330 585	101 814	2.64%	4.33%	63.58%	58.25%
商丘市	355 231	87 118	12.73%	3.66%	50.60%	43.99%

资料来源：《中国城市统计年鉴 2016》

2. 服务业细分行业从业人员状况的地市差异分析

表 4-12 是服务业 14 个细分行业从业人员数量。批发和零售业从业人员较多的 5 个城市是：宿州市、临沂市、商丘市、徐州市、济宁市。交通运输和仓储业从业人员较多的 5 个城市是：徐州市、连云港市、临沂市、日照市、商丘市。住宿和餐饮业从业人员较多的 5 个城市是：宿州市、济宁市、临沂市、商丘市、徐州市。信息传输、计算机服务和软件业从业人员较多的 5 个城市是：宿州市、临沂市、徐州市、商丘市、连云港市。金融业从业人员较多的 5 个城市是：济宁市、临沂市、徐州市、连云港市、菏泽市。房地产业从业人员较多的 5 个城市是：商丘市、宿州市、临沂市、徐州市、济宁市。

表 4-12　苏鲁豫皖交界区12市服务业细分行业从业人员数量（2015年）

单位：人

细分行业	徐州市	连云港市	宿迁市	淮北市	宿州市	亳州市	枣庄市	济宁市	日照市	临沂市	菏泽市	商丘市
批发和零售业	36 618	18 219	13 007	2 765	189 000	14 952	16 548	33 966	16 192	59 036	16 119	43 316
交通运输和仓储业	46 861	30 366	9 321	5 212	15 000	15 302	10 206	21 187	25 198	25 491	16 058	22 245
住宿和餐饮业	5 224	2 506	2 201	580	17 000	2 571	2 906	8 693	3 268	6 629	3 355	5 891
信息传输、计算机服务和软件业	7 489	5 578	4 284	2 108	13 000	2 292	1 999	4 700	2 189	9 480	3 732	6 282
金融业	25 062	20 867	6 235	6 004	15 000	13 392	8 701	40 337	8 830	28 795	18 045	10 114
房地产业	12 521	4 794	5 437	1 673	18 000	5 465	8 217	10 773	5 276	16 207	7 948	21 005
租赁和商务服务业	15 344	16 734	4 107	2 173	11 000	1 996	4 152	7 212	2 374	12 007	3 128	4 831
科学研究、技术服务和地质勘探业	11 877	8 205	2 028	1 666	12 000	2 635	2 739	5 920	1 735	12 612	6 014	3 365
水利、环境和公共设施管理业	15 328	9 549	8 682	1 158	6 000	6 518	5 992	8 291	1 885	15 314	11 456	9 457
居民服务、修理和其他服务业	1 011	1 875	172	115	24 000	435	1 076	1 148	134	1 960	906	1 255
教育事业	105 308	51 210	61 838	21 736	58 000	49 621	45 104	82 677	28 437	112 201	92 635	100 055
卫生、社会保障和社会福利	54 371	24 654	21 692	13 389	57 000	17 241	24 020	46 344	15 247	54 851	43 398	44 141
文化、体育和娱乐业	4 465	1 998	1 334	516	15 000	1 579	1 605	3 360	1 329	3 762	3 060	2 601
公共管理和社会组织	75 446	43 307	33 093	16 951	34 000	25 436	57 020	92 182	25 878	93 291	104 731	80 673

资料来源：《中国城市统计年鉴2016》

租赁和商务服务业从业人员较多的 5 个城市是：连云港市、徐州市、临沂市、宿州市、济宁市。科学研究、技术服务和地质勘探业从业人员较多的 5 个城市是：临沂市、宿州市、徐州市、连云港市、菏泽市。水利、环境和公共设施管理业从业人员较多的 5 个城市是：徐州市、临沂市、菏泽市、连云港市、商丘市。居民服务、修理和其他服务业从业人员较多的 5 个城市是：宿州市、临沂市、连云港市、商丘市、济宁市。教育事业从业人员较多的 5 个城市是：临沂市、徐州市、商丘市、菏泽市、济宁市。卫生、社会保障和社会福利从业人员较多的 5 个城市是：宿州市、临沂市、徐州市、济宁市、商丘市。文化、体育和娱乐业从业人员较多的 5 个城市是：宿州市、徐州市、临沂市、济宁市、菏泽市。公共管理和社会组织从业人员较多的 5 个城市是：菏泽市、临沂市、济宁市、商丘市、徐州市。因此，从服务业细分行业从业人员数量看，徐州市、临沂市和济宁市是苏鲁豫皖交界区服务业规模较大的 3 个区域性中心城市。

3. 服务业生产总值的地市差异分析

表 4-13 是苏鲁豫皖交界区 12 市服务业生产总值。服务业生产总值的地市排序（从大到小）表现为：徐州市、临沂市、济宁市、连云港市、菏泽市、宿迁市、枣庄市、日照市、商丘市、宿州市、亳州市、淮北市。人均服务业生产总值的地市排序（从大到小）表现为：日照市、徐州市、枣庄市、济宁市、连云港市、临沂市、宿迁市、淮北市、菏泽市、宿州市、商丘市、亳州市。因此，无论从服务业生产总值来看，还是从人均服务业生产总值来看，徐州市、济宁市和临沂市服务业发展水平都较高，能够成为苏鲁豫皖交界区区域性中心城市。

表 4-13　苏鲁豫皖交界区 12 市服务业生产总值（2015 年）

地市	服务业生产总值/亿元	人口/万人	人均服务业生产总值/元
徐州市	2 460.07	1 028.70	23 914.36
连云港市	918.95	530.56	17 320.38
宿迁市	836.75	586.28	14 272.19
淮北市	259.49	216.50	11 985.68
宿州市	498.72	649.51	7 678.40
亳州市	377.39	634.95	5 943.62
枣庄市	806.31	407.77	19 773.65
济宁市	1 661.43	867.44	19 153.26
日照市	716.77	295.95	24 219.29
临沂市	1 731.06	1 124.04	15 400.34
菏泽市	864.35	1 003.06	8 617.13
商丘市	677.96	961.09	7 054.07

资料来源："服务业生产总值"数据来源于《中国省市经济发展年鉴 2016》；"人口"数据来源于《中国城市统计年鉴 2016》

4. 服务业劳动生产率的地市差异分析

表 4-14 是苏鲁豫皖交界区 12 市服务业劳动生产率。服务业劳动生产率=服务业生产总值/服务业从业人员数量。服务业劳动生产率水平排名情况是：日照市>济宁市>枣庄市>临沂市>菏泽市>徐州市>连云港市>宿迁市>淮北市>宿州市>商丘市>亳州市。可以看出，在苏鲁豫皖交界区三个区域性中心城市中，日照市服务业发展水平明显高于其他地市。日照市、济宁市、枣庄市、临沂市四个城市服务业发展水平属于第一层次（劳动生产率大于 40 万元/人）；菏泽市城市服务业发展水平属于第二层次（劳动生产率大于 20 万元/人）；徐州市、连云港市、宿迁市三个城市服务业发展水平属于第三层次（劳动生产率大于 10 万元/人）。总体来讲，山东省的服务业劳动生产率水平远高于其他三省。

表 4-14　苏鲁豫皖交界区 12 市服务业劳动生产率（2016 年）

地市	服务业生产总值/亿元	服务业从业人员数量/万人	服务业劳动生产率/（元/人）
徐州市	2 751.79	179.20	153 559.71
连云港市	1 025.02	91.20	112 392.54
宿迁市	935.92	87.10	107 453.50
淮北市	287.26	43.40	66 188.94
宿州市	578.80	121.60	47 598.68
亳州市	336.07	134.00	25 079.85
枣庄市	882.76	18.60	474 602.15
济宁市	1 871.29	36.10	518 362.88
日照市	803.91	14.40	558 270.83
临沂市	1 932.84	45.30	426 675.50
菏泽市	967.77	33.30	290 621.62
商丘市	779.06	175.07	44 499.91

资料来源：“服务业生产总值”数据来源于《中国省市经济发展年鉴 2017》；“服务业从业人员”数据来源于《中国城市统计年鉴 2017》

4.3.2　苏鲁豫皖交界区服务业重点行业发展差异分析

本小节重点分析苏鲁豫皖交界区 12 市商贸流通业、旅游业和卫生服务业三个细分行业发展的地市差异。

1. 商贸流通业发展的地市差异分析

表 4-15 是苏鲁豫皖交界区 12 市社会消费品零售总额及批发和零售业、住宿和餐饮业情况，可以反映地区商贸流通业发展状况。社会消费品零售总额的地市表现为：徐州市、临沂市、济宁市、菏泽市四个城市为千亿元级别，四个地市也是人口大市；连云港市、商丘市、枣庄市、宿迁市、日照市五个城市为 600 亿元级别；亳州市和宿州市为 400 亿元级别；淮北市为 300 亿元级别。批发和零售业商品消费额的地市表现为：徐州市>临沂市>济宁市>菏泽市>连云港市>枣庄市>商丘市>宿迁市>日照市>亳州市>宿州市>淮北市。住宿和餐饮业营业额的地市表现为：济宁市>徐州市>商丘市>菏泽市>临沂市>连云港市>枣庄市>宿迁市>宿州市>日照市>亳州市>淮北市。从表 4-15 中可以看出，从商贸流通业规模来看，济宁市、徐州市和菏泽市具有苏鲁豫皖交界区商贸流通中心城市的属性，是区域性中心城市。

表 4-15　社会消费品零售总额及批发和零售业、住宿和餐饮业情况（2016 年）

地市	社会消费品零售总额/亿元	批发和零售业商品消费额/亿元	住宿和餐饮业营业额/亿元
徐州市	2659.39	2433.52	225.87
连云港市	933.31	829.64	103.66
宿迁市	705.54	614.55	90.99
淮北市	315.86	301.71	14.14
宿州市	476.92	428.38	55.31
亳州市	492.14	436.83	48.54
枣庄市	892.28	792.61	99.68
济宁市	2071.89	1841.68	230.21
日照市	660.09	608.32	51.77
临沂市	2488.01	2378.68	109.33
菏泽市	1503.00	1372.68	130.32
商丘市	918.53	761.85	156.68

资料来源：《中国省市经济发展年鉴 2017》

2. 旅游业发展的地市差异分析

表 4-16 是苏鲁豫皖交界区 12 市的旅游业发展情况。从旅游硬件设施（星级酒店数）来看，徐州市的星级酒店数明显多于其他城市。星级酒店的排序表现为：徐州市（73 个）>连云港市（34 个）>日照市（27 个）>宿迁市（24 个）>枣庄市（21 个）>商丘市（13 个）>宿州市（6 个）=亳州市（6 个）>淮北市（4 个），济宁市、临沂市、菏泽市未公布星级酒店数量。

表 4-16　旅游业发展情况（2016 年）

地市	接待入境旅游者人数/万人次	外国人人数/万人次	国际旅游外汇收入/万美元	国内旅游人数/万人次	国内旅游收入/亿元	星级酒店数/个
徐州市	3.41	2.53	3 938.00	4 515.48	565.90	73
连云港市	2.26		2 281.00	3 011.08	391.58	34
宿迁市	0.42		721.00	1 491.12	160.60	24
淮北市	2.13		926.50	1 256.80	79.90	4
宿州市	3.99		1 993.80	1 877.60	119.10	6
亳州市	4.20		2 284.80	1 775.70	130.40	6
枣庄市	3.40	1.40	810.00	2 040.21	163.78	21
济宁市	34.60	19.60	15 248.00	6 098.51	563.51	
日照市	28.30	26.80	12 363.00	4 053.55	299.62	27
临沂市	18.20	10.20	10 111.00	6 162.60	624.83	
菏泽市	1.50	0.40	363.00	1 740.20	135.21	
商丘市	0.85	0.16	252.00	1 761.00	109.21	13

资料来源：《中国省市经济发展年鉴 2017》

国内旅游收入前六位的城市是：临沂市、徐州市、济宁市、连云港市、日照市、枣庄市。国内旅游人数前六位的城市是：临沂市、济宁市、徐州市、日照市、连云港市、枣庄市。国际旅游外汇收入前六位的城市是：济宁市、日照市、临沂市、徐州市、亳州市、连云港市。接待入境旅游者人数前六位的城市是：济宁市、日照市、临沂市、亳州市、宿州市、徐州市。可以看出，徐州市的旅游硬件基础设施较好，能够支撑旅游业的大力发展。徐州市国内旅游人数和国内旅游收入方面相对较好，但是由于特色旅游资源不如山东的济宁市、日照市和临沂市，因此在接待境外游客和国际旅游外汇收入方面明显不如山东这三个城市。但是，在苏鲁豫皖交界区中济宁市、日照市、临沂市、徐州市和连云港市五个旅游强市的格局已经形成。

3. 卫生服务业发展的地市差异分析

表 4-17 是苏鲁豫皖交界区 12 市的卫生服务业发展情况。卫生机构数排在前五位的地市是：临沂市、济宁市、商丘市、徐州市、菏泽市。医院数排在前五位的地市是：宿迁市、菏泽市、济宁市、临沂市、徐州市。卫生机构床位数排在前五位的地市是：临沂市、徐州市、济宁市、菏泽市、商丘市。医院床位数排在前五位的地市是：徐州市、临沂市、济宁市、菏泽市、宿迁市。卫生机构人员数排在前五位的地市是：临沂市、济宁市、徐州市、菏泽市、商丘市。卫生技术人员

数排在前五位的地市是：徐州市、济宁市、临沂市、菏泽市、商丘市。职业（助理）医师人数排在前五位的地市是：徐州市、济宁市、菏泽市、临沂市、商丘市。注册护士、护士人数排在前五位的地市是：徐州市、济宁市、临沂市、菏泽市、商丘市。徐州市、济宁市、临沂市、菏泽市、商丘市五个地市八项卫生服务业发展指标都较靠前，这五个地市也是人口规模较大的地市，较大的卫生服务规模是由较多的人口决定的。这五个城市中的徐州市、济宁市和临沂市是苏鲁豫皖交界区卫生服务的区域性中心城市。

表 4-17　卫生服务业发展情况（2016 年）

地市	卫生机构数/个	其中：医院数/个	卫生机构床位数/张	其中：医院床位数/张	卫生机构人员数/万人	其中：卫生技术人员数/万人	其中：职业（助理）医师人数/万人	其中：注册护士、护士人数/万人
徐州市	4 584	131	52 247	38 223	7.60	5.55	2.18	2.43
连云港市	2 726	80	23 281	16 606	3.54	2.62	1.10	1.09
宿迁市	2 365	231	25 441	25 266	3.72	2.84	1.03	1.28
淮北市	712	70	12 194	9 293	1.39	1.08	0.43	0.48
宿州市	1 833	77	20 661	14 281	3.06	2.22	0.87	0.91
亳州市	1 625	60	17 734	11 215	2.45	1.58	0.57	0.64
枣庄市	2 529	71	20 819	15 244	3.08	2.32	0.88	1.04
济宁市	6 721	164	45 117	32 734	7.64	5.37	2.04	2.32
日照市	2 284	39	13 863	9 204	2.17	1.55	0.58	0.64
临沂市	6 758	154	53 947	35 064	7.66	5.18	1.77	2.13
菏泽市	4 276	176	42 470	29 450	7.53	5.05	1.95	1.97
商丘市	6 325	79	33 534	21 904	5.86	3.79	1.40	1.32

资料来源：《江苏省统计年鉴 2017》《安徽省统计年鉴 2017》《山东省统计年鉴 2017》《河南省统计年鉴 2017》《徐州统计年鉴 2017》《连云港统计年鉴 2017》《宿迁统计年鉴 2017》

4.3.3　苏鲁豫皖交界区旅游业协调发展分析

本小节选择对苏鲁豫皖交界区旅游业协调发展课题进行研究是出于以下原因：第一，目前商贸流通业已经成为我国市场化程度最高的服务业，因此苏鲁豫皖交界区商贸流通业协调发展由市场机制就能够很好的实现。第二，由于卫生服务具有准公共产品性质，卫生服务市场化会失灵，卫生服务业发展不能主要借助市场机制，所以，研究卫生服务业地区协调发展是一项较复杂的课题，需要更加专门化地研究。因此，这里要研究旅游业地区协调发展问题。

旅游业一直被誉为“朝阳经济”“无烟工业”，是具有巨大发展潜力的产业形态，其特有的经济属性和社会绩效，在经济发展众多的行业中备受瞩目。旅游业是新兴产业，它具有走新型工业化道路所具有的天然优势。旅游业具有资源消耗低、带动系数大、就业机会多、综合效益好等诸多优势，在保增长、扩内需、调结构、惠民生等方面具有重大作用。旅游业对区域经济的影响表现在促进经济发展方式转变、调整和优化产业结构、带动就业等方面。

1. 苏鲁豫皖交界区旅游业发展存在的主要问题

（1）散客旅游时代的到来与自驾游市场的快速崛起是旅游业发展的两个新特征，苏鲁豫皖交界区各市一些重点旅游景区通达性较差，旅游公共服务设施普遍不完善，适应旅游业发展新需求面临很多困难。《中华人民共和国旅游法》实施后，对团队旅游产生了较大冲击，散客旅游时代加速到来，与此相对应的是，苏鲁豫皖交界区一些重点旅游景区的可进入性较差，特别是市区—县区重点景区的通达性普遍较差，严重影响了市民出游的需求，对时间紧张的外地散客更是造成了较大的不便。近些年来自驾游市场的快速崛起在各地都得到普遍的印证，但如何通过硬件设施的完善和软件水平的提升来满足这一需求，苏鲁豫皖交界区各市才刚刚着手这项工作，各市旅游普遍缺少旅游目的地必需的游客咨询服务、旅游交通集散、旅游应急指挥等公共产品和服务设施。

（2）资源整合度低，旅游策划亟待加强。由于多种原因，苏鲁豫皖交界区各市旅游资源条块分割较为严重，统一资源甚至隶属多个单位和部门，开发缺乏整体性、系统性和可持续性，景区与景区之间，区划与区划之间人为分割，互动较少，没有形成合力和互补。旅游策划较为缺失，产品设计比较粗糙，深厚的历史、文化因素没有得到充分的体现，尚未形成较为完善的旅游产品体系。旅游营销联动机制没有建立，政府的旅游城市形象营销与旅游企业的产品营销、大型旅游节庆活动与旅游市场宣传推介尚未做到有机融合。部分景区体制不顺，机制不灵活，市场活力不足，“重规划、轻策划，重建设、轻营销”的观念还普遍存在，缺乏具有市场影响力的管理创新和营销创意。

（3）苏鲁豫皖交界区作为一个区域，旅游定位不够鲜明。即使有的城市定位已经明确，但在资源规划开发、产品设计等方面也没有深挖内涵、突出特色，致使产品雷同、路线单调、景点零落的现象比较突出，难以形成优势互补的强大地域集团，因此使得一些城市缺乏旅游吸引力或容易被其他旅游目的地所取代。例如，作为中国历史文化名城、中国优秀旅游城市的徐州，还没有将品牌转化为特色鲜明、多层次、深内涵、综合性的产品，对周边地区没有发挥出应有的辐射带动作用；连云港在整个苏鲁豫皖交界区海滨度假旅游资源最丰富，但由于定位尚不够鲜明、宣传力度不足，没有充分体现出山海胜景的特色和魅力。如果苏鲁豫皖交界区各市能够作为一个整体并具有特色鲜明的定位、强大的合作网络，在苏鲁豫皖交界区中具有了较高的知名度，有了稳固的地区依托，区域旅游竞争的优势势必会大大提升。

（4）苏鲁豫皖交界区各市主要旅游景点缺乏深度开发，资源缺乏整合。苏鲁豫皖交界区内各城市的旅游景点开发也存在一些问题。首先是开发深度有待加强，需要在其特色和文化内涵上下功夫，同时也需要充分考虑景点在服从与提升本地定位中的作用。其次是各地景点有雷同情况，没有突出自身品位和特色的拳头产品。不注重开发建设具有自身特色的景点，这样既不利于吸引游客，也容易造成财力、物力的大量浪费，还容易形成对有限客源市场的激烈竞争。

（5）苏鲁豫皖交界区各市之间政府旅游业规划和旅游企业经营两方面的合作与交流都不充分。就目前来看，苏鲁豫皖交界区各市旅游企业之间需要加强经营上的往来，即便在同一个城市内部，各旅游企业之间的关系也是竞争大于合作。信息、人力资源、管理经验等的流动与交流也不充分。尽管各地市都提出实施“大旅游”的发展战略，目标是打破行业和行政界限，掀起大办旅游的热潮，力图建立多层次推进、立体发展的新格局，但是各城市之间密切合作的网络尚未完整构建起来。

（6）交通基础设施密度低，交通网络通达性与便捷性差，制约着苏鲁豫皖交界区旅游业区域合作。苏鲁豫皖交界区高速公路网并不是很遍及，有些是 2015 年后才开通的，等级公路密度明显偏低。虽然近些年来，苏鲁豫皖交界区加速了交通基础设施建设，高速公路网络逐步形成，部分城市国内外航线开通，机场航班也有所增加，使苏鲁豫皖交界区旅游可进入性更加便捷，区位条件开始逐步得到改善。但是，由于苏鲁豫皖交界区交通网络密度较低，等级公路和铁路网络密度更低，交通运输网络通达性与便捷性较差，交通运输的网络经济还没有形成，因此，严重影响和限制了苏鲁豫皖交界区旅游市场的扩大和旅游经济的发展，也制约了苏鲁豫皖交界区旅游业区域合作。

此外，苏鲁豫皖交界区旅游业发展还存在部分旅游项目以政府主导投资为主，社会资金投入不足，资金制约较大；一些旅游项目建设受土地制约较大；旅游专业人才匮乏，监管力量薄弱等问题。

2. 促进苏鲁豫皖交界区旅游业协调发展的对策

（1）加大政府支持和宏观调控，营造良好的旅游环境。要加大政府扶持力度，在投资、管理、税收和土地使用等方面给予优惠，并积极探索融资新渠道，探索各种灵活有效的措施，引导传统产业和新兴产业的资本流向旅游产业，调动社会资金流向旅游资源开发的积极性。目前苏鲁豫皖交界区各市大多数旅游企业规模较小、体制陈旧、综合竞争实力不强。因此，苏鲁豫皖交界区各市各级政府要加大对旅游饭店和旅行社等旅游企业的扶持、监管和引导，要加快培育较大的旅游市场主体，同时要承担旅游基础设施的建设、旅游人才的培训与考核、旅游服务的评定与检查、旅游整体形象的塑造和联合市场促销等职责。

（2）加快推进旅游交通建设，改善旅游资源地区通达性。苏鲁豫皖交界区各市各级政府应加大对区域内交通建设的扶持和投资力度，重点加快苏鲁豫皖交界区铁路建设，实现区域交通一体化，特别是要尽快推进交通网络的建设。苏鲁豫皖交界区的旅游资源总体上比较分散，需要积极加强地方高等级公路建设，提高旅游景区的通达性，同时还要积极改善旅游景区内部的交通条件。通过构建交通网络，提高旅游服务水平和接待服务能力。

（3）加强旅游资源整合，推进区域旅游合作。虽然苏鲁豫皖交界区部分城市旅游资源丰富，各市在旅游资源开发规划方面都相当重视，也都推出了相应景点和旅游线路，但是由于本区域内城市本身相对规模小，景点有限，在容纳游客数量和吸引游客停留的时间上的能力更为有限，单体旅游资源的竞争力较弱，所以靠单打独斗很难带来旅游大发展，谋求合作是发展的必由之路。应充分发挥区域整体力量，加强区域旅游合作，整合旅游资源，联合打造精品线路，推出组合旅游产品。应通过各市积极合作，推进形成若干条特色明显的旅游经济带，带动周边地区旅游发展。建议尽快建立苏鲁豫皖交界区区域内旅游联席会议制度，定期开展区域旅游协作合作高层论坛，对旅游业的分工协作和关键性、全局性旅游相关问题进行协调。同时还需要导入市场机制，引导旅游企业和社会力量的积极参与。

（4）加大旅游宣传和营销力度，努力扩大旅游市场空间和规模。要强化、整合苏鲁豫皖交界区旅游资源的优势和特色，重点树立区域旅游整体形象，形成区域旅游优质品牌，力求给消费者清晰、明确及生动的区域旅游整体形象。要运用科学方法，对苏鲁豫皖交界区旅游整体形象进行合理定位，并加大宣传和营销力度，进行旅游形象宣传，扩大旅游市场。必须要依托苏鲁豫皖交界区现有的优质旅游资源，打造旅游精品，加大宣传和营销力度，努力开拓旅游市场，不断树立良好的旅游品牌形象。要对苏鲁豫皖交界区旅游组合产品和整体形象运用多方位立体式传播手段和工具进行有效传播，促销方式的选择和运用应侧重其组合效应。苏鲁豫皖交界区各市在旅游促销活动中要积极联手，共同推介培育统一的区域旅游品牌，推出统一的宣传促销口号，发布统一的旅游信息，到目标市场所在地区联合举办产品推介会，联合推出苏鲁豫皖交界区特色旅游产品和特色路线，共享品牌形象、销售队伍和销售渠道，形成整体对外、各有侧重的品牌营销运营系统，切实形成合力。

（5）创新旅游管理体制，形成区域旅游合作新机制。一是建议苏鲁豫皖交界区各市建立旅游委统筹协调旅游资源的开发与保护，协调旅游资源产权、经营权、管理权的“三权确立”问题。二是建议成立苏鲁豫皖交界区旅游战略与管理委员会。苏鲁豫皖交界区旅游战略与管理委员会由各市政府（文化和旅游局）协调领导，下设战略与规划、政策与法规、宣传与促销、管理与督查等部门。三是成立苏鲁豫皖交界区旅游联合会。加强旅游业社团在旅游发展中的独特作用，并将部分政府职能，尤其是针对旅游市场的政府职能，向旅游业社团职能转移。四是按照旅游产品的形成要素，打破行业和所有制界限，整合与旅游业有关联的企业。

（6）完善利益分配机制，积极推动区域旅游合作。由于行政区划、地方利益竞争及管理体制等制度性因素的制约，区域旅游合作面临重重障碍。而旅游资源可能位于多个相邻行政区的边缘地区，这极易引起对旅游资源归属权的争议、利益分配不均及旅游产品重复建设雷同等问题。这就要求在统筹区域旅游资源整合开发中必须以政府为主导，企业参与，打破行政区划壁垒，重新优化整合旅游资源，增强旅游竞争力。区域旅游合作非常复杂，尤其是系统内部各主体之间繁杂的矛盾与冲突，而利益的满足与否是是否导致这些矛盾冲突的根源所在。苏鲁豫皖交界区各市希望能够通过合作获得更多的经济利益，从而追求区域整体效益。利益是苏鲁豫皖交界区旅游业合作的基础，在资源共享的基础上，完善合理的利益分配机制是苏鲁豫皖交界区旅游稳定发展的保证。可以按照各地区旅游资源总量多少和地理位置综合考虑，进行合理分配；还可以成立苏鲁豫皖交界区旅游合作组织，统一规划、制定区域旅游发展联合机制，确保利益分配公平公正。

（7）建立信息平台和旅游公共服务中心，推动苏鲁豫皖交界区旅游产业发展一体化。苏鲁豫皖交界区各市多采用先进的技术手段，建立大型旅游地理信息系统，将各市的道路、交通、景点、住宿、餐饮等情况纳入该信息系统中，并提供友好界面，支持多种功能的操作，使游客在苏鲁豫皖交界区任一城市旅游都能自如地安排自己的行程。大型旅游地理信息系统起点要高，不仅面向国内游客，还要考虑到国外游客的需求。同时，大型旅游地理信息系统中信息要能够定时更新，使游客能够动态地了解各方面情况，做到无论游客身在区域内的哪个城市，都能方便、快捷地知道区域内其他城市和景区的状况。这对促进区域内各城市间旅游的便利性，加强合作，提升整个区域的旅游竞争力是非常重要的。充分发挥徐州、济宁和临沂的区位优势和科技教育优势，在三个区域性中心城市设立面向苏鲁豫皖交界区的旅游公共服务中心。包括旅游咨询中心、旅游集散中心、苏鲁豫皖交界区“智慧旅游”数据处理中心等。

4.4　苏鲁豫皖交界区产业分工与合作发展总体思路

苏鲁豫皖交界区是我国粮食主产区之一，近年来各市粮食产量保持持续稳定增长态势，在工业化、城市化进程中，虽然第一产业份额在不断下降，但农业的基础地位仍需要加强，各市应发挥耕地、水文、气候等优越条件，进一步促进农业生产；加速推进农村土地流转，提升农业生产的规模化、机械化，大力发展设施农业和经济作物，协调发展林业、畜牧业；加强新农村建设，不断改善农村基础设施；适应历史文化传统，扶持跨地区农产品市场不断发展壮大。

与第一产业直接相关的工业行业，如农副食品加工业和食品制造业，区域内济宁、临沂、日照、商丘、宿州、淮北、亳州已形成一定的比较优势，要充分发挥区域内农副产品资源优势，进一步深化农副产品深加工，形成规模效应，打造品牌优势，形成区域影响力，进一步提升品质，开拓农副产品出口市场。

在工业发展上，各市要进一步突出比较优势和规模优势，形成开放合作的产业结构基础。

形成以连云港、日照为核心的东部港口海洋经济带，利用连云港港、日照港的海运优势，重点发展重化工业，如石化、钢铁、船舶设备、汽车制造等资本密集型产业，优化发展电子设备制造业、有色金属、纸制品业等行业。加强港口经济开拓，发挥苏鲁豫皖交界区农产品资源和加工优势，促进农产品出口；进一步加强腹地开拓，提升服务，寻找商机，发挥亚欧大陆桥东部桥头堡优势，服务国家“一带一路”发展倡议，促进外向型经济发展。

打造徐州制造业基地。重点发展专用、通用设备制造业，以及电气机械及器材、电子设备、仪器仪表、化工、木材加工、冶炼、纺织、烟草制品等行业。徐州市产业基础好、产业体系完善，区域内城市规模大、创新能力强，因此要进一步优化徐州市经济发展软硬环境，发挥其区域性中心城市的带动和辐射作用。

宿迁市设市于 20 世纪 90 年代中期，已利用后发优势，逐渐形成了较为轻质化的工业结构，与苏中、苏南地区的联系较为便捷，接受苏南发达地区产业转移的条件十分便利，可重点发展木材加工及木、竹、藤、棕、草制品业，纺织业，饮料制造业，通信设备、计算机及其他电子设备制造业，纺织服装、鞋、帽制造业，电气机械及器材制造业，化学纤维制造业，文教体育用品制造业，印刷业和记录媒介的复制，有色金属冶炼及压延加工业等工业行业。打造成为沟通南北的轻型产业基地。

临沂市矿产资源丰富，可重点促进黑色金属矿采选业及相应矿产资源深加工行业的发展，如黑色金属冶炼及压延加工业、有色金属冶炼及压延加工业、金属制品业等工业行业，努力形成矿产资源采掘和加工基地。另外，临沂市在农副食品加工、木材加工、专用设备制造业等行业也具有很强的比较优势。

苏鲁豫皖交界区内枣庄、济宁、淮北煤炭资源丰富，这三个城市在徐州西北呈环状展开，可形成煤炭采选和加工产业带。煤炭行业周期性较强，宏观经济形势的起落变化对行业影响较大，要做到未雨绸缪，适时发展替代行业，形成持续发展，避免强周期波动的负面影响。

煤炭开采和洗选业是济宁和淮北第一支柱工业行业，是枣庄第三支柱工业行业。此外，枣庄市在非金属矿物制品业、设备制造业，以及电气机械、纺织服装、文教体育用品、橡胶和塑料、纸制品等行业具有较强优势，可重点推进；济宁市在汽车制造、设备制造、纸制品、纺织、橡胶和塑料等行业具有较强优势，并且与枣庄市的重点行业重合较多，两市同属鲁南地区，地域相邻，可加强行业配套与协作，促进产业整合，提升规模，共同发展。淮北市在食品加工制造、饮料制造、设备制造业、电气设备及器材、金属制品、非金属矿物制品、家具制造等行业具有较强优势。

商丘市应重点发展纺织服装、皮革、毛皮、羽毛（绒）及制品，食品饮料，电气机械，仪器仪表，电子设备，汽车及运输设备，印刷等工业行业。

菏泽市可重点打造化学原料及制品、纺织、石油加工、医药制造、木材加工、文教体育用品、家具、皮革等工业行业。

宿州市在农副食品加工制造、非金属矿物制品、木材加工、纺织服装、橡胶和塑料制品、皮革、饮料、家具、非金属矿采选、运输设备等行业具有一定优势。

亳州市产业特色非常鲜明，已形成全国范围内重要的中药材产业基地和集散地，要进一步发挥特色，提升产品品质，打造城市中药材行业美誉度。另外亳州市在农副食品加工制造、饮料制造、汽车制造、废弃资源和废旧材料回收加工、印刷等行业已形成了较强优势。

苏鲁豫皖交界区由于资源相近、产业相仿，区域内各城市在工业发展方面面临较大竞争压力，需要在细分产品上多下功夫，形成行业内产品间的错位竞争格局，只有这样才能有利于区域内开放与合作局面的形成。

第三产业有服务本地居民的重要职能，对于本地化市场需求来说，每个城市都有促进服务业发展的要求，城市间的竞争性并不激烈，同时第三产业的发展又是提升区域性中心城市功能的重要领域，第三产业内的金融业、商贸物流业、科教服务业等的发展对于区域内其他城市又有很强的辐射作用，因此在这些领域，区内城市间仍然存在着激烈的竞争，如竞相打造区域性金融中心、物流中心的现象。从城市规模、城市化水平、科教卫生水平、经济总量看，徐州市成为区域性中心城市的可能性最大、基础最好，要进一步提高徐州市的人口集聚、产业集中、要素吸纳能力，促进具有较强辐射带动能力的区域性中心城市尽快形成。

第 5 章　苏鲁豫皖交界区交通基础设施与生态建设

交通基础设施建设和生态环境保护是政府合作的重要领域，虽然行政有区划，但交通基础设施建设和生态环境保护却是交界区政府的共同责任，在这些领域，交界区合作已取得很多进展，也存在不少制约。

苏鲁豫皖交界区处于长三角和环渤海两大发达经济区之间，起着承东启西的作用，在全国经济格局中占有重要位置，并拥有亚欧大陆桥东部桥头堡和“一带一路”倡议海陆交会点的突出区位，战略地位十分重要。连霍高速公路（G30）、京台高速公路（G3）、京沪高速公路（G2）、沈海高速公路（G15）、长深高速公路（G25）、济广高速公路（G35）贯穿交界地区，京沪铁路、陇海铁路两大国家干线铁路贯穿南北东西，日照港和连云港港两大港口，为我国矿产、粮食、果菜等物流运输提供了较便利的条件。生态环境具有非排他性、无偿性与不可分割性等特点，这使得处于发展阶段的经济体对生态环境的利用往往不加节制，造成使用过度和浪费严重的现象，很容易产生“公地悲剧”结果。苏鲁豫皖交界区分属不同的行政区域，环境污染涉及面广、影响大，生态环境合作十分必要。

需要说明的是，本章数据源于 2016 年各市统计公报及 2016 年城市统计年鉴。

5.1　苏鲁豫皖交界区交通基础设施建设

苏鲁豫皖交界区交通基础设施在“十三五”时期得到了快速发展，铁路、公路、水运、港口和机场已经形成水陆空立体的交通运输网络，在建铁路、公路、水运、港口和机场也正加快建设和改造，苏鲁豫皖交界区物流业也得到了快速发展。但是苏鲁豫皖交界区处于各省边缘地带，交通基础设施体系建设和物流业发展方面仍存在亟待解决的问题。

苏鲁豫皖交界区铁路网络初具规模，拥有京沪高速铁路、郑徐高速铁路、徐广高速铁路、徐厦高速铁路、徐兰高速铁路、合新高速铁路、青连高速铁路等主干高速铁路，徐宿淮盐城际铁路、徐淮宿城际铁路、连徐客运专线、连盐铁路、连淮扬镇铁路等支线高速铁路相继开工建设，京沪、京九、连霍、胶新、新长、新兖石、坪岚、青阜、新菏兖日、晋豫鲁等主干普通铁路连接苏鲁豫皖交界区主要城市，前贾、丰沛、符夹、夹孟、徐沛、枣临、东平、枣曹等支线普通铁路，卧牛煤矿专用线、大黄山煤矿专用线、新河煤矿专用线等专用铁路线，中亚班列、中欧班列等国际物流专列，保证了苏鲁豫皖交界区的人流和物流的交换。而规划铁路临连铁路、合连高速铁路、连宿蚌铁路、京沪高速铁路二线、商济铁路、商周铁路、新商铁路、亳宿铁路、禹亳铁路、萧淮客车联络线、宿淮铁路等的建成，定会加快推进人口转运和物流行业的发展。

公路建设快速推进，公路运输则通过连霍高速公路、京台高速公路、京九高速公路、京福高速公路、济广高速公路、长深高速公路、沈海高速公路、同三高速公路、日兰高速公路、枣临高速公路、青兰高速公路、枣木高速公路、岚曹高速公路、宁洛高速公路、许亳高速公路、宿登高速公路、济祁高速公路、泗许高速公路、京台高速公路、徐明高速公路、德商高速公路、商周高速公路、商登高速公路、郑民高速公路、濮阳高速公路、济商高速公路、商徐高速公路、济徐高速公路等，以及规划或在建的潍日高速公路、岚罗高速公路、新台高速公路、枣菏高速公路等高速公路形成连通全国各地的高速公路骨架网。

内部港口枣庄（台儿庄）港、徐州港所在的京杭大运河升级扩容，增强了内河港口的吞吐能力。临海港口日照港和连云港港两大港口建成了港口装卸以煤炭、铁矿石、集装箱、粮食、液体化工、油品、氧化铝、客滚、件杂货各类专业化码头泊位，辟有至欧洲、美洲、中东、东北亚、东南亚等集装箱和货运班轮航线四十多条，并开通了至韩国仁川、平泽两条大型客箱班轮航线，内河港口连接临海港口相互协作，已经初具规模。

苏鲁豫皖交界区航空运输发展较快，形成了以徐州观音国际机场为核心，临沂启阳机场、连云港白塔埠机场和济宁曲阜机场为辅的航空运输网络。

管道运输建设合理推进，以商丘市和徐州市为中心的西气东输、原油运输等稳步发展。

5.1.1 铁路网络建设状况

（1）徐州市。徐州是中国第二大铁路枢纽，京沪铁路、陇海铁路两大干线在徐州火车站交会，与全国其他铁路干线联网，截至2016年底，徐州市建成通车铁路18条，其中高速铁路4条（京沪、徐广、徐厦、郑徐），普通铁路9条（京沪、陇海、胶新、新长、前贾、符夹、夹孟、徐沛、丰沛），国际班列2条（中亚、中欧），煤矿专用铁路3条（大黄山、卧牛、新河），而丰沛铁路2013年底已建成，郑徐高速铁路于2016年7月建成通车。截至2015年，徐州境内已形成“二枢纽五干线六支线”的铁路交通体系。

（2）宿迁市。截至2015年底，宿迁市建成通车铁路有2条，即新长铁路（新沂—淮安段）、宿淮铁路。已建成徐盐高速铁路即徐宿淮盐铁路，其与沿海铁路形成徐宿淮盐通沪通道。宿新城际铁路项目总长约64千米，其中宿迁境内约35千米，该项目被列为国家铁路“十三五”规划储备项目。

（3）连云港市。截至2017年底，建成通车铁路只有1条，即陇海铁路；已经开工建设的铁路有青连铁路、连盐铁路（沿海铁路江苏段）、连淮扬镇铁路、徐连客运专线（陇海客运专线徐连段）等；规划的铁路有临连铁路、合连高速铁路、连宿蚌铁路。

（4）日照市。截至2017年底，日照市建成通车铁路有5条，即新兖石、坪岚、胶新、瓦日、青日连；扩建和新建新菏兖日铁路、山西中南部至日照港铁路通道、青日连铁路，形成“三横二纵”［三横是指新菏兖日铁路、坪岚铁路、山西省吕梁市兴县瓦塘镇至日照港（又称瓦日）铁路通道；二纵是指胶新铁路、青日连铁路］的铁路网。

（5）临沂市。截至2017年底，临沂市建成通车铁路有6条，即新亚欧大陆桥新菏兖日铁路（中国能源大通道）、瓦日铁路、胶新铁路、枣临铁路、东平铁路、坪岚铁路。2015年开工建设鲁南城际高速铁路。

（6）枣庄市。截至2015年底，枣庄市建成通车铁路有5条，即京沪高速铁路、京沪铁路、枣临铁路、枣曹铁路、运煤专线临（薛城）枣（十里泉）。规划建设枣庄城际铁路、鲁南城际铁路。

（7）济宁市。截至2017年底，济宁市建成通车5条铁路，其中南北方向3条，即京沪铁路、京九铁路、京沪高速铁路，东西方向2条，即新兖石铁路和枣曹铁路。

（8）菏泽市。截至2017年底，菏泽市建成通车铁路3条，即京九铁路、新市铁路、地方物资专用铁路。

（9）商丘市。截至2017年底，商丘市建成通车铁路有3条，即国家干线铁路的陇海铁路、京九铁路和郑徐高速铁路；在建或规划区域间铁路有商济铁路、商杭高速铁路、商周铁路、新商铁路（新密—商丘）。

（10）亳州市。截至 2017 年底，亳州市建成通车铁路有 2 条，即京九铁路和青阜铁路；规划在建铁路为商杭高速铁路、亳宿铁路、禹亳铁路。

（11）淮北市。截至 2017 年底，淮北市建成通车铁路有 3 条，即符夹铁路、青阜铁路和淮萧客车联络线。

（12）宿州市。截至 2017 年底，宿州市建成通车铁路有 6 条，即国家干线铁路的陇海铁路、京沪铁路、宿淮铁路、京沪高速铁路、郑徐高速铁路、淮萧客车联络线；规划及在建的有徐淮宿城际铁路、亳宿铁路和禹亳铁路 3 条高速铁路。

从整个苏鲁豫皖交界区铁路建设看，截至 2017 年底，域内建成通车铁路共有 33 条，其中高速铁路 4 条，普通铁路 22 条，国家班列 2 条，专用铁路 5 条，贯穿苏鲁豫皖交界区的铁路有京沪高速铁路、京沪铁路、京九铁路、陇海铁路、青阜铁路、新兖石铁路，在建铁路贯穿该区域的为京沪高速铁路二线、郑徐连高速铁路、青日连高速铁路。

5.1.2　公路网络建设状况

（1）徐州市。形成了 22 条主干、四环线和 90 条县乡公路格局。截至 2015 年底，公路总里程为 16 655.73 千米，建成 8 条高速公路，形成 604 千米的高速公路网络，里程数居中国地市级前列，所有县（市、区）均连通高速公路，各行政村均通达客运班车，形成了通达国内主要城市和周边地级以上城市的高速公路网络；境内共有 5 条国道，11 条省道，市到县均以干线一级公路连接，可形成“一小时交通圈”；县到镇、镇到镇、镇到行政村均通标准化等级公路。今后围绕构建畅通便捷的城际交通体系，积极推进台儿庄至睢宁高速公路、京沪高速公路新沂段拓宽等项目，加快建设徐州外环路和徐沛等快速通道，加大省际边界地区交通基础设施建设力度，促进省际、城际道路交通互联互通。

（2）宿迁市。截至 2017 年底，宿迁市内有国道 1 条（205 国道），省道 1 条，县道 5 条，宁宿徐高速公路、徐宿淮盐高速公路、京沪高速公路、宿新高速公路建成通车；规划积极推进通道型干线公路建设，实现中心城市与下辖县市、宿迁至相邻市县的快速直达，重点建设 S326 线沭阳段、G344 线宿迁泗洪县至苏皖交界段、G235 线双沟至靳桥段等干线公路建设。

（3）连云港市。国家重点建设的沈海（同三高速沈阳至海口段）、连霍、长深三条高速公路在境内交会，连云港市也是中国南北、东西最长的两条高速公路——同三高速（黑龙江同江—海南三亚）和连霍高速（连云港—新疆霍尔果斯）的唯一交点，204 国道穿境而过。截至 2017 年底，高速公路通车总里程达 354 千米，密度达 159.11 千米/百千米 ^{2}；建成 G204 线新浦至灌南段，加快 G310 线东海青湖至山东界段、S242 线青口至苏鲁界段、G327 线赣榆段、长深高速公路至主体港区疏港高速公路、S401 线、S402 线建设，大力推进连宿、连淮、S344 线等干线公路建设，实施新增省道 S245 线、S267 线路面改善工程。到 2020 年，形成“七纵十横”干线公路网，新增干线公路里程 307 千米，总里程达到 1454 千米。

（4）日照市。截至 2017 年底，日照市公路通车里程 8437.24 千米，其中，高速公路 162.86 千米，国道 298.65 千米，省道 375.14 千米，农村公路 7600.59 千米；青临高速公路、疏港高速公路、机场高速公路和 S613 线西延工程建成通车，潍日高速公路、岚罗高速公路等公路工程加快推进。

（5）临沂市。京沪高速公路、日东高速公路、长深高速公路、枣临高速公路、青兰高速公路等多条高速公路遍布临沂各地。G205 线、G206 线、G327 线等，以及多条省道连接临沂各地。有双岭高架快速路和陶然高架路：双岭高架快速路西起双岭路与京沪高速交会处以西，东至双岭路与蒙山大道交会处，总长 7.09 千米；陶然高架路西起沂州立交，东至临沂启阳机场，总长约 8.5 千米。布设了 4～10 条匝道。

（6）枣庄市。京台高速公路、枣木高速公路、岚曹高速公路、G104 线、G206 线等多条公路穿过枣庄。实施枣鱼高速公路及东延工程、新泰至台儿庄高速公路枣庄段、枣济线改建工程、店韩路改建工程、郯薛线改建工程、枣徐线改建工程、北留线改建工程，推进 G518 线、G206 线、S244 线、山官线、台韩线等路面改造工程，实现 S234 线与江苏 S270 线对接。规划开工建设枣（枣庄）木（木石）高速公路东延线、新（泰安新泰）台（台儿庄）睢（徐州睢宁）高速公路。

（7）济宁市。济宁市有京台高速公路、济徐高速公路、济鱼高速公路和 G220 线、G104 线、G105 线、日东高速公路和 G327 线。

（8）菏泽市。G35 线、G1511 线、G105 线、G106 线、G220 线、G327 线六条国道、14 条省道及地方公路干支相连、纵横交错。截至 2016 年底，已建成的菏东高速公路、日兰高速公路菏泽段、济广高速公路菏泽段共 260.6 千米，与德商高速公路、东新高速公路及规划中的菏鱼高速公路、德上高速公路鄄城至菏泽段共同构成“米”字形高速公路主骨架。

（9）商丘市。商丘市内有国道：G105 线（北京—商丘—珠海）、G310 线（连云港—商丘—天水）。国家干线高速公路：连霍高速公路（G30 连云港—商丘—霍尔果斯）、济广高速公路（G35 济南—商丘—广州）。地方高速及联络线：德商高速公路、商周高速公路、商登高速公路、郑民高速公路、濮（濮阳）阳（阳新）高速公路、商济高速公路、商徐高速公路、民菏高速公路等。商丘拥有经过市区的 G105 线、G310 线；9 条高速公路以商丘环城高速圈为中心呈“米”字形向全市展开；30 余条省道遍布全市各地。

（10）亳州市。G311 线、G105 线和 S307 线在亳州市内交叉穿过，济广高速公路、宁洛高速公路、许亳高速公路、宿登高速公路、济祁高速公路纵贯全境。

（11）淮北市。6 条国道和省道及京福高速公路、连霍高速公路、南登高速公路穿境而过。

（12）宿州市。截至 2017 年底，宿州境内连霍高速公路、泗许高速公路、京台高速公路、徐明高速公路建成通车；在建的济祁高速公路部分路段通车。104 国道京福线、206 国道烟九线、310 国道连天线、311 国道徐峡线穿境而过，连接南北、东西各地。

5.1.3　河道建设状况

苏鲁豫皖交界区河道水源较丰富，区域内有黄河、京杭大运河、淮河、微山湖、洪泽湖、骆马湖、涡河、沂河等，而水路运输经京杭运河、淮河可达浙江和东海，沿东海的上海港可以运输到世界各地。

（1）黄河。黄河自河南省兰考县入境，流经辖区内的东明县、牡丹区、鄄城县、郓城县四县区，境内全长 157 千米。南境沿曹县、单县边界有黄河故道，菏泽市地处古今黄河之间的三角地带内。黄河入境水量为 256 亿立方米，现今已经无法通航，但黄河故道的改造，航道的修复，可以适应水上运输，开辟新的经济繁荣。黄河故道是黄河在 1128 年南泛侵泗夺淮入海，1855 年北徙山东利津入海后形成的“地上悬河”，西起河南开封市兰考县，东至江苏盐城市滨海县入海口，全长 730 多千米，经苏皖鲁豫四省 8 个地级市、25 个县（市、区）、444 个乡镇，截至 2016 年底，流域内总人口为 2643 万，其中农业人口为 1922 万。徐州境内黄河故道总长度为 234 千米，占全部黄河故道总长的 32%，已有部分恢复治理，可以通航，但上游济宁、菏泽、宿州、商丘等黄河故道沿线综合开发治理仍然存在着较大的差距，各省市间不能同步实施黄河故道治理工程。

（2）京杭大运河。京杭大运河（北起北京，南至杭州）从公元前 486 年始凿，是世界上开凿最早、长度最长的一条人工河道，距今已有 2500 多年的历史，全长 1794 千米，是中国仅次于长江的第二条“黄金水道”，价值堪比长城。至北而南流经京、津两市和冀、鲁、苏、浙四省，贯通中国五大水系——海河、黄河、淮河、长江、钱塘江和一系列湖泊，从华北平原直达长江三角洲，地形平坦，河湖交织，沃野千里，自古就是中国主要粮、棉、油、蚕桑、麻产区。

（3）淮河。淮河干流发源于河南省桐柏县桐柏山老鸦叉，东流经河南、湖北、安徽、江苏四省，淮河下游水分三路。主流通过三河闸，出三河，经宝应湖、高邮湖在三江营流入长江，是为入江水道，至此全长约 1000 千米；第二路在洪泽湖东岸出高良涧闸，经苏北灌溉总渠在扁担港入黄海，全长 168 千米；第三路在洪泽湖东北岸出二河闸，经淮沭河北上连云港市，经临洪口注入海州湾。流域面积 274 657 平方千米。

淮河流经苏鲁地区的沂沭泗水系，位于淮河流域东北部，大都属苏、鲁两省，由沂河、沭河、泗河组成，均发源于沂蒙山区，总面积近 8 万平方千米。泗河流经南四湖，汇集蒙山西部及湖西平原各支流后，经韩庄运河、中运河、骆马湖、新沂河于灌河口燕尾港入海。沂河、沭河自沂蒙山区平行南下，沂河流至山东省临沂市进入中下游平原，在江苏省邳州入骆马湖，由新沂河入海。沂河在刘家道口和江风口还有“分沂入沭”和邳分洪道，分别分沂河洪水入沭河和中运河。沭河在大官庄分新、老沭河，老沭河南流至新沂市入新沂河，新沭河东流经石梁河水库，至临洪口入海。

（4）南四湖。南四湖是串联在一起的微山湖、昭阳湖、独山湖、南阳湖四个湖的总称，因位于山东省西南部的济宁以南而得名，为淮河流域第二大淡水湖。南四湖流域属淮河流域，跨山东、江苏、河南、安徽 4 省 38 县（市、区），控制流域面积 3.17 万平方千米，入湖河流有 50 多条，呈辐聚状集中于湖。

（5）洪泽湖。洪泽湖是中国第四大淡水湖，在江苏省西部淮河下游，苏北平原中部西侧，淮安、宿迁两市境内，为淮河中下游接合部。原为浅水小湖群，古称富陵湖，两汉以后称破釜塘，隋称洪泽浦，唐代始名洪泽湖。1128 年以后，黄河南途经泗水在淮阴以下夺淮河下游河道入海，淮河失去入海水道，在盱眙以东潴水，原来的小湖扩大为洪泽湖。洪泽湖湖面辽阔，资源丰富，历史悠久，既是淮河流域大型水库、航运枢纽，又是渔业、特产品、禽畜产品的生产基地，素有“日出斗金”的美誉。

（6）骆马湖。骆马湖位于江苏省北部，跨宿迁和徐州二市，又名乐马湖、洛马湖、马乐湖、龙马湖。湖水面积 375 平方千米，它似菱形，东岸为丘陵山区，北、西、南岸为堤岸平原，最大宽度为 20 千米，湖底高程 18～21 米，最大水深为 5.5 米，大小岛屿 60 多个。它被江苏省定为苏北水上湿地保护区，又是南水北调的重要中转站。

（7）涡河。涡河是淮河中游左岸一条支流，淮河第二大支流，淮北平原区主要河道，呈西北东南走向。它发源于河南省尉氏县，东南流经开封、通许、扶沟、太康、鹿邑和安徽省亳州、涡阳、蒙城，于蚌埠市怀远县城附近注入淮河。截至 2016 年底，涡河长 380 千米，流域面积 1.59 万平方千米。涡河历来是豫、皖间水运要道。

（8）沂河。沂河全长 570 千米，较大支流有东汶河、蒙河、柳青河、祊河、涑河、李公河、白马河等，流域面积 17 325 余平方千米。沂河古称沂水，古代为泗水支流，黄河夺淮、泗入海后，沂水成为黄河支流。

5.1.4　水运港口建设状况

（1）徐州市。徐州是国家级内河水运主枢纽城市，截至 2016 年底，内河航道总里程达 1057.84 千米。徐州港是中国 28 个内河主要港口之一，中国内河十大港口之一，吞吐量居中国内河港口前 10 名。被誉为“黄金水道”的京杭大运河横穿徐州，在境内长 181.16 千米，北接微山湖南连骆马湖。徐州围绕打造江海河联运新航道，实施完成亿吨大港二期、湖西航道二期、丰沛运河通航、徐洪河升级等重要港口航道工程，积极推动徐州–宿迁–连云港航道建设相关工作。

（2）宿迁市。宿迁市辖区内拥有泗阳港，是江苏省十大内河港之一，位于京杭大运河泗阳船闸下游约 4.5 千米处左岸，建有 8 个两千吨级泊位，设计年吞吐能力 260 万吨。宿连航道是沟通京杭大运河段与连云港港的重要通道，航道西起井头船闸，东至连云港疏港航道，航道总里程 118 千米（宿迁境内 96.5 千米）。

（3）连云港市。连云港境内定级航道 83 条，总里程 1138 千米。目前已基本形成以盐河为主通道，北接沭北运河，西接蔷薇河、淮沭新河、柴米河，东接善后河、东门河、灌河，南接京杭大运河等通江入海航道，构成了干支相通的水运网。连云港港由连云、赣榆、徐圩、前三岛、灌河 5 个港区等组成，截至 2015 年底有 30 万吨级泊位 1 个，10 万吨级泊位 2 个，7 万吨级泊位 3 个，5 万吨级泊位 1 个，3.5 万吨级泊位 2 个，3 万吨级泊位 1 个，2.5 万吨级泊位 5 个，2 万吨级泊位 1 个，1.6 万吨级泊位 1 个，1.5 万吨级泊位 6 个，1 万吨级泊位 8 个，0.5 万吨级及以下泊位 4 个。与 160 多个国家和地区的港口建立通航关系，辟有至欧洲、美洲、中东、东北亚、东南亚等集装箱和货运班轮航线 40 多条，并开通了至韩国仁川、平泽两条大型客箱班轮航线。2017 年，港口在 15 万吨级航道轴线基础上建设连云港 25 万吨、30 万吨级航道，可以满足 25 万吨级散货船乘潮单向通航，7 万吨级以下船舶可全潮双向通行；徐圩港区可以满足 10 万吨级散货船乘潮单向通航。连云港港未来将形成由海湾内的连云主体港区、南翼的徐圩港区和灌河港区、北翼的赣榆港区和前三岛港区共同组成的“一体两翼”总体格局。

（4）日照市。日照拥有日照、岚山两个国家一类对外开放港口，日照港是煤炭输出港，岚山港拥有液体化工码头。日照港拥有石臼、岚山两大港区，截至 2016 年底，万吨级以上泊位 52 个，年通过能力超过 2 亿吨。海上航线可达世界各港，已与 100 多个国家和地区通航。

（5）临沂市。临沂市内有沭河、沂河、中运河穿过，辖区有田庄水库和跋山水库，区域分属淮河流域，主要河流为沂河和沭河，境内无港口。

（6）枣庄市。京杭大运河穿过枣庄市区南部，主要有枣庄港、滕州港、台儿庄港、峄城港四个港口，毗邻陇海铁路和日照港、岚山港、青岛港、连云港港四大出海口。

（7）济宁市。济宁因济水而得名，与济源、济南、济阳共同创造了辉煌的济水文化。辖区京杭大运河三级主航道 130 千米；船闸 3 座，其中二级船闸 2 座；已形成集船舶运输、港口装卸、物资营销、船舶制造与检验、海事、水路交通稽查和航政、运政管理于一体的综合航运体系。

（8）菏泽市。京杭大运河支流洙水河航道为菏泽经济发展打通了一条水上黄金通道。洙水河航道工程已全线竣工，具备通航条件，实现了菏泽内河航运“零”的突破。

（9）商丘市。沱浍河航道是商丘的主要航运通道，沱河、浍河是淮河的主要支流，沱河发源于梁园区的黄河故道，经虞城、夏邑，过白洋沟与浍河连接后汇入淮河，商丘段长约 146.9 千米。沱浍河航道以四级航道标准、五级断面实施；建有大青沟、黄口、张桥 3 座 500 吨级船闸，设计年通过能力 420 万吨；主要港口有新桥港、四里庙港、夏邑港 3 个港区，截至 2015 年底，共建设 13 个 300 吨级泊位，设计年吞吐能力 340 万吨。

（10）亳州市。亳州市内河流属淮河水系，主要干流河道有涡河、西淝河、茨淮新河、北淝河、芡河等多条河流，建有亳州谯城港、涡阳港、蒙城港、利辛港等。

（11）淮北市。浍河航运开发疏浚后的浍河通达淮河、长江，南坪港位于濉溪县南坪镇东、浍河航道右岸，预测年吞吐量为 80 万吨，码头建设 3 个 500 吨级泊位。

（12）宿州市。宿州是安徽省距离出海口最近的城市，域内有浍河、新汴河、沱河、萧濉新河等河流。2013 年，“十二五”末期，有七级以上航道里程 176.23 千米，其中五级航道 142.41 千米，六级航道 15.73 千米，七级航道 18.09 千米。新汴河和浍河沿线设有 5 个港口。

5.1.5　管道建设状况

（1）徐州管道。徐州市运输管道是华东输油管道的重要组成部分，华东原油管网是从修建临邑至南京的鲁宁线时开始筹划的，后只修建至江苏仪征，仍称鲁宁线；鲁宁管道的建设，地跨山东、安徽、江苏三省。

（2）商丘管道。商丘是中原经济区最为重要的管道枢纽之一，西气东输二线、西气东输支线、日照–东明–商丘原油管道、海气登陆（LNG[①]）连云港–商丘管道、

---

① 液化天然气（liquefied natural gas，LNG）。

盐城-商丘管道等国家干线管道在商丘交会，为商丘乃至中原地区提供了充足的天然气、石油等能源，有力地保障了中原地区经济社会发展。

5.1.6　轨道交通建设状况

根据《连云港市城市公共交通规划》，连云港规划轨道交通以轻轨方式为主，在既有连云港 BRT（bus rapid transit，快速公交系统）快速交通线上远期建设四条有轨交通线路，总长度约 119 千米。

截至 2016 年底，徐州地铁已开工建设 1 号线、2 号线、3 号线一期工程，3 号线二期工程、4 号线、5 号线及 6 号线，线路总长 171.8 千米，共 127 座车站；徐州地铁远景线网由 7 条城市轨道普线和 4 条城市轨道快线构成，总规程为 323.1 千米，共 172 座车站。1 号线于 2019 年 9 月通车运营，2 号线、3 号线预计分别在 2020 年 10 月和 2020 年 2 月通车试运营。

临沂 2016 年编制《临沂城市轨道交通线网规划（初步方案）》，提高了城市综合交通能力，做好了轨道交通前期建设准备工作，计划设计有 5 条轨道交通线路，总长 166.6 千米。

5.1.7　航空网络建设状况

苏鲁豫皖交界区 12 市中，只有徐州、临沂、连云港、济宁和日照 5 市有机场，另有 2 个专用机场（徐州空军机场和商丘军用机场）。目前形成以徐州观音国际机场为核心，临沂启阳机场、连云港白塔埠机场和济宁曲阜机场为辅的航空运输网络。

（1）徐州观音国际机场。徐州观音国际机场是淮海经济区内规模最大、设施最先进、等级最高的大型国际航空港，截至 2018 年 10 月，旅客吞吐量首次突破 200 万名；跑道长 3400 米，停机坪 6.3 万平方米，停机位 9 个，是中国可起降 747 大型客机以上空港的 17 个机场之一。机场已开通至香港、台北、曼谷、首尔、高雄、济州岛、大阪、名古屋等 40 多条境外航线。

（2）连云港白塔埠机场。此机场为军民合用国际机场，占地 5 平方千米，位于连云港市西 25 千米，东海县境内。民航机场达到国际 4D 级标准，现已开通至北京、上海、广州、深圳等十多条航线。2010 年 12 月，开通至韩国首尔航线。连云港新机场（连云港花果山国际机场）是江苏“两枢纽一大六中”规划的第三大国际机场，计划 2019 年建成并投入使用，2020 年预计吞吐量达到 150 万人次，国内航线达到25条以上，国际（地区）航线达到3条以上。

（3）临沂启阳机场。临沂是山东省第一个拥有民用机场的城市，跑道长度3200米，宽45米，主要设计使用机型为MD82、B737、A320等中型客机及以下机型；机坪面积为16万平方米。现已通航至北京、广州、济南、青岛的直飞航班，2015年初临沂启阳机场正式开通国际航班。

（4）济宁曲阜机场。位于济宁市区西南24千米处的嘉祥县纸坊镇，机坪面积为3万平方米，可起降B737、A320、MD90等中小型飞机。现已开通至北京、上海、广州、成都、沈阳、昆明、大连、哈尔滨、天津、海口、西安、重庆、呼和浩特等十余条枢纽航线。

5.2　苏鲁豫皖交界区物流业发展状况

作为城市发展引擎的现代物流业已成为能够制约国民经济长远发展的朝阳产业，成为城市和地区发展新的经济增长点和衡量一个地区综合实力的重要标志。现代物流业的发展，不仅能迅速膨胀第三产业和提升产业素质，而且是企业降低物耗、提高劳动生产率，获取“第三利润源泉”的必然选择。苏鲁豫皖交界区各市陆空交通网络、海岸港口等基础设施不完善，导致商贸物流业发展不均衡，结构欠合理。这就需要苏鲁豫皖交界区各市之间加强物流业开放合作程度，共享陆空交通网络、海岸港口等基础设施，促进苏鲁豫皖交界区各市间协调发展。

为了更好地反映交界地区域物流业发展的水平，首先需统一物流业相关概念，其次结合城市统计年鉴中的数据分析苏鲁豫皖交界区12市物流业发展状况。

5.2.1　物流业的基本概念及统计范畴

1. 物流业的基本概念

物流的起源最早始于法国，物流的概念认识初期阶段源于美国，第二次世界大战中，美国军队建立了物流理论，美国军队将后勤理论成功地用于战争期间的物资生产、采购、运输、配给等活动。后来，“后勤”一词在生产、流通过程中得以广泛应用，逐渐发展为现代意义的“物流”。中国2006年修订了国家标准《物流术语》(GB/T 18354—2006)中，将物流定义为“物品从供应地向接收地的实体流动过程。根据实际需要，将运输、储存、装卸、搬运、包装、流通加工、配送、回收、信息处理等基本功能实施有机结合”。而现代物流是指原材料、产成品从起点到终点及相关信息有效流动的全过程，它将运输、仓储、装卸、加工、整理、配送、信息等方面有机结合，形成完整的供应链，为用户提供多功能、一体化的综合性服务。不仅重视效率因素，更强调整体流通过程的物流效果。

2. 物流业的统计范畴

为统一物流业统计范畴，根据物流定义，按照新国家标准《国民经济行业分类》(GB/T 4754—2017)，参考目前国家划分标准，暂将两大类行业纳入物流业统计测算范畴。第一类是交通运输、仓储和邮政业：运输业包括铁路运输业（含铁路旅客运输、铁路货物运输、铁路运输辅助活动）、道路运输业（含城市公共交通运输、公路旅客运输、道路货物运输、道路运输辅助活动）、水上运输业（含水上旅客运输、水上货物运输、水上运输辅助活动）、航空运输业（含航空客货运输、通用航空服务、航空运输辅助活动）、管道运输业（含海底管道运输、陆地管道运输）；多式联运和运输代理业（含多式联运、运输代理业）；装卸搬运和仓储业含装卸搬运、通用仓储、危险品仓储等；邮政业含邮政基本服务、快递服务和其他寄递服务。第二类是批发和零售业：批发业（含 9 个中类，65 个小类），零售业（含 9 个中类，63 个小类）。

5.2.2　苏鲁豫皖交界区 12 个市物流业发展状况

苏鲁豫皖交界区 12 市中，拥有机场航空的有 5 个地市，分别是徐州（观音国际机场）、临沂（临沂启阳机场）、连云港（白塔埠机场）、济宁（曲阜机场）和日照（日照山字河机场）；适合水运货运的有 10 个地市，分别是徐州、连云港、宿迁、宿州、亳州、枣庄、济宁、日照、菏泽和商丘；适合水运客运的有 5 个地市，分别是连云港、枣庄、济宁、日照和临沂；拥有港口的有 6 个地市，分别是徐州、连云港、宿迁、日照、枣庄、亳州，其中日照港和连云港港是临海港口，其余 4 个为内河港口。截至 2015 年底，交界区域内货运总量为 230 457 万吨，客运总量为 88 850 万人，整个“十二五”期间苏鲁豫皖交界区货运总量及客运总量情况如图 5-1 所示。区域内邮政业务收入与批发零售收入情况见表 5-1。

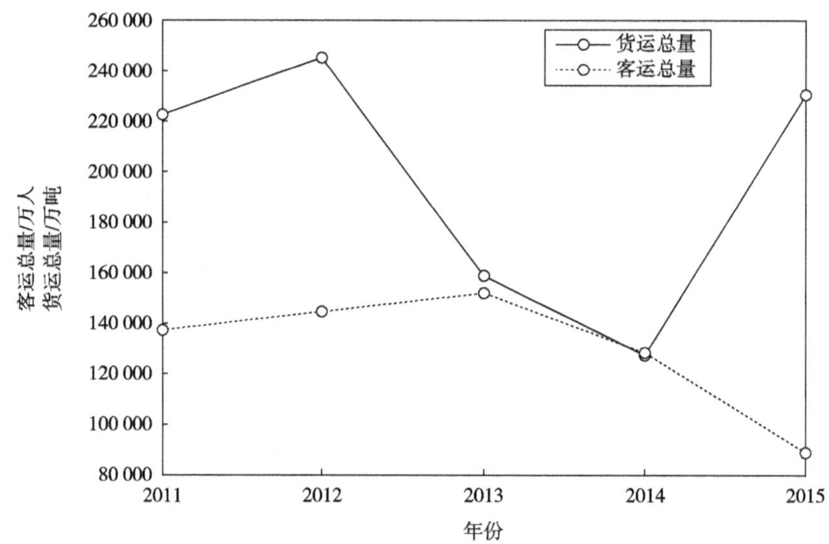

图 5-1 2011～2015 年苏鲁豫皖交界区货运总量及客运总量情况

表 5-1 2011～2015 年苏鲁豫皖交界区邮政业务收入及批发零售收入情况

单位：万元

项目	2011 年	2012 年	2013 年	2014 年	2015 年
邮政业务	293 565	294 029	442 933	634 524	849 446
批发零售	54 951 541	76 838 474	91 770 164	122 438 730	163 207 032

“十二五”期间苏鲁豫皖交界区除了临沂、徐州、枣庄、济宁和商丘 5 市，其他各市的货运总量都呈现快速增长状态。苏鲁豫皖交界区各市间货运总量相差较大，处于第一位的是临沂，已经达到近 4000 万吨，而淮北和宿迁两市的货运总量不到 1000 万吨。除徐州以外，苏鲁豫皖交界区各市的客运总量都呈现先增长后降低状态，而徐州呈现单边增长的状态，这主要是由于 2011 年京沪高速铁路的开通，增加了很大一部分客运流。

物流业的统计范畴第二类就是批发和零售业，而批发和零售业是社会化大生产过程中的重要环节，是决定经济运行速度、质量和效益的引导性力量，是我国市场化程度最高、竞争最为激烈的行业之一。苏鲁豫皖交界区 12 市的批发和零售业市场规模不同，有大有小，行业类别也不尽相同，这就导致各市批发和零售业销售收入不同，而且存在较大差距。

“十二五”期间苏鲁豫皖交界区 12 市的批发和零售业收入呈现增长趋势，而且增长速度很快。截至 2015 年底，徐州处于第一集团，批发和零售收入大于 5000 亿元，临沂、济宁和日照处于第二集团，介于 1000 亿～2000 亿元，而其余 8 市的批发和零售业收入均低于 1000 亿元，其中淮北和亳州的批发和零售业收入处在最后两位，不足徐州的 1/20。

“十二五”期间从宏观政策上看，各地政府对批发和零售业的支持力度还是很大的，无论从政策导向、税收还是融资渠道上都给予了很大的支持，致使批发和零售业快速发展。至 2014 年末，徐州、临沂、济宁三市都已突破 1000 亿元，而徐州和临沂接近 2000 亿元，“十二五”末期批发和零售业收入差距越拉越大，徐州批发和零售业收入超过 5000 亿元，而临沂和济宁的批发和零售业收入增长仍然比较平稳。

“十二五”期间苏鲁豫皖交界区 12 市中除了临沂外其他各市的邮政业务收入都呈现增长趋势，而且增长速度很快。

5.3　交通基础设施对物流业及经济发展的影响分析

交通基础设施在人类社会发展中具有重要作用，是社会进步、经济发展的重要的先决条件，是人民生活的重要保障。随着经济发展，交通基础设施建设在国民经济活动总量中所占的份额越来越大，对经济增长的直接贡献也不断上升；另外，交通基础设施投资的增加有助于拉动需求，带动经济总量快速扩张。交通基础设施的变动不仅是物流业得以顺利成长的基础，而且它的变动有利于协调物流业与其他产业的关系。例如，道路设施的完善有利于提高运输效率，通过提高生产效率促进经济增长。交通运输业对物流业有长期促进作用，物流业会刺激交通运输业的发展，从长期来看，交通运输业对物流业的促进作用也比较显著。因此，交通基础设施的改善促进了省际贸易的增加，对区域经济一体化有促进作用。

（1）交通基础设施是地区经济增长存在差异的一个影响因素。生产率的地区差异与交通基础设施的地区差异是紧密相关的，因为后者创造了正外部性，导致规模经济和投资回报率的增长。在交通基础设施相对短缺的环境下，交通基础设施发展水平影响着物流运输的效率，也必然是影响地区经济增长差异的主要因素；而在交通基础设施保障程度或发展水平较高的情况下，交通基础设施的差异并不一定是地区经济增长差异的关键因素。另外，交通基础设施的类型不同，对物流业的发展水平影响力不同，也会对经济增长产生不同的影响。例如，高速公路（60～120 千米/小时）、普通公路（小于 60 千米/小时）、高速铁路、航空等，对地区物流的效率有很大影响，进而对地区经济增长差异有较强作用。因此，某一地区交通设施的发展能在一定程度上降低相邻地区的运输成本，对相邻地区产生正向的空间溢出效应。

（2）交通基础设施建设是决定一个地区竞争力的关键因素。一个物流企业或地区竞争力的提高依赖于高质量的交通基础设施。合理的交通基础设施空间配置方式可以为地区经济发展创造良好环境，为本地区物流企业或相关产业创造更多机会，从而成为推动区域经济增长的积极因素，或对某些新兴行业起到“孵化”的作用。相反，如果一个物流企业在交通基础设施欠缺的环境下，被迫去寻求高成本的替代方案，结果会对产品的盈利和生产水平产生不利影响，从而会降低这些行业或地区的竞争力。比如，某个城市没有水路运输，其不得不选择其他物流运输方式（如航空），物流企业的运输成本就会增加，而相比较其他地区来说本地区消费者的效用就会减小。世界银行提出的“孵化器假说”认为，物流小企业在发展之初，倾向将厂址选择在大城市中心或老工业区附近，因为这样可以较容易地利用到良好的交通基础设施和其他基本的服务，但是当小企业成长后，则倾向离开这些地方以寻求更大的发展空间。首先，交通基础设施的合理配置能促进物流需求的多样化和物流需求的结构性变动。一方面，交通基础设施的变动有助于深化产业加工，丰富产业结构；另一方面，它的变动有助于扩充市场需求，影响不同产业的发展速度。其次，交通基础设施投资能带动提供交通基础设施建设供给品产业的发展，促进产业结构转换。最后，交通基础设施供给的相关行业本身是产业结构的构成部分，增加交通基础设施投资，会提高物流服务业产值，改善第一产业、第二产业、第三产业比例关系，推进产业结构升级。因此，交通基础设施表现的竞争力对经济增长具有较高的贡献率。

（3）物流企业核心竞争力提升要求加快改善交通基础设施。随着《物流业调整和振兴规划》的贯彻落实，我国物流业发展环境将逐步完善，在竞争中优化产业链的布局，整合交界地区物流资源，调整产业结构和发展方式，提升产业和企业的核心竞争力，消除物流业“小、少、弱、散”的制约因素，大物流将成为整个物流业的发展方向。大物流势必需要大交通，交通基础设施建设应当摒弃各市在规划方面的竞争，树立全局观念，综合衡量交通基础设施建设对本区域经济发展和对相邻区域经济的空间溢出效应，实现投资效益的最优化和区域经济发展空间溢出效应的最大化，从而促进区域经济的综合全面发展。进一步提高与经济社会发展密切相关的交通设施指标，如公路里程，尤其是高速公路里程；通过顶层设计，打破行政区的交通基础设施格局，形成信息同步、可持续发展、有核心竞争优势的大交通系统；在利益分配方面，应协调发展，协同带动，共享发展成果；打造资源杠杆优势，共享交通信息资源，建设基于整体发展的大交通网络，最终促进区域内更为有效的合作，形成良性循环。

（4）交通基础设施的发展提高了运输效率和运输水平。物流的主要功能不同于传统的运输功能，其特点是效率低、成本高、规模小、运输方式分立等，加强不同的运输方式的融合是将来交通运输发展的重要趋势，是提高运输效率、提高运输质量的关键所在。随着交通规模的不断扩大，以及交通运输基础设施的不断完善，当下物流企业的服务逐渐向规范化、集约化方向转化，物流企业的服务水平和组织效率也要相应提高，这样才能使交通运输及物流间的成本降低，使不同交通运输方式之间的界限被打破。交通运输服务组织网络中，节点是不同运输方式进行组织和交接的主要场所，节点设施的规模会随着不同运输方式间的合作与协同而不断扩大，物流园区、运输枢纽等大型节点的设施体系不断发展，成为企业和交通运输服务进行创新的重要条件。保证现代物流的运作过程更为迅速和通畅，就是通常所说的实现现代物流的最佳价值效能，在公路体系中，对现代物流网络进行完善，减少“断头路”现象，保证物流企业能够获得最完善的交通运输路线，节约运输时间及成本，使物流企业在物流运输中获得最佳的运输效果，不断完善公路网络体系，将现代企业的物流效率提高到一个新的阶段。机场、港口、物流中心、物流园区、货运场站等设施是现代物流服务体系及现代物流企业发展的重要组成部分，这些设施的建设，能使不同的交通设施之间产生联动影响，实现物流企业的发展与创新。以港口建设为例，其主要功能在于实现各种运输方式的衔接工作，实现物流产品的装卸及搬运，若能将交通基础设施不断发展完善，则能加快物流与运输的组织化、集约化水平的提高，不断扩大物流企业的发展规模。

5.4　苏鲁豫皖交界区交通基础设施建设与物流业发展问题分析

5.4.1　交通基础设施建设中存在的问题

第一，苏鲁豫皖交界区交通基础设施建设未能统筹考虑城乡一体化的要求，交通基础设施建设主要集中在城市地区，农村交通基础设施建设仍较薄弱。

第二，苏鲁豫皖交界区内公路里程增长率明显高于铁路。这一方面是国家政策对公路建设依赖性的体现，另一方面也体现出地区铁路建设的不足。

第三，苏鲁豫皖交界区铁路运力不足，超负荷运载现象严重。由于铁路路网的落后，铁路的货运量小于公路货运量，但是其货物周转量却远远大于公路货物周转量，这恰恰说明了中国铁路货运密度过高的事实。

第四，苏鲁豫皖交界区内高速铁路建设不足，截至 2017 年底仅有徐州、枣庄、济宁、宿州、淮北、连云港、商丘等城市有高速铁路站点，区域内其他五个城市还没有高速铁路站点，无法完成客流的高效中转。

第五，苏鲁豫皖交界区内存在较多的“断头路”，地市之间特别是省际边缘各市之间缺乏交流和合作，不利于交界区域经济的发展和共赢，如济（济南）徐（徐州）高速公路，在 2015 年底，徐州丰县—沛县段已经修建完成，而山东境内的济宁—鱼台段一直没有修建，到 2016 年底，济宁—鱼台段才修建完成，使得济徐高速公路才能全线通车。

第六，苏鲁豫皖交界区内河流能够通航的较少，导致水运不畅，也存在水资源不共享的情况，如上游控制水源，致使下游城市无法获得灌溉用水等。水库建设资金不足，港口建设较缓慢，机场及相关配套设施建设较滞后。

5.4.2　物流业发展存在的问题

（1）物流运输渠道较单一，大部分仅依赖于公路运输。苏鲁豫皖交界区 12 市的公路建设仍显不足，物流基础设施网络缺少科学规划与合理布局，缺少真正意义上的城市物流中心，公路、铁路、水路、航空等多种运输方式之间的联动不协调，增加了中转成本。由于服务效率和质量远远落后，很多时候处于低效运行状态，给企业转型、区域发展等各方面带来了很多负面影响。

（2）物流标准有待于规范和完善。一是物流市场主体标准不规范，苏鲁豫皖交界区 12 市物流市场主体庞杂，物流企业集中度不高，竞争秩序不规范等问题比较严重，诚信体系建设有待加强。二是物流技术标准不规范，苏鲁豫皖交界区 12 市之间各种运输方式不能有效衔接，物流信息尚未达到共享共用，造成物流企业间及物流企业与制造企业间的信息不对称。

（3）交通运输领域存在运输成本过高的问题。虽然我国交通运输成本有逐年降低的趋势，但是与发达国家仍然存在差距。

（4）物流园区建设规范性较差、相关服务功能偏低。苏鲁豫皖交界区的物流园区建设缺乏统一的规划与管理。有些地市的物流园区建设与区域经济发展不匹配，综合性的物流园区建设较多，具有行业和地方特色的专业化物流园区相对较少，物流园区的服务功能低，定位不明确。近几年一些地市，在规划建设物流园区时，不顾经济发展现状、产业物流规模，不考虑与当地产业集群和产业特色的结合，为建园区而建园区，简单地认为贸易市场就是综合性物流园区，盲目跟风建设，结果是一方面与物流企业的发展需要相适应的土地得不到满足，另一方面设计规划的不合理造成园区土地的浪费。如何防止重复建设和土地资源浪费，如何合理规划、整合物流园区的建设，并不断完善物流园区功能，是当前各地市面临的实际问题。

（5）物流业管理体制和机制与现代物流的发展不适应。因为苏鲁豫皖交界区贫困人口众多，物流业管理体制和机制严重落后。而根据物流业发展的新形势，苏鲁豫皖交界区 12 市各自提出了符合当地经济发展的思路，推动了现有物流企业向社会专业物流企业的转变，为物流业的发展创造了良好的客观环境，但由于苏鲁豫皖交界区现代物流市场处于省际边缘化市场，物流业社会化程度低，物流管理体制相互交错，机构多元化，与物流相关的各部门分别由铁道、交通、民航、邮电通信、内外贸易等不同的政府部门进行管理，造成物流组织布局分散，部门及企业间缺乏横向联合，许多物流设施只为某行业、某部门服务，综合性、社会性服务水平较低。处于边缘阶段的物流市场，由于市场机制不健全、竞争秩序不规范，现有的规章制度和管理方式也不适应苏鲁豫皖交界区现代物流的发展。

5.5 交通基础设施建设和物流业发展总体思路

围绕中央和各省关于推进交通基础设施建设的重大战略部署，坚持适度超前、合理布局、协调发展、科学研究、统筹规划城乡基础设施布局，突破行政界限，整合各类资源，构建城乡一体的新型基础设施体系；提升苏鲁豫皖交界区城市间的基础设施建设和管理水平，提高建设质量；着力抓好既利当前又利长远的重点交通基础设施项目建设，提高城市间综合承载能力；构建物流业铁路、水运、港口、航空、管道运输“五位一体”的一体化交通枢纽，提高各种运输方式的转换和利用效率。

5.5.1 指导思想

1. 交通基础设施建设的指导思想

按照区域协调、边际合作、统筹规划、压缩成本、共建共享、互利共赢原则，加快交界区域内多模式、一体化公共交通系统的建设，以城市轨道交通和高速公路为骨干，充分发挥交通先行的引导作用，加强公路与铁路、城际轨道、港口运输和航空等其他交通方式的衔接，促进区域交通系统向多模式、多层级交通模式转变。重点加快县道建设和改造，完善市内快速路、高速路与地方路网的衔接，提升主干线的通行效率，构筑区域内交通“无障碍”立体交叉网络，实现所有市区镇街、园区、港口、铁路枢纽等重要节点与高速公路连通。强化区域交通基础设施的协调与合作共享，主动对接区域轨道交通网络，加强城市轨道交通与国铁、城际轨道交通网络的衔接，构建区域一体化交通枢纽，提高各种运输方式的转换和利用效率，达到运输效率、效益最大化。

2. 物流业发展的指导思想

围绕建设“苏鲁豫皖交界合作区”这一总目标，充分发挥边缘化凝聚力优势，加快物流园区、物流中心和物流节点等基础设施建设；以现代物流理念为指导，对运输、仓储、货代等传统行业进行升级改造和结构调整，大力引进培育以第三方物流为主体的现代物流企业，推动产业聚集；以降低物流成本为核心，对企业内部物流流程进行改造，建立物流管理一体化、物流服务社会化的企业物流管理机制；加快现代物流设施、经营网络和信息平台建设，提高经济集聚度、辐射力和竞争力，努力构筑社会化、专业化、信息化、规模化、规范化的现代物流服务体系，把现代物流业培植成为苏鲁豫皖交界区服务业的重要支柱。

5.5.2　建设原则

1. 交通基础设施建设原则

（1）规划引领。坚持先规划、后建设，切实加强规划的科学性、权威性和严肃性。发挥规划的控制和引领作用，严格依据苏鲁豫皖交界区总体规划和土地利用总体规划，充分考虑资源环境影响和文物保护的要求，有序推进城市交通基础设施建设工作。在推动交通基础设施建设的同时，应当做好统筹规划，促进不同区域产业结构的调整，实现相邻区域的产业互补和协同发展。

（2）民生优先。优先加强供水、供气、供热、电力、通信、公共交通、物流配送、防灾避险等与民生密切相关的基础设施建设，加强老旧基础设施改造。保障苏鲁豫皖交界区基础设施和公共服务设施供给，提高设施水平和服务质量，满足苏鲁豫皖交界区居民的基本生活需求。

（3）安全为重。提高苏鲁豫皖交界区交通和物流园区等基础设施的建设质量、运营标准和管理水平，消除安全隐患，增强苏鲁豫皖交界区城市防灾减灾能力，保障苏鲁豫皖交界区城市运行安全。

（4）加强合作。交通基础设施的建设应当建立全局观念，综合衡量公路交通对本区域经济发展和对相邻区域经济的空间溢出效应，实现投资效益的最优化和区域经济发展空间溢出效应的最大化，从而促进区域经济的综合全面发展。合作共赢是苏鲁豫皖交界区经济发展的必然要求，建议制订“苏鲁豫皖交界区公共基础设施总体规划（2016—2030）”，只有处于区域内的各城市按照该规划要求，信息共享，加强合作，才能提高各自城市的竞争力。

2. 物流业发展原则

（1）坚持政府推动、市场引导、企业运作的原则。发挥企业的主体作用，以市场为导向，通过外引内联，加快培育现代物流的市场主体。苏鲁豫皖交界区管理委员会及物流管理机构要通过加快基础设施建设、制定发展规划和相关政策、强化服务等措施，为现代物流的发展创造良好的外部环境。

（2）坚持统筹规划、有序推进的原则。要按照“规划先行”的原则，有序地推进物流业发展的软硬环境建设。在硬件设施建设方面，统筹规划，科学布局，着眼于现有资源的优化整合，避免低水平的重复建设。在软件设施建设方面，注重先进物流技术和物流管理模式的推广和应用，加强管理的规范化和服务的标准化。

（3）坚持协调发展的原则。物流业的发展要为临港制造业基地建设服务，为外贸货物大进大出服务，为商贸流通服务。做好物流企业与企业物流相结合，物流与商流相结合，推进物流业发展。

（4）坚持信息化带动的原则。信息化是现代物流与传统物流的主要区别。要推进建设苏鲁豫皖交界区公共物流信息平台和企业内部物流信息系统，并逐步相互连接，做到内部互联、外部互通。

5.5.3　总体目标

1. 交通基础设施建设总体目标

加快交界区域内多模式、一体化公共交通系统的建设，以城市轨道交通和高速公路为骨干，充分发挥交通先行的引导作用，加强公路与铁路、城际轨道、港口运输和航空等其他交通方式的衔接，促进区域交通系统向多模式、多层级交通模式的转变。重点加快县道建设和改造，完善高快速路与地方路网的衔接，提升主干线的通行效率，构筑区域内交通“无障碍”立体交叉网络，实现所有市区镇街、园区、港口、铁路枢纽等重要节点与高速公路连通。

2. 物流业发展总体目标

加快推进物流业聚集，经过3～5年的发展，基本完成苏鲁豫皖交界区相关港口物流园、交界地区工业走廊物流园等建设。建成以苏鲁豫皖交界区大型物流企业为主体的10～15个物流中心。实现苏鲁豫皖交界区物流业由传统物流向现代物流的转变，基本形成国际化、网络化、信息化、标准化的物流业体系。到2020年，预计物流业增加值占苏鲁豫皖交界区地区生产总值的15%。

5.5.4 重点任务

根据基础设施综合交通运输发展目标，按照优化结构的要求，首先，在苏鲁豫皖交界区内部，建设以城际铁路、轻轨交通、高速公路为骨干，以普通公路为基础，有效衔接大、中、小城市和小城镇的多层次的快速交通运输网络，提升综合交通运输一体化水平，建成以城际铁路、轻轨交通、高速公路为主体的快速客运和大能力货运网络，形成苏鲁豫皖交界区快速交通运输网络。其次，在城市内部，建设以铁路、公路客运站和机场为主的综合运输枢纽，以铁路为主进一步提高交通运输的效率。此外，要改善中小城市和小城镇的交通条件，加强中小城市和小城镇与交通干线、交通枢纽城市的连接，加快国省干线公路升级改造，提高中小城市和小城镇公路技术等级、通行能力和铁路覆盖率，改善交通条件和服务水平。以铁路、航空、海运、公路枢纽为核心，实施货畅工程建设，形成铁路、公路、航空和管道运输配套设置的流通格局，提高苏鲁豫皖交界区现代物流的集疏运能力。公路方面，将苏鲁豫皖交界区各市公路连接成网，畅通物流重点功能区域和物流交通枢纽之间的连接。铁路方面，重点利用徐州铁路枢纽作用，加强各市铁路部门的协调，在加强原有基础设施、提高技术装备的同时，建立铁路快捷货运网络体系，实现铁路运输高速化。空运方面，发挥空运高效快捷的优势，拓展航空过境、中转和直达运输等各类服务，构建连接国内各大经济中心城市和国际航线的航运物流基地。另外，要注重多式联运网络建设，构筑与邻近海岸港口（日照港和连云港港）的直接运输连接。

5.6 苏鲁豫皖交界区生态环境合作问题与建议

生态环境具有非排他性、无偿性与不可分割性等特点，使用过度和浪费严重现象普遍，在政府规制缺位的情况下，很容易造成环境容量资源的滥用，产生“公地悲剧”结果。行政有区划，生态无交界，苏鲁豫皖交界区分属不同的行政区域，环境污染涉及面广、影响大，生态环境合作十分必要。

5.6.1 苏鲁豫皖交界区生态环境合作状况

跨界污染涉及面广、影响大，由于分属于不同的行政区域，治理难度大。2002年以来，苏北与鲁南等地从建立联席会议制度入手，下游地区主动与上游地区对接，变上游地区消极应对为积极主动配合，逐步形成交界地区携手作战、联合治理跨界污染的良好局面。建立环境保护联席会议制度就是为改变以往治理跨界污染缺乏有效沟通的问题，打破在污染治理中流域上下游各自为战的局面。2009年以来，苏北与鲁南地区的区域联盟在防污控污方面又有了重大突破，它们通过协商，在已形成环境监察、环境监测联动机制的基础上，又达成了跨省界、跨地区、跨县市的环境执法新机制，即上下游之间的环境监察部门认为需要，可随时开展异地环境监察执法和监测取样，下游地区的环境监测部门可以到上游地区的断面直接取样监测。2015 年 5 月 26 日，以徐州、临沂、连云港和日照为主体的苏鲁边界环保联席会已发展到 19 家成员单位，徐州、商丘、淮北、宿州等市共同建立年度会商制度，编制跨界河流污染处置应急预案。苏鲁豫皖交界区逐步建立和完善环境保护长效机制。

现在苏鲁豫皖交界区共防跨界污染机制主要包括以下方面。

一是环境保护联席会议机制。每年至少召开一次跨界流域的上下游政府、有关部门负责人参加的联席会议，建立信息共享、定期会商制度。

二是信息共享机制。依托和充分利用现有的公用通信网络，做好定期通报交界断面水质状况。定期通报境内及边界附近重点污染源的排污动态，确保各方能及时掌握和共同参与。

三是联合监测监察机制。主要包括建立联合监测机制、联合防治机制、联合监察机制和联合后督察机制等。在必要的情况下可双方同时、同位置共同取样和联合监测。加强环境监察部门的协作，对具体的跨界污染项目及相关事宜提出防治措施和对策。

四是突发事件应急处置机制。对如何搞好敏感时期的预警、协同应急处置、协调处理纠纷等关键方面都做了明确的规定。协同制定环境事件应急预案，定期进行演练，提高应急能力。以协调为主，联席会议能解决的跨界污染纠纷，不打扰地方政府；政府之间能调解的不惊动媒体；地区间能协调解决的不申告上级政府或主管部门。

5.6.2　苏鲁豫皖交界区生态环境合作存在的突出问题

1. 生态文明建设亟须推进

苏鲁豫皖交界区多个城市为煤炭资源型城市。近年来，该地区虽然经济发展和居民生活水平得到了明显提高，但自然资源的高强度开发与低效率利用使得该地区各市的生态可持续程度普遍偏低，资源环境矛盾日显突出，生态承载力已不足以支持生态足迹需求。煤炭资源的开发利用虽然给城市的建设发展奠定了坚实的基础，但是随之而来的土地塌陷、压煤村庄搬迁及环境污染等问题严重制约了经济社会的可持续发展。如何弥补生态赤字，破解采煤塌陷地治理、工矿废弃地整治等难题，促进生态文明建设，提升区域可持续发展能力，成为苏鲁豫皖交界区国土资源管理部门共同研究的课题。

以宿州市为例。宿州市境内的煤矿主要分布在埇桥区和萧县 2 个区域，其中埇桥区 7 个、萧县 5 个，总计 12 个煤矿。煤炭资源的开采和利用在推动宿州市经济发展的同时，也带来了一系列问题，其中矿区土地沉陷面积逐年扩大，水土流失、环境恶化逐年加深等问题已严重影响到地区的可持续发展。截至 2013 年底，宿州全市因采煤造成的土地沉陷约 88.133 平方千米，其中埇桥区沉陷面积为 86.467 平方千米，占总沉陷面积的 98.1%。就近期而言，宿州市的能源消费结构仍以煤炭为主，境内煤炭资源将持续开采以满足市场需求，这意味着沉陷土地面积以每年约 4 平方千米的速度增加。大面积的土地损毁和沉陷已严重影响到矿区及周边的生态环境和矿区居民的正常生活，同时也制约着宿州市经济的可持续发展。

2. 水污染防治矛盾突出

水作为一种自然资源和环境要素，其形成和运动具有明显的地理特征，它以流域为单元构成一个统一体。流域是地表水与地下水分水线所包围的集水区或汇水区，因地下水分水线不易确定，习惯上将地表水的集水区称为流域。水资源作为一种流域资源，它具有整体流动的自然属性，以流域为单元，水量水质、地表水地下水相互依存，组成一体，上下游、左右岸、干支流的开发利用、治理互为影响。虽然从生态系统上看它是一个完整的系统，但其干支流、上下游却被人为地划分成了多个行政区域，形成了实际上的分割管辖的现象，由此便形成了水污染问题的跨界性特征。

在我国现行体制下，水资源管理分散，现行的管理体制存在着权力分散的特点。根据有关法律的规定，除水行政主管部门、环保部门外，交通部门、卫生部门、地质矿产部门、市政管理部门、重要江河的水源保护机构都是水环境保护的协管部门，这些部门在水资源保护与管理方面既有主管又有协管，既有分工又有协作。由于种种原因，这一管理体制存在着关系不顺、沟通与协调不够等问题，发挥不出整体效益。

苏鲁豫皖交界区水系纵横交错，这里有京杭大运河、沂沭泗水系及南水北调中线工程。另外，多数中小河流为季节性、蓄水性静态平原河流，长时间无清洁水源补给，封闭式水域多，河流纳污量小，自净能力差，水环境在自然条件下非常脆弱，因此，水污染防治工作异常重要。从 20 世纪 90 年代以来，随着该交界区经济迅猛发展，一部分企业盲目追求经济利益，出现了“三废”直排现象，跨界水污染事件频发，污染纠纷不断升级。2003 年，江苏省徐州市曾经出现因山东省薛新河污染而使其自来水公司取水口受污染，出现十几万市民半个月无自来水可用的情况。

水污染的源头主要有以下几个方面：一是工农业污染源面广量大。一些化工、酿造和农药等工业产业排污总量较大、污染相当突出，且成为导致水环境突发事件最直接和最重要的因素。农业生产过程中，农药、化肥、除草剂残留和养殖污水聚集在水塘河沟之中，一遇到较强降雨，污水随径流汇集进入下游河道和湖泊，成为造成下游水体突发污染的源头。二是航运和采矿业污染源隐患重重。水路运输危险货物种类主要包括油类、甲醇、液碱、硫酸、煤焦油等。近年来先后发生危险货物运输船泄漏的事件，并造成河道大面积污染。矿山环境中因硫化矿物氧化导致采矿产生大量的酸性矿坑水，此类水体具有低 pH、高电导率、高硫酸根和高重金属含量等特征。三是城市污染源源头众多。其主要有家庭污染源、餐馆污染源、道路街头污染源、医疗垃圾污染源等，很多城市的污染源随着雨水进入河流，成为河流重要污染源之一。

以苏皖交界区的奎河为例。奎河是一条人工河，开凿于公元 1590 年，河道全长 69 千米，汇水面积 1300 平方千米，河宽 12～16 米，底宽 10～14 米，水深 0.5～4 米。奎河起源于江苏省徐州市市区，向南流经铜山区，在三堡镇黄桥闸下进入安徽省，在安徽省宿县时村汇入濉河。随着徐州市工业发展和人口集聚，奎河逐步演变成为徐州市区和铜山区南部区域的排污河道。因人口密度大、工业企业多、农业生产强度大，奎河污染问题非常突出，尤其是在20世纪80年代和20世纪90年代初期最为严重，虽然近年来对奎河的整顿一直都未中断，但因仍有污水的不断排入，效果微弱，总体达不到地表水Ⅴ类水质要求。虽然两头都在江苏省，但全长66.5千米的奎河有39.4千米处于安徽省境内，这就使得奎河下游的安徽宿州、灵璧、泗县等地深受其害。

3. 大气污染

近年来，由于燃煤污染物排放、机动车数量增加、秸秆焚烧等，苏鲁豫皖交界区雾霾污染严重，尤其是收获季节大面积秸秆焚烧事件时有发生，给城乡居民身心健康和日常生活造成较大的负面影响。而对大气污染的防治，交界地区各方往往各执一词，污染问题很难得到有效解决。

雾霾污染以济宁为例。济宁是典型的资源型城市，2015年济宁的工业煤炭消耗量约占山东省煤炭消耗总量的1/5，城区单位面积煤炭消耗量是全省均值的3.4倍，而且工业布局极不合理，“煤电围城”、化工企业“围城”现象十分严重。济宁被列为国家监测的113个环保重点城市之一，也是国家确定的二氧化硫控制区。另外，其他城市面临的城区机动车数量飞速增长、建筑扬尘、秸秆焚烧、露天烧烤等问题，济宁同样存在。多种因素造成了济宁大气污染治理的难题多、欠账多、治理难度大，使其成为受雾霾困扰的“重灾区”，引起了社会普遍关注。

随着农民家庭陆续使用电和液化气等能源及机械化收获的推广，近年来秸秆集中露天焚烧现象较为突出，严重污染环境，造成了多层面的危害，主要体现在以下几方面。一是损害健康。秸秆焚烧造成城市及周边县区烟雾弥漫，燃烧过程中产生的浓烟伴随着小碳粒，这种黑烟容易形成烟雾长期笼罩在天空却不易被驱散，长时间地呼吸这种污染气体容易诱发哮喘等呼吸道疾病，对周围群众的身体健康造成较大的威胁。二是浪费资源。秸秆资源如果用来作燃料或饲料，能够节约大量的煤炭或粮食。三是影响交通。时间较为集中的秸秆焚烧会造成大气能见度降低，影响高速公路车辆通行及民航航班的正常起飞。虽然各地政府不断加大整治力度，但秸秆露天焚烧仍然无法完全杜绝，夏收、秋收季节，尤其是夏收季节大规模露天秸秆焚烧较为严重。

4. 现有的联席会议防污治污机制尚需完善

自2006年起，苏鲁豫皖交界地区建立了环境保护联席会议机制，但是该机制存在着自身的局限性。一是该机制缺乏刚性约束力。由于我国目前实行的是环境保护属地化管理制度，而环境保护联席会议的成员分别隶属于不同的省级行政区，各地环保部门所通过的决议对于彼此的行动只有指导和协调作用而没有刚性的约束力。现有合作机制皆为事后解决机制，建立预防性合作机制则比较困难。二是从污染源头上根本解决跨区域污染治理难题需要对区域产业布局进行科学合理规划，仅靠环保部门举行环境保护联席会议只能治标不能治本。三是受局部利益制约，相关利益方对参与联席会议的热情不高、积极性不够。同时联席会议相关制度、决议未必能够得到有效贯彻和及时落实，决议执行力受限，制约了环境执法的行政效率。四是现有的环境保护联席会议机制需要细化。现有的会议机制仍然只是一个大的框架协议，很多细则暂未确定，一旦发生跨界污染现象各地应该如何做、如何配合，仍然需要多方继续协商。

自 2006 年建立环境保护联席会议机制后，仍然发生了跨行政区水污染事件。这体现了合作机制中尚需解决的一些问题：水体污染严重，污染趋势整体恶化；建立全面、深度的跨行政区水污染管理机制困难重重；水污染造成的经济损失逐年增加，尚未形成配套完备的水污染防控合作体系；因管理体制问题导致影响社会稳定、人民安定团结的隐患依然存在。

5.6.3　深化苏鲁豫皖交界区生态环境合作的建议

1. 携手推进生态文明建设

苏鲁豫皖交界区各市需要逐步转变以化石燃料为主的能源消费结构，积极开发利用太阳能、生物质能、核能等清洁新能源，充分利用农业生产中的废弃物、畜禽粪便等发展生物质能源。发展循环经济，提高生态资源利用效率，充分利用现有科技人才优势，大力发展低能耗、低污染、高附加值的新兴产业，淘汰传统的落后产能，加快经济发展方式转变，从根本上降低经济发展对资源和能源的过度依赖。

苏鲁豫皖交界区各市需要加强生态文明建设。徐州在这方面的成绩显著，值得其他城市学习借鉴。近些年来，徐州启动实施了生态修复治理工程，先后实施了大龙湖湿地、九里湖湿地、潘安湖湿地建设，成功走出了一条煤矿塌陷地治理的有效路径。云龙湖畔的珠山景区是徐州实施棚户区改造、生态修复的经典之作。徐州还启动实施了“天更蓝”“水更清”“地更青”“路更畅”“城更靓”的五大行动计划，煤城徐州已由“半城煤灰一城土”变成了“一城青山半城湖”。2016 年 1 月 29 日，住房和城乡建设部公布了中国首批国家生态园林城市名单，徐州在 7 个入选城市中名列榜首。

苏鲁豫皖交界区各城市需要加强国土资源整治。耕地和建设用地（实际上绝大多数建设用地占用的是耕地）是该地区的绝对优势资源，可结合实际进行合理的开发利用，而对相对稀缺的草地、林地、水域（滩涂）等自然资源应予以重点保护，以提高其可持续再生能力。交界地区需要在塌陷地复垦、工矿废弃地治理、城乡建设用地增减挂钩、高标准基本农田建设及闲置地处理等方面加强合作。

在采煤塌陷地治理方面，首先要厘清治理责任主体。以 1999 年 1 月 1 日为时间节点，之前因采煤产生的塌陷地、责任主体已灭失的采煤塌陷地及已按照政策规定征用了的采煤塌陷地，治理责任主体为地方政府；之后责任主体为采煤企业。其次在治理模式和方法上明确实行农业复垦、生态复垦和产业复垦三类模式进行分类治理。轻度塌陷区主要采用农业复垦；中度塌陷区通过挖鱼池筑台田，形成上粮下鱼生产格局；重度塌陷区则采取生态治理，通过围湖造岸、植树种草、建设生态湿地和平原水库等方式，恢复生态；对面积较大、轻中重各类型都包含的复合型塌陷区，采取产业治理，综合运用上述治理方法，发展种植、养殖、农产品加工、光伏发电及旅游观光等适宜产业。

苏鲁豫皖交界区各地要摸清塌陷地的分布、分类、塌陷时间及产权属性等基本情况，进一步探索采煤塌陷地治理新机制、新模式；要充分运用好各级政府拨付的土地整治资金，引导社会各界特别是矿产企业参与到塌陷地治理工作中来，营造“治理采煤塌陷地，人人有责”的良好氛围。鼓励矿山企业改进开采方式，倡导绿色开采、绿色开发；要梳理研究国家出台的相关政策，结合实际情况，将政策落实到位；要统筹好城市建设与资源开发的关系，妥善处理土地利用规划、城市建设规划和资源开发规划三者之间的关系，确保资源得到有序开发，城市建设稳步推进。

2. 强化大气、水污染联防联控

1）大气污染联防联控

大气污染的治理靠某一个地方单独的努力肯定不够，所以要采取一些协同的行动，包括环境的执法、有关的奖惩考核，以及一些联动机制的安排都要予以落实，才能达到预期的结果。

苏鲁豫皖交界区要统一实施重污染天气预警分级标准，同步发布重污染天气黄色预警，启动Ⅲ级响应措施。预警标准的统一，为大气污染的联防联控奠定了基础。交界地区要建立“协同治污”“联合执法”“应急联动”三大机制，共同治理污染，并建立环境执法信息交流平台，联合拆除取缔交界地区中的“土小”企业，实时共享彼此的环境空气质量、重点污染源排放等信息。

大气污染防治的关键是减少污染物的排放，对污染源的排放控制包括固定源、移动源和面源，要有针对性地进行分类治理。强化机动车船污染控制，应当考虑制定专门的“区域大气污染联防联控条例”或者“区域雾霾防治条例”。可考虑在管理体制方面进行制度创新，如建立跨地区的大气污染联防联控委员会等。除了对重点区域进行规划、淘汰名录、提高标准、制定产业准入目录、控制煤炭消费

总量、对联合执法做出规定外，还要对水泥厂、火电厂、冶炼厂等高耗能、高污染企业的生产规模进行压减。当前较为紧迫的措施如下。一是治理散煤，发展城市集中供热，逐步用优质煤替代劣质煤。二是机动车治理，加快油品升级进程，鼓励使用新能源汽车，开展港口应用清洁能源试点示范。三是整治秸秆焚烧，通过推动秸秆的综合利用、禁止焚烧等方式进行治理。此外，苏鲁豫皖交界地区还须在涉及区域共性的环境问题上展开联控执法，应当把秸秆燃烧、养殖污染、烟花爆竹燃放等导致区域雾霾等行为也包括在内予以规范且设立区域监督和制约的机制。四是在跨境地区建立环境空气自动监测站网，24 小时不间断监测 $PM_{2.5}$、PM_{10} 等重要大气数据，实现区域大气污染的有效监控，为制定有效的跨界治理制度框架体系提供准确的数据支持。五是苏鲁豫皖交界区应携手开展多种形式的大气环境保护宣传教育，动员和引导公众参与区域大气污染联防联控工作。定期公布区域空气质量状况和大气污染防治工作进展情况，充分发挥新闻媒体的舆论引导和监督作用。

2）水污染联防联控

跨界水污染涉及面广、影响大，由于分属于不同的行政区域，治理难度大。

在水污染防治方面，建立流域与区域相结合的管理模式。流域管理机构要重点考虑整个流域大局，进行水资源分配、排污控制和行政执法，负责处理河流上下游、交界河段的水污染纠纷和污染事故等。这类问题不是某一地区或部门所能解决的，需要流域管理机构出面协调。通过全流域的合理调节，避免枯水季节上游截流使下游无水可用，而丰水季节上游大量泄洪使下游的灾害加重；也可避免或减轻上游污水对下游的影响，缓解省际和地区间的矛盾。而一些具体事情的管理，如污染源治理、污染物总量控制及排污收费等，可由地方政府配合流域管理机构实施。

建立水污染联合执法机制，具体包括：一是成立水污染联合处置工作协调小组，建立环境保护联席会议制度，在发现河流水质异常或水污染事件、枯水期、汛期等特殊情况下迅速积极开展联动协作，最大程度降低风险，切实提高应急处置能力；二是严把环境准入关，从源头上控制风险，确定重点风险源和风险区域，建立并共享风险源档案，定期开展联合检查，及时消除隐患，联动执法，共同打击违法排污行为，防止流域水污染事件发生；三是建立信息联络员制度，密切联系，及时沟通，一旦发生可能引发跨界水污染的事件，上游环保部门应及时向下游环保部门通报有关信息，及时向社会公开事件处置情况；四是加强日常监测，共享监测数据，发生可能引发跨界水污染突发事件后，开展联合应急监测，辅助政府领导决策；五是当发生跨界水污染事件后，上下游环保部门立即按第一时间报告、第一时间赶赴现场、第一时间开展监测、第一时间展开调查、第一时间向社会发布信息的要求，统一协调指挥，配合政府做好应急处置工作。

整治流域污染需要沿岸的政府、部门和社会各界的共同参与。只有“大协作”，才可能有“大动作”“大起色”。但目前的管理体制难以协调治污，无法让流域管理发挥效力，流域上下游间污染转嫁，使得跨界水污染问题成为难治之症。其中关闭搬迁一批养殖污染企业和农户，不但需要一大笔资金，还要解决农户的发展后路，是难题中的难题。

3. 完善环境保护联席会议防污治污机制

一是强化该机制的刚性约束力。成立和强化跨区域联席会议机制的日常工作组织，建立与之相对应的工作协调与联动机制，完善环境信息共享与发布制度，合作建设区域危险废物管理信息系统，实现生态环境保护的区域联动。二是交界地区各城市在产业布局上进行科学合理规划和相互协调，从污染源头上根本解决跨区域污染治理难题并避免或减少交界地区各城市的相互恶性竞争。三是逐步改变有法不依、执法不力的现象，提高环境执法的行政效率。四是对联席会议机制进行细化，制定企业环境行为信息评级标准，建立完善跨界水、大气、核与辐射等环境预警和应急机制，联合预防和处置跨界环境污染。

4. 建立利益补偿机制

要以经济激励为主，处罚措施为辅。国内外试点实践均表明，合理的激励政策的选择和设计是环境自愿协议成功的关键，国家和苏鲁豫皖交界区政府应该加大财政、税费、信贷、公众参与等相关政策资源的创新力度，积极为实施环境自愿协议提供支撑。根本解决秸秆焚烧问题需要进行秸秆综合利用，这需要国家政策及资金上的大力支持。

要发挥生态补偿机制力量，可解决利益彼此消长难题，对生态环境保护好的区域应给予奖励。在可以耕种区域，引导种植户不施化肥、不打农药、不用杀虫剂，这使生物多样性得到了恢复发展，流入大江小河的水得到了保护。当为他们转型搭建良好的致富平台后，整治效果才能长久。

5. 共同推进黄河故道综合开发

1855 年黄河在河南铜瓦厢决口，夺大清河，由山东利津入海。自此河南兰考县三义寨乡以下河段不再承担分洪任务，只用于排泄自身来水，所以原来的黄河成为目前的黄河故道。苏鲁豫皖黄河故道全长 730 多千米，经过苏鲁豫皖 4 省 8 个地级市、25 个县（市、区）、444 个乡镇，截至 2016 年底，流域内总人口 2643 万，其中农业人口 1922 万。但受多种因素影响，黄河故道地区生产生活条件还亟待改善，农业产业发展水平偏低，经济社会发展总体滞后，农民收入水平不高。打造黄河故道综合开发示范带是苏鲁豫皖交界区开放合作的重要抓手，也是一项系统的基础设施建设工程，对区域生态环境的改善具有重要意义。

向国家争取实施统一的苏鲁豫皖黄河故道综合开发治理工程规划，在黄河故道沿线集中建设一批优质粮食、高效林果、特色瓜菜、畜禽水产等绿色农产品生产基地，形成纵向连接、横向成片的现代农业特色走廊，苏鲁豫皖四省应认真做好农业资源调查工作，争取列入农业综合开发专项扶持，同时，积极创造条件，争取纳入国家开发战略。

第 6 章 苏鲁豫皖交界区城镇空间布局与城市层级体系

苏鲁豫皖交界区地理位置特殊，由于行政区划的阻隔且该地区的城市都属于各自省会城市的外围，城市受到省会城市的辐射作用有限。同时该地区处于京津冀城市群和长三角城市群这两个经济高地之间的洼地地带，很难形成大规模的城市群。在这种情况下，地区内的城市应寻找适当的合作机制，在交界区构建自己的城市层级体系，促进各种生产要素的有序流动，提高各自的城市等级。

6.1 苏鲁豫皖交界区城市化

6.1.1 苏鲁豫皖交界区城市化状况

苏鲁豫皖交界区包括 4 个省份的 12 个地级市，2016 年末常住人口达到 7347.88 万，其中城镇人口为 3864.98 万，城市化水平达到 52.6%。苏鲁豫皖交界区所处的 4 个省份，都是全国人口密度较高的地区。从人口密度指标来看，江苏省人口密度最高，其次是山东省和河南省，安徽省最低。

在城市化发展水平方面，自中华人民共和国成立以来，我国城市化发展水平有了极大的提高。据统计，1949 年我国城市化水平仅为 10.6%，到 2014 年，我国城市化水平已经达到了 54.77%，而到了 2016 年，我国城市化水平已经达到 57.35%。尤其是改革开放以来，我国城市化水平保持了持续快速的发展。1949～1979 年的 30 年间，我国的城市化水平从 10.6%上升到了 19.99%，提高了不到一倍；而 1979～2016 年的 37 年中，该比率从 19.99%上升到了 57.35%，提高了 1.87 倍（图 6-1）。

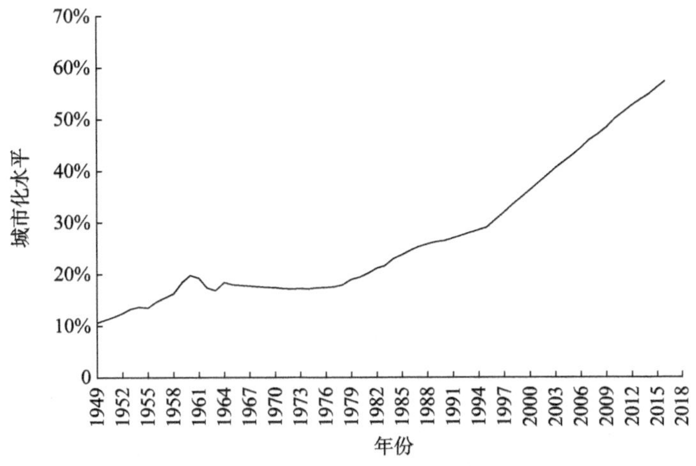

图 6-1　我国城市化发展水平

资料来源：《中国统计年鉴》

城市化水平用城镇人口占年末常住人口的比重表示

对于苏鲁豫皖四省来说，其城市化发展水平还是存在着一定的差距，如图 6-2 所示。从图 6-2 可以看到，2005～2016 年这 12 年中，四省的城市化水平和全国水平同样都保持了稳定的上升。不过，可以明显看出，12 年中江苏省的城市化水平显著超过全国平均水平 10 个百分点左右；山东省的城市化水平在 2012 年有明显的上升，自 2013 年高于全国平均水平；安徽省的城市化水平比全国平均水平低 6～7 个百分点；河南省的城市化水平比全国平均水平低 9～12 个百分点（图 6-2）。不过也可以看到，安徽省和河南省的城市化水平与全国平均水平的差距在不断缩小。

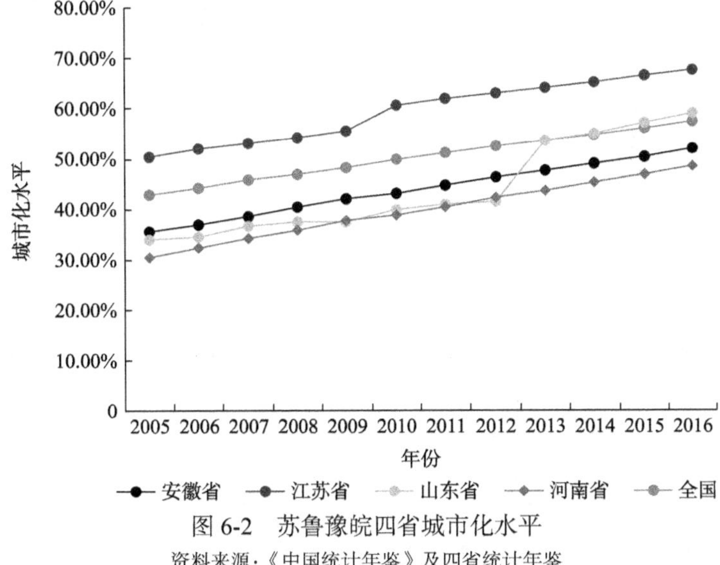

图 6-2　苏鲁豫皖四省城市化水平

资料来源：《中国统计年鉴》及四省统计年鉴

对于苏鲁豫皖交界区的 12 个城市，其城市化发展水平参差不齐。从图 6-3 可以看到，2016 年苏鲁豫皖交界区 12 个城市的城市化水平中，最高的徐州达到 62.4%，而最低的亳州只有 38.3%，其中，有 8 个城市的城市化水平超过 50%，占所有城市的 2/3。同时也可以看到，江苏省的 3 市和山东省的 5 市城市化水平差距不大，分别排在所有 12 个城市的第 1 位和第 3～9 位；而安徽省的 3 市城市化水平则差距很大。

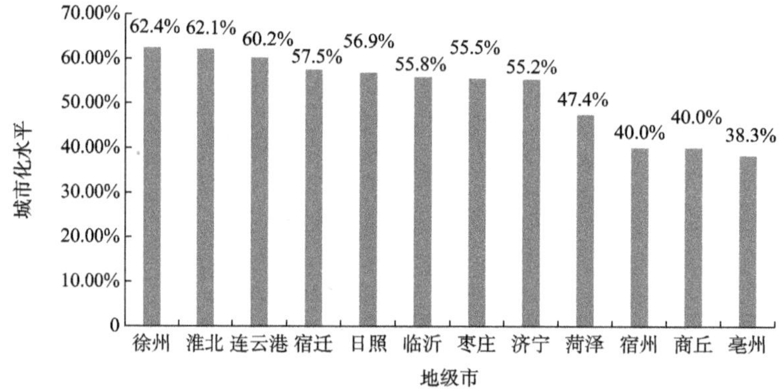

图 6-3　2016 年苏鲁豫皖交界区 12 个城市的城市化水平

资料来源：各省的统计年鉴

从四个省内的城市化发展水平来看，苏鲁豫皖交界区的 12 个城市所在省份的城市化水平都相对较低。从江苏省来看，2016 年江苏省全省平均城市化水平为 67.7%。其中，南京、无锡、苏州、常州和镇江分别排在前五位，尤其南京的城市化水平超过 80%。相比而言，徐州、连云港和宿迁的城市化水平分别是 62.4%、60.2%和 57.5%，排在江苏省 13 个地级市的第 9 位、第 11 位和第 13 位（图 6-4）。

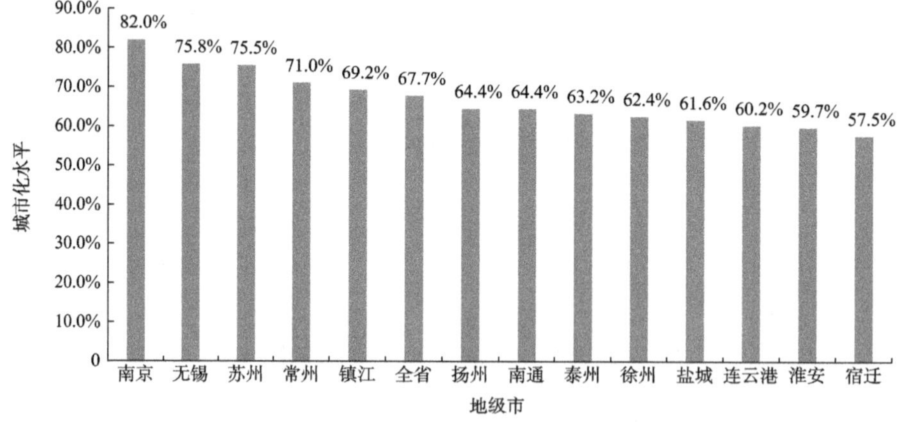

图 6-4　2016 年江苏省各市城市化水平

资料来源：《江苏统计年鉴 2017》

从山东省内的情况来看，2016 年山东省平均城市化水平为 59.0%。其中，青岛、济南、淄博、东营和威海的城市化水平排在前五位，它们的城市化水平都超过 60%。不过，苏鲁豫皖交界区的五个城市，日照、临沂、枣庄、济宁和菏泽的城市化水平都低于全省平均水平，城市化水平分别是 56.9%、55.8%、55.5%、55.2%和 47.4%，排在山东省 17 个地级市的第 10 位、第 12 位、第 13 位、第 14 位和第 17 位（图 6-5）。

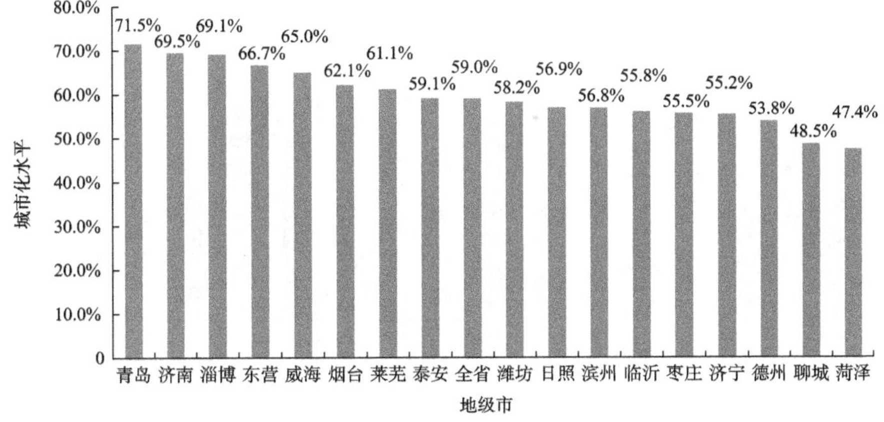

图 6-5　2016 年山东省各市城市化水平

资料来源：《山东统计年鉴 2017》

从河南省来看，2016 年河南省平均城市化水平为 48.5%。其中，郑州、济源、鹤壁、焦作和洛阳的城市化水平排在前五位，它们的城市化水平都超过了 50%。对于位于苏鲁豫皖交界区的商丘，其城市化水平为 40.0%，仅排在河南省 18 个地级市（直辖县级市）的第 16 位（图 6-6）。

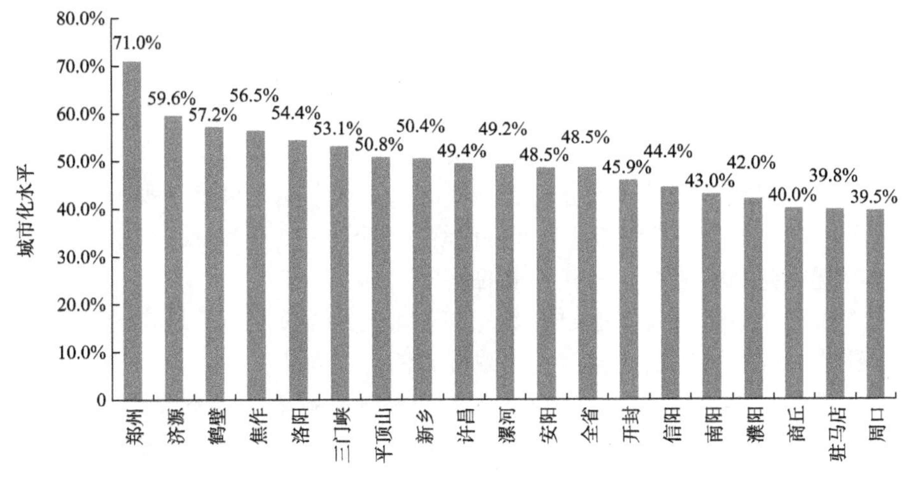

图 6-6　2016 年河南省各市城市化水平

资料来源：《河南统计年鉴 2017》

从安徽省的城市化水平来看，2016 年安徽省平均城市化水平为 52.0%。其中，合肥、马鞍山、芜湖、淮北和淮南的城市化水平排在前五位，它们的城市化水平都超过了 60%。作为苏鲁豫皖交界区的淮北、宿州和亳州 3 市，淮北的城市化水平达到了 62.1%，排在全省第四位，而宿州和亳州的城市化水平只有 40.0%和 38.3%，分别排在安徽省 16 个地级市的第 15 位和第 16 位（图 6-7）。

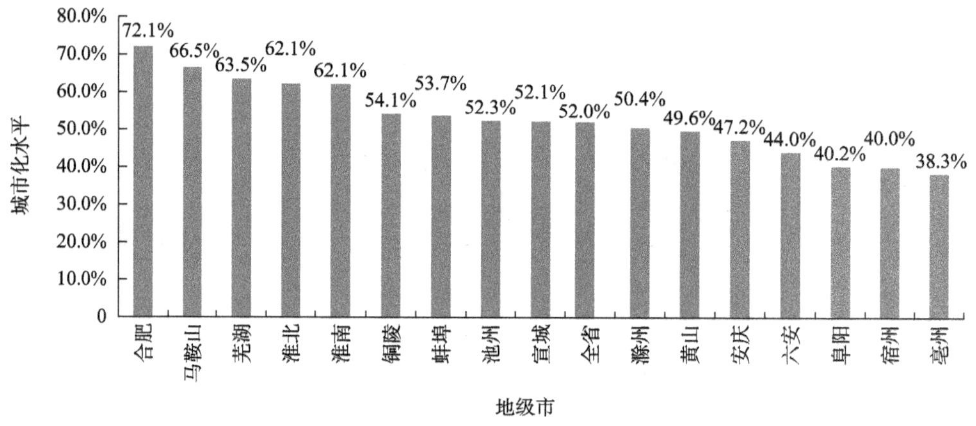

图 6-7　2016 年安徽省各市城市化水平

资料来源：《安徽统计年鉴 2017》

6.1.2　苏鲁豫皖交界区城市化发展的深层次分析

从总体上看，苏鲁豫皖交界区所包括的四个省份中，江苏省和山东省属于经济发达的东部沿海省份，而河南省和安徽省则属于中部地区。不过，对苏鲁豫皖交界区的 12 个城市来说，由于每个城市基本上都处于其所在省份的边缘地区，远离各自的省会城市，自身的发展也很难获得来自各省省会城市及省内外其他发达城市的辐射。因此，在经济社会发展及城市化发展方面，很难呈现出像各自省份在全国范围内的表现。具体来说，苏鲁豫皖交界区的 12 个城市，城市化发展在一定程度上既有自身的特点，又有各自的差异性。

一方面，这些城市大多地处偏僻，在空间上无法接受省会城市的辐射；另一方面，这些城市的周围缺乏经济发达城市的辐射。因此，在社会经济等各方面的发展主要都取决于自身，另外，从各省的发展战略来看，苏鲁豫皖交界区的 12 个城市，基本上都不是所在省发展战略的重点。因此，无论在政府发展政策导向、财政支持、税收优惠方面，还是在资源流动、集聚方面都毫无优势可言。这些城市的发展，更大程度上依赖当地政府及市场的自发力量。所以说，不管是在社会经济发展方面，还是城市化发展、城市化水平的提高方面，都受到很大制约，不过，这也从侧面说明，这个区域的未来发展是非常值得期待的。至于未来如何提高该区域的城市化水平，甚至是经济发展水平，不同城市之间的相互合作应该是一个可行的路径。

6.2　苏鲁豫皖交界区的城镇空间布局

“十二五”时期后的 10 年是苏鲁豫皖交界区不断发展的重要战略机遇期。在新型工业化的带动下，城市化发展格局会加速变化，因此，要准确把握城镇格局的变化趋势，为政策的制定提供科学的参考依据。

6.2.1　城镇体系预测

城镇体系是指一定区域内，相互关联密切的各种类型、等级的城镇组成的群体。城镇体系预测是一项比较复杂的工作，目前学术界对城镇体系预测还尚不成熟。我们主要从苏鲁豫皖交界区的 12 个城市的经济增长速度大致推算城市化速度，所使用的方法为增长弹性法。这种方法的基本思路是利用现有的数据求出经济发展水平（GDP）对城市化率的影响弹性系数 e，即 GDP 增长 1 个百分点，带动城市化率提高多少个百分点。首先，分别计算出 12 个城市 2005～2016 年的 GDP 增长率（g），从其增长率可以看出：GDP 呈现出先快后慢的增长趋势，2017～2020 年的 GDP 数值按照 $0.5g$ 的速度推算出。具体变量的设置介绍如下。

Urban——城市化率水平。徐州、连云港、宿迁、淮北、宿州、日照、亳州、商丘、临沂、枣庄、济宁、菏泽 12 个城市的城市化率的数据来源于各个城市统计局年度公报，数据样本为 2005～2016 年。

GDP——城镇地区人均生产总值，此变量来源于各个城市的统计年鉴，数据样本为 2005～2016 年。

分别对苏鲁豫皖交界区的 12 个城市进行最小二乘法回归分析，以此估计出各城市的弹性系数。回归结果如表 6-1 所示。

表 6-1　2005～2016 年苏鲁豫皖交界区 12 个城市城市化率回归结果

城市	回归方程	决定系数 R^2
徐州	Urban =14.238lnGDP−95.584	0.9378
连云港	Urban = 11.757lnGDP−68.712	0.8689
宿迁	Urban =12.841lnGDP−81.924	0.8880
淮北	Urban =16.57lnGDP−112.77	0.8955
宿州	Urban = 19.25lnGDP−154.54	0.8368
亳州	Urban = 22.104lnGDP−176.98	0.8395
商丘	Urban =8.3332lnGDP−47.168	0.8270
临沂	Urban = 34.507lnGDP−313.34	0.8475
枣庄	Urban = 19.6751lnGDP−165.65	0.6650
济宁	Urban = 25.149lnGDP−222.85	0.8068
菏泽	Urban = 15.088lnGDP−114.88	0.6792
日照	Urban = 15.227lnGDP−117.88	0.6112

通过回归结果可以得出弹性系数 *e*。各城市弹性系数如表 6-2 所示。

表 6-2　苏鲁豫皖交界区 12 个城市弹性系数估算值

弹性系数	徐州	连云港	宿迁	淮北	宿州	亳州
e	14.238	11.757	12.841	16.570	19.250	22.104
弹性系数	商丘	临沂	枣庄	济宁	菏泽	日照
e	8.333	34.507	19.675	25.149	15.088	15.227

按照 GDP 0.5*g* 的速度推算，将表 6-2 得出的弹性系数值 *e* 代入估计方程，估算出各城市 2020 年的城市化率，如表 6-3 所示。

表 6-3　苏鲁豫皖交界区 12 个城市 2020 年城市化率的预测值

项目	徐州	连云港	宿迁	淮北	宿州	亳州
城市化率	65.0194%	61.3475%	59.1181%	62.5484%	42.9492%	46.8224%
项目	商丘	临沂	枣庄	济宁	菏泽	日照
城市化率	39.5238%	55.2539%	50.7919%	53.2749%	42.2450%	52.4217%

6.2.2　城镇体系建设

城镇体系建设（urban system construction）就是依照经济规律，按照城镇之间的经济联系，以区域生产力合理布局和城镇职能分工为依据，建设不同人口规模等级和职能分工的城镇在空间上的分布、联系及其组合形态。最终通过合理组织体系内各城镇之间、城镇与体系之间及体系与其外部环境之间的各种经济、社会等方面的相互联系，运用现代系统理论与方法提高整个体系的效益。

本书界定的苏鲁豫皖交界区由 12 个地级市组成，在中国区域经济板块中，该区域处于东部沿海的“脐部”地带，南接长三角、北连环渤海、面向大海、背靠中原，承担着中国经济东靠西移的“接力站”和“二传手”的重任。依据其内在的经济技术联系和空间位置关系，相互连接在一起，形成了有特定功能的区域空间结构。探讨苏鲁豫皖交界区的空间结构，不仅有利于沿海经济低谷地区的发展，而且有利于省际边缘区的可持续发展。

对未来苏鲁豫皖交界区 12 个城市的城镇体系建设必须有理论规划作为指导，主要应考虑以下几个方面：第一，经济联系流强度高。各城市间经济联系流强度高既可以影响空间布局形态，也是划分空间的主要标准。城市间经济联系流强度高主要是城镇间要素禀赋的比较优势不同导致了紧密型经济贸易的形成，故加强经济贸易联系可以实现双方或多方共赢。第二，地理位置邻近。人流、物流、信息流的发生必须克服空间的摩擦，这些摩擦就是要素流动所产生的成本。显而易见，地理位置越远，要素流动所产生的成本就越高，两地区分工协作的难度也就越大，城镇间结成具有有机联系群落的可能性也就越低。第三，交通联系便捷。虽然不能缩短两城镇间的物理距离，但通过改善两地间的交通基础设施，可降低生产要素和产品流动所需要的成本。如果两地间具有天然的交通屏障，即使地理位置很近，同样也难以结成具有有机联系的群落。第四，区域协调成本低。苏鲁豫皖交界区隶属于不同的省级行政区，行政隶属关系非常复杂，地区之间的协调难度很大，容易导致利益冲突。这也是导致该区域粗放式经营与资源匮乏共存、产业结构趋同、重复建设和区域性生态环境治理失调等问题的主要根源。因此，要实现城镇间的合作，各成员市都必须以诚相待，顾全大局。第五，人文文化的契合度高。人文文化较高的契合度对城镇之间的贸易联系影响是通过降低市场行为人的心理来实现的；人文文化较高的契合度能够强化相互间的认同感，更重要的是能够加强人与人之间的信任，这种信任能够降低防范投机主义行为而产生的成本，最大程度上减少市场中道德风险和逆向选择的存在。

基于以上城镇空间布局的原则，并尽可能覆盖全部城镇，我们按照城镇节点带动产业发展的模式，将苏鲁豫皖交界区城镇体系确定为“一圈一轴两带一区”的城镇空间格局。一圈是徐州都市圈（徐州、枣庄、淮北、宿州、宿迁、连云港、济宁、商丘）；一轴是东陇海城镇轴（连云港、临沂、枣庄、徐州、淮北、宿州、菏泽、济宁、亳州、商丘）；两带是沿海产业带（连云港、日照）、京九产业带（菏泽、商丘、亳州、淮北）；一区是故黄河综合开发区（商丘、菏泽、徐州、宿州、宿迁）。

1. 徐州都市圈

徐州都市圈是江苏省三大都市圈之一。范围包括江苏省的徐州市、连云港市、宿迁市，安徽省的宿州市、淮北市，山东省的枣庄市、济宁市的微山县，河南省商丘市的永城市，共涉及 8 个城市，其区域构成以江苏省境内为主体。空间组织为核心层以 50 千米为半径，包括徐州市区和铜山、邳州、沛县三县（市）；紧密层以 100 千米为半径，包括徐州市的睢宁、丰县、新沂，宿迁市，商丘市的永城市，宿州市和淮北市，枣庄市和济宁市的微山县。2003 年，江苏省提出了建设三大都市圈的概念，南为苏锡常都市圈，中部是南京都市圈，北部是徐州都市圈。从地理位置上看，徐州拥有作为大都市的独特条件，徐州南至南京 350 千米，北至济南 320 千米，西至郑州 380 千米，方圆 300 千米范围内无省会级以上大城市。以徐州为中心的都市圈的构建在功能上恰好能弥补这些地区都远离各自的省会城市、接受不到特大城市直接辐射的不足，为徐州都市圈的构想提供了有力的地理保证。

徐州都市圈地处东部沿海地带、环渤海地区与长江三角洲地区的接合部；以陇海铁路、兰新铁路为主体的新亚欧大陆桥及其桥头堡连云港，是连接我国东、中、西三大地带的纽带与桥梁。也是中西部内陆各省区市实行双向开放、发展外向型经济和与世界经济接轨的重要通道；同时徐州都市圈又位于我国南北方经济的接合部，通过京沪铁路起着沟通南北的枢纽作用；在沿海地区经济技术向中西部扩散辐射中，徐州都市圈起着“二传手”和“中转部”的作用。这种承东启西、南引北联的区位优势，不仅使徐州都市圈在苏鲁豫皖经济发展中位置十分突出，而且在全国经济发展格局中也具有重要的战略地位。

徐州都市圈应以煤电、产业化农业和商贸旅游为基础，重点打造煤电、化工、钢铁、重型机械等产业群，特色名优食品制造、纺织、中医药开发等产业群，商贸、旅游、物流、信息、金融等现代服务业产业群。

2. 东陇海城镇轴

“十二五”规划纲要确定，位于陆桥与沿海两条通道交会区的东陇海地区是我国主体功能区所涉及的 21 个重点区域之一。东陇海地区的具体范围在学术界目前仍没有被统一划定出来。之后，在我国关于对城市化重点区域的交通网络规划中，国家发展和改革委员会及交通运输部关于印发《城镇化地区综合交通网规划》将连云港、徐州、日照、临沂及枣庄等市作为东陇海地区交通网络构建的重要节点城市。国家推进的"一带一路"倡议，是贯穿东西的全方位开放倡议，这进一步为东陇海城镇轴提供了重要的发展机遇。

在苏鲁豫皖交界区，东陇海城镇轴共涉及十个主要节点城市，分别是连云港、临沂、枣庄、徐州、淮北、宿州、菏泽、济宁、亳州、商丘。东陇海地区临港、沿线、依桥、托海，交通条件十分优越。境内拥有京沪、郑徐、徐广、徐厦等七条主干高速铁路，徐宿淮盐城际铁路、徐淮宿城际铁路等七条支线高速铁路相继开工建设，京沪、京九、连霍等主干普通铁路连接苏鲁豫皖交界区主要中心城市，还有多条支线普通铁路、专用线贯穿其中，保证了苏鲁豫皖交界区的人流和物流交换。公路运输则通过连霍、京台、京九等二十余条高速公路形成连接苏鲁豫皖省会城市、北上广深地区的高速公路骨架网。内部港口的枣庄港、徐州港所在的京杭大运河升级扩容，增强了内河港口的吞吐能力；临海港口的日照港和连云港港两大港口拥有各类专业化码头泊位，辟有至欧洲、美洲、中东、东北亚、东南亚等集装箱和货运班轮航线四十多条，并开通了至韩国仁川、平泽两条大型客箱班轮航线，内河港口链接临海港口相互协作，已经初具规模。交界地区航空运输发展较快，形成以徐州观音国际机场为核心，临沂启阳机场、连云港白塔埠机场和济宁曲阜机场为辅的航空运输网络。管道运输建设合理推进，以商丘和徐州为中心的西气东输、原油运输等稳步发展。

东陇海地区拥有丰富的劳动力资源、工业用地储备和水电资源。该区农业人口所占比重大，劳动力数量充足，价格低廉，徐州、连云港两市高等教育和职业教育较为发达，邻近的苏北地区也拥有较多的职业技术人才，为东陇海线工业带建设提供了成本较低、质量较高的人力资源。该区地域宽广，工业用地储备相对丰富。东陇海地区还有丰富的水电资源，区内水系完备，供水充足，徐州的热电厂和连云港的田湾核电站保证了该区充足的电力供应。另外，东陇海地区还拥有丰富的矿产、农副产品、海洋和能源等资源。徐州和连云港都是江苏省的老工业基地，具有相对完整的工业体系。综上，这种城市空间格局属于典型的对外扩张型空间格局，特别利于与区外进行交流合作，从而促进本地经济发展，连云港可协助徐州形成中心轴线，辐射整个带状城市群，从而带动其他城市发展。因此，东陇海地区城市具备形成城镇轴的条件。

东陇海城镇轴的发展思路是充分发挥东陇海区域优越的交通优势，大力发展港口物流，提高物流效率，积极拓展向中西部地区的渗透；东陇海城镇轴线地处新亚欧大陆桥的东端，是新丝绸之路经济带的重要组成部分，应主动对接"一带一路"倡议；加快新型城镇化建设，以城镇化带动相关产业发展；以经济开发区为载体，促进特色和优势产业的发展，走产业集群之路；利用高新技术，通过信息化来带动工业化的跨越式发展；加强轴线城市间的合作，促进市场机制作用的发挥，进行政策协调；构建合理的区域空间结构；增强与长三角经济圈及环渤海经济圈之间的互动与联系。

3. 沿海产业带

沿海居住不但能够就近利用水源，而且沿海分布的土地一般比较肥沃，在农业社会中能够带来更高的生产率。因此，城市诞生伊始，沿海或沿江河就成为城市布局的重要特征。进入工业社会以后，运输成本对企业运行日益重要，而沿海或沿江河的区位条件能够大大降低运输成本，因此江河湖海成为运输需求较强的产业优先选择之地，而与产业集聚相伴的是城市在大海和江河沿岸得到迅速扩张，日照、连云港也因此具有了得天独厚的区位优势。国家沿海产业带开发战略，将日照、连云港作为东陇海地区重点沿海开发城市建设。沿海产业与港口的发展趋势、周边城市的行动、市域的发展态势及连云港和日照城市间的开放合作，将进一步推进两市的发展。

改革开放以来，连云港市作为全国首批 14 个沿海开放城市之一、全国中西部地区最便捷的出海口、拥有江苏省第一大海港的城市，经济社会发展取得了显著成果，城市规模不断扩大，经济实力不断增强，社会发展明显进步，港口能力显著提升。近年来，日照紧扣国内外产业转移时代脉搏，对内励精图治，对外抢抓机遇，以白手起家的勇气和胆略，不畏沿海城市激烈竞争挤压态势，潜心谋划城市经济发展的驱动力和增长极，依托港口延伸拓展工业园吸引大项目，以粮油加工、液体化工、木制品加工、浆纸、能源为重点做大做强临港产业，初步形成临港工业低谷崛起的势能。

连云港市和日照市的港口功能正在由生产资料输出港向要素集聚港跨越。在整个城市由小到大、港口由弱变强的发展过程中，围绕港口、依托港口而生的临港产业体系不断完善、规模快速扩大，以港口、物流、临港工业为主构成的临港产业对全市特别是城市经济社会发展的影响日益显著。连云港港和日照港的经济腹地范围是以陇海、兰新铁路干线为辐射线，沿线大中城市为依托，我国东、西两个对外窗口为主要口岸的带状腹地。直接腹地包括江苏省的徐州、淮安、盐城、连云港、宿迁五市，鲁西南、皖北、豫北、豫中、晋南地区；间接腹地为陕西中、南部地区，宁夏中、南部地区，川北及甘肃、青海、新疆三省区。腹地内农业资源丰富，是我国商品粮、棉生产基地，以煤炭、电力、石油化工、有色金属等为主的工业较为发达。资源丰富、经济发展潜力巨大的广阔经济腹地成为发展临港大工业的有力支撑。

沿海产业带的发展思路是大力发展临港工业群，增强港口经济竞争力。连云港市和日照市在发展港口经济的过程中，应积极转换发展战略，建设大港口，构筑大园区，兴办大工业，发展大物流，充分利用区位、交通、资源、基础条件较好等比较优势，建立以港口为龙头的现代大交通、物流、临港工业和综合服务体系，推进临港地带的产业集聚和企业集群，从而形成独特的发展优势。加强两港间的沟通联系、开放与合作，科学分工，发挥自身比较优势，注重港口功能的优势互补，促进地区产业结构的优化升级。

4. 京九产业带

京九沿线地处我国东、中部的接合部，大体介于东部沿海发达地区与中部欠发达地区，享有中央对发展中西部的区域政策优势。京九两端都是我国经济比较发达的地区，对沿线的发展具有很强的拉动作用。在京九线上，苏鲁豫皖交界区的菏泽、商丘、亳州、淮北等中小城市“据点式”的开发已有多年历史，有些已经成了气候，已经或者正在形成经济增长的核心，工业化发展有了一定基础。

苏鲁豫皖交界区京九产业带的菏泽、商丘、亳州、淮北四城市隶属鲁豫皖三省。该区域蕴藏着极为丰富的农业生物资源、人文和自然旅游资源、矿产资源、土地资源、人力资源，以及巨大的开发潜力。商丘，位于河南省东部，因历史厚重而闻名，是华夏民族的发祥地，被评为“最具文化底蕴历史文化名城”。商丘是中国重要的煤炭能源基地，是中国重要的能源基地和石油化工基地。商丘市已发现的矿产有煤、铁矿、大理石、花岗岩、白云岩、陶瓷黏土、高岭土、膨润土等。菏泽，古称曹州，位于山东省西南部，鲁苏豫皖四省交界地带，东与济宁市相邻，东南与江苏省徐州市、安徽省宿州市接壤，南与河南省商丘市相连，西与河南省开封市、新乡市毗邻，北接河南省濮阳市。菏泽历史悠久，文化底蕴深厚，是中国著名的牡丹之都、武术之乡、书画之乡、戏曲之乡、民间艺术之乡。亳州，古称焦邑、谯城，安徽省下辖地级市，位于安徽省西北部。亳州有现代中药、白酒、食品制造及农产品加工、汽车及零部件、文化旅游、煤化工及新能源、电子信息、现代服务业、战略性新兴产业、劳动密集型装备制造等十大产业。亳州是国家历史文化名城，中国优秀旅游城市，享有“药都”的美誉，是全球最大的中药材集散中心和价格形成中心。淮北位于安徽省北部，是运河故里、能源之都、中国酒乡。淮北再生土地资源优势独特，综合复垦治理后的采煤塌陷区土地已成为该市独特的资源优势。淮北矿产资源蕴藏量较为丰富，截至 2015 年底，已发现矿产 56 种，矿产地 488 处，其中大型矿产地 20 处。在矿产资源中，煤炭资源最具优势，储量丰富、煤种齐全、煤质优良，淮北已成为中国重要的煤炭和精煤生产基地。

京九产业带的开发，将带动沿线农林牧业及其加工业、能源和矿产资源采掘和加工、旅游业等优势产业和产品的发展，使资源优势逐步变为经济优势，成为我国农副产品的供应基地、名特产品的出口基地、理想的建材开发基地，也会成为苏鲁豫皖交界区一条新的极具竞争力和吸引力的旅游热线。未来，京九产业带上菏泽、商丘、亳州、淮北四市合理分工、密切协作，依托京九铁路，培养主导产业群，建设拳头产品基地，优化产业结构。

5. 故黄河综合开发区

1851～1855 年，黄河改道北徙，形成废黄河和大沙河，统称“故黄河”。故黄河流域贯穿苏鲁豫皖交界区的五座城市，分别是商丘、亳州、宿州、徐州及宿迁。随着我国国民经济建设重心北移西进，故黄河综合开发区将成为我国经济重点开发的主要轴线之一。

故黄河流域是中华民族的发祥地，曾造就了灿烂的中国古代文明，该区域应健全统一协调机制，深化以“历史文化传承创新”为核心的区域特色发展。要全面认识地域传统文化，取其精华、去其糟粕，古为今用、推陈出新，坚持保护利用、普及弘扬并重，加强对优秀传统文化思想价值的挖掘和开发，维护优秀传统文化基本元素，使优秀传统文化成为新时代鼓舞人民前进的精神力量。要切实加强国家重大文化遗产地、重点文物保护单位、历史文化名城名镇名村、历史文化街区保护建设，抓好非物质文化遗产保护传承。要充分发掘历史文化资源，发展地方特色文化产业，推动文化产业与旅游、体育、信息、物流、建筑等产业融合发展，增加相关产业文化含量，延伸文化产业链，提高附加值。要大力发展文化旅游业，促进非物质文化遗产保护传承与旅游相结合，发挥旅游对文化消费的促进作用。要十分注重在旧城改造中保护历史文化遗产、民族文化风格和传统风貌，促进功能提升与文化文物保护相结合，在新城、新区建设中融入传统文化元素，与原有城市自然人文特征相协调。要根据不同地方历史文化禀赋，体现区域差异性，提倡形态多样性，发展有历史记忆、文化脉络、地域风貌、民族特点的美丽城镇，形成符合实际、各具特色的城镇化发展模式。通过上述方面的深入挖掘与研究，提炼精神内涵，传承创新历史文化，增强各成员市在历史文化上的认同感，使积淀深厚、渊源相近的淮海地域历史文化成为凝聚人心、密切联系的重要精神纽带，成为推进苏鲁豫皖交界区合作发展的强大精神动力。

故黄河综合开发区自然资源比较丰富，合理地开发能够得到较好的经济效益、社会效益和环境效益。通过规划，在区域内选择适当的区位，发展城镇或加强交通运输和通信设备等基础设施的建设，并与较发达的开放地区对接，促进区域城镇体系均衡性的网络化发育。

故黄河综合开发区的五座城市在经济利益上相互关联、在生态功能上相互依存，故黄河综合开发区建设应遵循流域一体、协调共进、联合协作、共同发展的原则，经济和生态建设必须从正确处理全流域的开发、利用、治理、保护关系出发，以确保全流域生态环境良性循环。任何一方在从事经济开发、资源利用和环境整治活动中，不得无视其他方利益和权利，做出有损他人、以邻为壑的行为。特别是在水资源的开发利用、污染物排放和治理、公共基础设施建设等方面，更需要以区域发展大局为重，兼顾邻近各方的利益诉求。

6.2.3　主要城市功能定位、发展方向及目标

1. 徐州

（1）功能定位：以工程机械为主的装备制造业基地、能源工业基地、现代农业基地和商贸物流旅游中心，全国重要的综合性交通枢纽，苏鲁豫皖交界区的区域性中心城市，国家历史文化名城及生态旅游城市。

（2）发展方向：第一，重构城市功能空间，适应城市的发展。城市向东及东南方向发展，形成双核心，形成以绿色带相隔离，以快速交通相连接的组团式城市结构。徐州城市空间发展理念定位为“双心并举、两翼延伸、雁形发展”。第二，优化经济结构，增强城市经济的辐射功能。继续坚持工业发展第一方略，以信息化带动工业化，增强企业自主创新能力，逐步实现工业结构重心由资源依赖型向资本技术密集型转变，工业增长方式由粗加工、高消耗等布局向深加工、高效益、集群化方向转变。第三，大力发展现代服务业，提升综合服务职能。优先发展现代物流业、金融保险业、信息服务业和商务服务业，着力提高与制造业的配套能力并且积极构建大旅游发展格局。

（3）发展目标：至 2020 年，预计全市城镇总人口约 1000 万，城市化率在 64%左右，主城区城市人口 200 万，主城区城市建设用地 180 平方千米。

2. 连云港

（1）功能定位：苏鲁豫皖交界区重要的港口枢纽城市，以物流交通、农产品加工、滨海旅游为主的区域性商贸服务中心，新亚欧大陆桥东方桥头堡，陆海丝绸之路的交会点，是中国综合交通枢纽。

（2）发展方向：牢固确立“以工强市、以产兴港、以港兴市、以市促工”的指导方针，将工业作为第一位，城市和港口作为第二位，坚持把积极发展主导产业和产业集群作为工业化与城市化协调发展的重点，发挥地处沟通东西、连接南北的区位优势，以港口和东、中、西区域合作枢纽为突破口，培育区域商贸职能，形成淮海城市群外向型经济发展窗口，充分发挥其衔接、合作、集聚作用，推动

沿海和苏鲁豫皖交界区的建设。

（3）发展目标：至2020年，预计中心城区人口达190万，城市化率62%左右，用地规模190平方千米；至2030年预计中心城区人口规模达到250万左右，城市化率在65%左右，城市建设用地总规模在250平方千米左右。

3. 宿迁

（1）功能定位：重点发展食品饮料、纺织服装、机电装备、家居制造四大特色产业和智能家电、绿色建材、功能材料、智能电网四大新兴产业，打造以轻工业、现代休闲旅游为主的生态宜居城市，新兴的工商创业城市，苏鲁豫皖交界区重要的社会文化服务中心。

（2）发展方向：按照特色化、差异化的产业定位要求，在特色产业和新兴产业领域下功夫，努力形成科学合理、优势互补、配套完善的区域产业布局。推动智能家电、绿色建材、功能材料、智能电网四大新兴产业集聚发展，电子商务、现代物流、健康养老、文化旅游四大新兴产业规模发展，食品饮料、纺织服装、机电装备、家居制造四大特色产业转型发展。

（3）发展目标：至2030年，预计宿迁市域常住总人口580万～600万，城市化率在63%左右，规划用地面积为276平方千米。

4. 日照

（1）功能定位：苏鲁豫皖交界区重要的港口枢纽城市，以物流交通、农产品加工、滨海旅游为主的区域性商贸服务中心，我国东部重要的临海产业基地、区域性国际航运物流中心、滨海文化和旅游名城。

（2）发展方向：打造以日照钢铁精品基地为重点的鲁南临港产业集聚区，对日照临港产业乃至整个国民经济发展将产生强劲的带动效应；建设石油化工和精细化工产业，依托大型原油、液体化工码头建成山东乃至全国重要的石油化工基地；发展汽车及零部件产业，发展农用车、商用车、高档载货汽车、海洋运输船舶、游艇、赛艇运动船舶，积极发展船舶配套产业，高新技术产业方面将发展电子信息产业、生物产业、新材料产业、新能源产业和资源综合利用产业等。

（3）发展目标：至2020年，预计日照市区人口总数为120万，城市化率在59%左右，城市建设用地规模139.6平方千米，力争成为鲁东南地区的重要大型港口城市。

5. 临沂

（1）功能定位：以机械、化工、食品加工、建材、纺织业为主的区域性工贸城市，商贸物流中心城市，苏鲁豫皖交界地区重要的区域性中心城市。

（2）发展方向：着力提升汽车及装备制造、健康食品、中药及生物医药、高端木业等产业层次，加快打造高端液压元件及系统产业集聚区、新医药产业集聚区，推进产业向智能化、高端化升级。大力发展商贸物流、金融保险、文化旅游、养老养生等现代服务业，建设“一带一路”国际商贸物流双节点城市、区域性供应链服务及金融结算中心城市。逐步形成鲁东南地区的中心城市、全国性商贸物流中心之一、历史文化名城、有滨水特色的宜居城市。

（3）发展目标：2016 年末，中心城区人口和建成区面积分别达到 212 万和 220 平方千米。至 2020 年，预计临沂市要发展成为中心城区常住人口在 300 万左右，城市化率在 60%左右，城市建设用地 320 平方千米左右的大型城市。

6. 枣庄

（1）功能定位：区域性交通和信息枢纽、高新技术和科技创新基地，重要的煤化工城市，淮海城市群商贸和社会服务中心。

（2）发展方向：推动生产方式向柔性、智能、精细转变，努力做大新型化工、装备制造、新能源、新医药、新型建材、电子信息、食品加工、橡胶轮胎、纺织服装、节能环保等产业基地；推动生产性服务业向价值链高端延伸，生活性服务业向高品质转变，做大生态旅游、特色文化、商贸市场、现代物流、健康养生、体育产业、金融保险、电子商务等产业；推动农业提质增效，加快转变农业发展方式，提高农业产业化、标准化、品牌化、高效化水平。

（3）发展目标：至 2020 年，预计枣庄市人口规模增至 400 万左右，城区人口增至 245 万，城市化率为 61%左右，中心城建设用地规模将增至 141.4 平方千米。

7. 济宁

（1）功能定位：以先进制造业和现代服务业为主的鲁南地区中心城市，苏鲁豫皖交界区重要的商贸城市，具有特色的历史文化名城，山东省重要的煤炭能源基地和农副产品生产基地。

（2）发展方向：一是扩张城市规模和容量。坚持“东拓西跨南联北延”的城市发展战略，进一步拓展城市空间。二是优化中心城区结构布局，进一步明确城市发展方向，合理布局产业发展、生活居住、公共服务、文体娱乐、休闲旅游等功能区。三是突出城市特色，挖掘济宁“孔孟之乡、运河之都、水城风貌、生态宜居”的城市发展定位，展现城市历史文化和生态自然特色。四是发挥区域性中心城市的优势，加快科技创新，建设高新技术产业中心和现代服务业中心。

（3）发展目标：至 2030 年，预计济宁市域总人口控制在 950 万，城镇人口为 636 万，城市化率为 66.9%，中心城区人口 160 万，总建设用地面积 160 平方千米。

8. 菏泽

（1）功能定位：丝绸之路经济带上重要节点城市，山东省东西协调发展的西部经济重要增长极，以能源化工、农副产品加工和商贸物流为主，以“花都水邑林海”为特色的现代化区域性中心城市。

（2）发展方向：大力发展生物医药产业、能源化工产业、电源项目、机电设备制造产业等主导产业，大力发展特色种植业，突出创新驱动，大力实施工业强基工程和品牌兴市战略，加快转型升级，做优做强工业促转型，着力发展高效农业促转型，繁荣发展现代服务业促转型，大力发展电子商务促转型，加快发展开放型经济促转型。转变城市发展方式，完善城市治理体系，提高城市治理能力，加快建设和谐宜居、富有活力、独具特色的现代化城市。

（3）发展目标：至 2020 年，预计全市总人口为 1010 万，城镇人口 505 万，城市化率在 50.0%左右，中心城区人口规模为 68 万，用地规模为 74.8 平方千米。

9. 商丘

（1）功能定位：国家历史文化名城、苏鲁豫皖交界区的区域性中心城市、我国最重要的商品粮食基地和优质棉、板山羊、瘦肉型猪等农副产品生产基地，以食品、机械、化学、医药工业为主的区域性商贸文化中心，豫东现代工业基地、豫东商贸物流中心和重要的交通枢纽。

（2）发展方向：中心城区发展方向为“东拓、西延、北控、南优”。继续加强食品、机械、化学、医药产业的发展，发挥交通枢纽作用，大力发展现代工业，提升城市综合实力。由农业型城市、资源型城市向工业型城市转化，形成苏鲁豫皖接合部区域性中心城市，中原经济区综合交通枢纽，国家现代农业产业基地、新兴工业基地和全国商贸物流集散基地。

（3）发展目标：至 2020 年，预计商丘市全市总人口为 870 万～917 万，城市化率在 50%左右。

10. 宿州

（1）功能定位：京沪铁路沿线重要的加工业基地和商贸物流中心，安徽省新兴的煤电化产业基地，全国创新型农业现代化先行区，区域性综合交通中心和区域性综合物流中心，全国重要的大数据云计算产业基地、现代鞋服产业基地、农产品生产加工基地、新能源新材料基地和区域性特色文化旅游目的地，皖北地区的中心城市。

（2）发展方向：优化城镇空间布局，完善城镇体系空间结构，按照“东进、北扩、南展、西优”的原则，重点向东、向北发展，向南适当发展，向西优化发展；主动融入国家“三大战略”，主动参与“一带一路”建设，在基础设施互联互通、交通物流、通关一体化、产业配套协作等方面，积极融入新亚欧大陆桥经济走廊建设；推进铁路、高速铁路、城际铁路、高速公路、国省干线公路、航道等跨区域大通道建设，实现与徐州等周边城市互通互联。

（3）发展目标：至 2030 年，预计宿州市城区人口规模到达 110 万，城市化率在 51%左右，建设用地规模为 110 平方千米，进入大型城市行列，成为一个充满生机与活力，适宜创业与居住的区域性中心城市。

11. 淮北

（1）功能定位：皖东北地区的中心城市，国家的重要能源基地，区域性煤电化、矿山机械装备制造和农副产品深加工基地，建设淮海城市群重要的能源和制造业中心，区域性的旅游休闲度假中心。

（2）发展方向：发挥作为皖东北区域中心城市的作用，充分发挥煤炭、农业两大资源优势，搞好煤炭和农副产品深度加工；加快由资源型城市向工业商贸旅游城市转型，积极培育新的主导产业，在商贸流通、物流集散和旅游等方面发掘更大的潜力，将其建设成为具有一定服务功能的皖东北地区中心城市，区域性高品质的生活居住中心和旅游休闲度假中心。

（3）发展目标：至 2020 年，预计淮北主城区总人口为 94 万，其中户籍人口为 86 万，暂住人口 8 万，城市化率在 65%左右，主城区建设用地 96.25 平方千米。

12. 亳州

（1）功能定位：皖西北区域中心城市之一、亳州市域中心城市，国家级历史文化名城，全国优秀旅游城市，中华药都，商贸城市，食品轻工业城市，保健酒基地。

（2）发展方向：首先，以工业化为核心，实施大产业战略。坚持工业为根、企业为本的思想，把工业与城市化、农业产业化结合起来，走资源集聚、产业集群、园区集中之路。其次，以城镇化为方向，实施大建设战略。以建设区域性中心城市为目标，把加快推进城镇化步伐作为经济社会发展的重要载体和平台。此外，以养生文化为依托，实施大旅游战略，以养生产业为龙头，打造中药养生文化园的特色旅游品牌。

（3）发展目标：至 2030 年，预计亳州市城镇人口达 390 万，城市化率在 44%左右。

6.3 苏鲁豫皖交界区的城市层级体系

苏鲁豫皖交界区地域广袤、资源丰富、交通便利、人口众多，具有良好的自然条件，本应是经济发展的绝佳之地，但是由于行政区划阻隔、合作意识不强等，该地区城市层级结构不完善，要素流动不充分，规模经济不明显，城市发展水平普遍较低，缺乏要素集聚并辐射周边的中心城市。

6.3.1 各城市经济发展阶段

根据钱纳里的工业化阶段理论，随着经济的发展和三次产业的更替，经济发展阶段由初级产品生产阶段向工业化阶段和发达经济阶段演化。城市经济发展阶段共分为三个阶段、五个类型，其一般特征如表 6-4 所示。

表 6-4 城市经济发展阶段的一般特征

基本指标	前工业化阶段	工业化实现阶段			后工业化阶段
		工业化初期	工业化中期	工业化后期	
三次产业产值结构（产业结构）	$A>I$	$A>20\%$ 且 $A<I$	$10\%\leqslant A\leqslant 20\%$ 且 $I>S$	$A<10\%$ 且 $I>S$	$A<10\%$ 且 $I<S$
制造业增加值占总商品增加值比重（工业结构）	20%以下	20%～40%	40%～50%	50%～60%	60%以上

注：A、I、S 分别代表第一产业、第二产业、第三产业增加值占比

在苏鲁豫皖交界区 12 个城市中，根据其三次产业产值的比重及制造业增加值占总商品增加值比重就可以判断出各个城市的工业发展阶段，进一步判定它们的城市层级。由于制造业增加值占总商品增加值比重这一数据很难收集，在此仅就三次产业产值的比重来判断各个城市的工业化发展阶段（表 6-5）。

表 6-5 2016 年苏鲁豫皖交界区各城市工业发展阶段

城市	第一产业产值/亿元	第二产业产值/亿元	第三产业产值/亿元	三次产业结构	工业发展阶段
徐州市	542.88	2513.85	2751.79	9.35：43.28：47.38	后工业化阶段
连云港市	301.56	1049.90	1025.02	12.69：44.18：43.13	工业化中期

续表

城市	第一产业产值/亿元	第二产业产值/亿元	第三产业产值/亿元	三次产业结构	工业发展阶段
宿迁市	275.23	1139.97	935.92	11.71 : 48.49 : 39.81	工业化中期
日照市	146.97	851.94	803.58	8.15 : 47.26 : 44.58	工业化后期
临沂市	358.95	1736.25	1931.55	8.91 : 43.12 : 47.97	后工业化阶段
枣庄市	162.06	1097.91	882.66	7.56 : 51.24 : 41.19	工业化后期
济宁市	480.45	1949.67	1871.70	11.17 : 45.32 : 43.51	工业化中期
菏泽市	280.62	1312.55	967.07	10.96 : 51.27 : 37.77	工业化中期
商丘市	386.26	814.64	773.12	19.57 : 41.27 : 39.16	工业化中期
宿州市	260.18	512.83	578.80	19.25 : 37.94 : 42.82	工业化初期
淮北市	61.56	450.21	287.26	7.70 : 56.34 : 35.95	工业化后期
亳州市	206.17	404.93	435.00	19.71 : 38.71 : 41.58	工业化初期

资料来源：各省市统计年鉴

注：三次产业产值进行了四舍五入处理，其合计与表 2-3 和表 6-6 中的地区生产总值可能存在偏差；三次产业结构中的比值未经修约，可能存在比值合计不等于 100 的情况

从表 6-5 中可以看出，安徽省的宿州市和亳州市的第一产业产值比重接近 20%，并且第二产业产值仍小于第三产业产值，可将这两个城市的发展阶段划分到工业化阶段的初期；江苏省的连云港市、宿迁市，山东的济宁市、菏泽市，及河南省的商丘市处于工业化阶段的中期；山东的日照市、枣庄市，安徽的淮北市处于工业化阶段的后期；只有江苏省的徐州市和山东省的临沂市处于后工业化阶段。

6.3.2　苏鲁豫皖交界区中心区与外围区判定

1966 年，美国区域规划专家弗里德曼在其专著《区域发展政策》中提出中心–外围理论。中心区是指在区域经济发展中居于主导地位、经济增长快、发展质量高的地区；外围区是指经济发展相对缓慢、发展水平比较低的地区，接受中心区的经济辐射而得到发展。中心区与外围区是反映区域经济空间结构的一个重要方面，可以说明哪些地区在支撑着区域经济的增长，哪些地区在区域经济发展中相对滞后了。中心区与外围区的判定通常以人均地区生产总值标准化值为标准，其计算方法如下所示。

$$\text{某地区人均地区生产总值标准化值}=\frac{\text{某地区人均地区生产总值}-\text{全区域人均地区生产总值}}{\text{全区域人均地区生产总值标准差}}$$

表 6-6 列出了苏鲁豫皖交界区各城市的区位类型。

表 6-6　2016 年苏鲁豫皖交界区各城市的区位类型

城市	人均地区生产总值/元	地区生产总值/亿元	常住人口/万人	人均地区生产总值标准化值	区域类型判断
徐州市	66 845	5 808.52	871.00	1.55	中心区
日照市	62 357	1 802.49	290.11	1.26	过渡区
枣庄市	54 984	2 142.63	391.56	0.78	过渡区
济宁市	51 662	4 301.82	835.44	0.57	过渡区
连云港市	52 987	2 376.48	449.64	0.66	过渡区
宿迁市	48 311	2 351.12	487.94	0.35	过渡区
临沂市	38 803	4 026.75	1 140.80	−0.26	外围区
淮北市	36 427	799.00	220.80	−0.42	外围区
菏泽市	29 904	2 560.24	862.26	−0.84	外围区
商丘市	27 122	1 974.02	728.00	−1.02	外围区
宿州市	24 270	1 351.82	559.93	−1.20	外围区
亳州市	20 611	1 046.10	510.40	−1.44	外围区

注：数据来源于 2017 年各省市统计年鉴，部分数据由相关数据计算而来

根据中心–外围理论的思想，要成为中心区，其经济发展水平必须明显高于区域平均水平。根据人均地区生产总值标准化值，只有徐州和日照的人均地区生产总值标准化值明显高于其他城市，但是考虑到日照的地区生产总值在 12 座城市中偏低，不具备成为中心区的地位，从而将它归属到过渡区。另外，将人均地区生产总值标准化值大于 0 的枣庄、济宁、连云港、宿迁也作为过渡区，而剩下的人均地区生产总值标准化值小于 0 的临沂、淮北、菏泽、商丘、宿州、亳州作为外围区。

6.3.3　齐普夫定律检验

齐普夫定律（Zipf's law）的表达式为 $G_i = AP_i^{-\alpha}$，将城市大小按常住人口划分，P_i 表示第 i 个城市的常住人口，G_i 表示人口在 P_i 以上的城市位次，α 为幂律指数，A 为常数。

为了便于检验苏鲁豫皖交界区人口状况是否满足齐普夫定律，需要对表达式进行计量处理，即在表达式两边同取自然对数，整理得 $\ln G_i = \ln A - \alpha \ln P_i$。

根据 i、$\ln P_i$ 和 $\ln G_i$ 在苏鲁豫皖交界区 12 个城市的不同取值（表 6-7），可以

估计出相应的幂律指数 α ，再将 α 与 1 比较就可以得知该地区城市结构是否达到了最优。

表 6-7　苏鲁豫皖交界区各城市人口和位次的对数

项目	i=1	i=2	i=3	i=4	i=5	i=6	i=7	i=8	i=9	i=10	i=11	i=12
$\ln P_i$	7.0	6.8	6.8	6.7	6.6	6.3	6.2	6.2	6.1	6.0	5.7	5.4
$\ln G_i$	0	0.69	1.10	1.39	1.61	1.79	1.95	2.08	2.20	2.30	2.40	2.48

将苏鲁豫皖交界区 12 个城市的人口和位次的相应对数值用散点图表示出来，并用一元线性回归的方法回归出幂律指数 α（图 6-8）。结果显示， $\alpha = 1.396$ 。

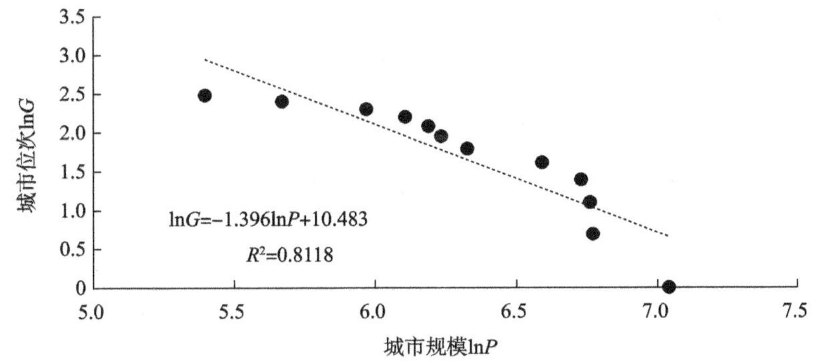

图 6-8　城市位次与城市规模的散点回归图

相关学者对国内外城市体系是否满足齐普夫定律进行了大量的实证检验，Soo 的研究结果表明，大多数国家的齐普夫系数都介于 0.52～1.83。Song 和 Zhang 的实证研究表明中国 1991～1999 年的城市规模分布服从齐普夫定律[22]。目前大多数实证研究都支持了齐普夫定律，即齐普夫系数 $\alpha = 1$ 。如果 $0 < \alpha < 1$ ，表示城市规模分布比齐普夫定律所描述的更为集中，即位次较低的中小城市人口相对更少，位次较高的大城市人口规模相对更大。如果 $\alpha > 1$ ，表示位次较高的大城市比齐普夫定律描述的人口规模相对更小，即城镇层级体系不明显。苏鲁豫皖交界区相应的齐普夫系数大于 1，说明此处的城市规模相对比较分散，即大城市集聚人口的能力尚未充分发挥。

6.3.4　城市层级体系优化

通过以上分析，苏鲁豫皖交界区的城市层级体系至少存在以下三个问题：第一，大部分城市规模较小且缺乏一个辐射全区的中心城市；第二，大部分城市还处在工业化中、后期，少数城市还处于工业化初期，第三产业还不发达；第三，城市主要考虑自身发展，尚未形成有效的合作机制促进共同发展。

出现上述问题的原因为：一方面，由于行政区划阻隔，城市各自为政，缺乏一个统领全区的合作机制；另一方面，由于户籍制度阻碍，劳动这一生产要素无法自由流动，不利于产生集聚效应。另外，各个城市都想各自形成一套完整的产业体系，这就难免在整个交界区内造成重复建设，还是分散建设，极大程度地提高了生产成本，削减了规模经济效益，这也给生态和城市发展增加了负担。

既然行政分割是一个不争的事实，那么我们只能在这一基础上寻找尽可能大的合作空间。在以上的数据分析中发现，苏北地区的徐州市在各个方面都领先于连云港市和宿迁市，可以考虑将徐州市作为交界区内苏北城市群的中心城市。临沂市在人口和产业结构方面领先于交界区内的鲁南其他城市，地区生产总值也只是比济宁市稍逊一筹，并且在地理位置上，临沂市处于交界区内鲁南城市群的中心位置，也与徐州接壤，可以考虑将临沂市作为交界区内鲁南城市群的中心城市。至于交界区内皖北的宿州、淮北、亳州和豫东的商丘，这些城市由于经济总量较小，可以通过发展上游产业和主动接受徐州和临沂这两座中心城市的辐射带动作用，成为这两座中心城市的互补城市。除此之外，还要在户籍制度和资本投向等政策方面做出调整，一方面尽可能实现劳动力自由流动，自发集聚，另一方面要充分认识到产业关联的经济效益，尽可能避免重复建设。这样一来，交界区北部的生产要素可以往临沂集聚，交界区南部的生产要素往徐州集聚，再通过地理接壤这一便利，充分促进资源共享，实现共赢，从而带动整个交界区共同繁荣。

第 7 章　苏鲁豫皖交界区：开放合作机制

苏鲁豫皖交界区面临着加快发展和转型发展的双重任务，面对着在加快推进新型工业化、信息化、城镇化进程中同步实现农业现代化等重大问题，需要全面深化改革，创新一体化发展体制机制，进一步提升区域开放合作水平，为推动区域一体化发展提供强大动力。

7.1　建立和完善苏鲁豫皖交界区开放合作机制的重要意义

7.1.1　区域经济合作机制的定义与意义

“机制”是英语 mechanism 的意译，指机械装置或机体的“结构”和“共同作用”，原指“机器的构造和工作原理”，后来指有机体各部分的构造、功能、特性及其相互联系和相互作用等。现已广泛应用于自然现象和社会现象，常被用来说明事物之间的有机联系和相互作用。生物学和医学在研究一种生物的功能（如光合作用或肌肉收缩）时，常借指其内在工作方式，包括有关生物结构组成部分的相互关系及其间发生的各种变化的物理、化学性质和相互关系，阐明一种生物功能的机制，这意味着对它的认识已从现象的描述进入到本质的说明。随着学科之间的不断交叉和融合，机制又被用于社会系统，指社会系统形成、运行中各要素功能及其相互作用。在任何一个系统中，机制都起着基础性的、根本性的作用。

在理想状态下，有了良好的机制，甚至可以使一个社会系统接近于一个自适应系统——在外部条件发生不确定变化时，能自动地迅速做出反应，调整原定的策略和措施，实现目标优化。

合作从一般意义上来讲其实是一种有意识的协作行为，合作是合作各方的一种共同行动，这种共同行动可以给各合作主体带来某种利益。当群体中某个成员的行为对其他成员产生影响时，从私人角度进行的优化决策和从社会角度进行的优化决策并不一定必然一致，而是存在着一定的冲突与矛盾，合作应该是能够降低冲突与矛盾程度的一种基本行为选择，可以给群体带来利益。

区域经济合作是指地理位置相连或相邻的国家或地区，基于实现经济集聚效应和互补效应等区域协同利益，促进产品和要素资源在国家或地区之间自由流动和有效配置，在贸易往来、产业协作、要素流动、基础设施、资源开发及环境保护等诸多领域，通过一定的合同、协议或章程，组织起来的各种联合体和建立起来的各种经济联系。区域经济合作是区域互动发展得以实现的重要方式，从区域经济合作的实践来看，区域经济合作是社会经济发展到一定阶段的产物，是处于共同区域空间内的不同地区之间为了追求共同的利益目标而进行的专业化分工合作，其最终目标是区域经济协调发展、区域经济一体化。合作机制则是区域经济合作系统的组织构造、作用机理和运作方式，其中也包括为保证这些方式方法发挥作用的必需的机构设置。区域经济合作是促进区域经济协调发展的必由之路，区域经济合作一方面能在更广阔的空间范围内实现区域内资源的优化配置，从而提高各种资源的利用效率；另一方面，区域经济合作有利于消除区域与企业之间的过度竞争，减少过度竞争导致的资源浪费。区域经济合作对于缩小区域差距，化解恶性竞争、产业趋同、市场壁垒，促进经济增长方式转变意义重大。

省际经济合作指的是两个以上省（自治区、直辖市）之间相互进行的经济合作，或是被国家给予了特殊发展政策的多个省（自治区、直辖市）构成的经济区，其最大的优势在于可以对各个不同省（自治区、直辖市）的资源进行空间上的整合。省际边界区域经济合作研究的就是克服行政区边界效应、区位条件、经济发展水平等制约因素的影响，实现两省（自治区、直辖市）交界处资源的合理配置、产业的合理分工和省域与省域交界地带城市或区际的经济合作。省际经济协同发展是可持续发展的创新战略，建立经济合作，必须将必要的建设与未来的大发展结合起来，把发挥现有产业优势与地区优势结合起来，不仅对健全和完善省际的资金、商品、技术、人才等市场起到促进作用，而且可在地方经济发挥各自优势的前提下实现空间上生产力资源的优化配置。消除省际毗邻地区经济协同发展中的有形障碍与无形障碍，逐渐缩小区域发展差距，促进区域协调发展，建立完善的省际毗邻地区经济系统发展的运行机制至关重要。

7.1.2　区域合作的主要机制

追求区域利益最大化是区域合作的根本动力，区域产业分工合作的比较利益、产业聚集和规模效应则是形成区域合作的经济基础，利益协调问题是区域合作的最大难题，影响着区域内各成员的积极性，甚至决定着合作的成败，政府则是区域经济协调发展的主要推手，打破行政界线壁垒，构建共同的区域市场，推动要素和商品自由流动，加强基础设施互联互通，建立企业发展的互动平台，科学构建地方干部的政绩考核制度是构建区域经济合作开放运行机制的前提。从区域经济合作的内涵和理论演进可以看出，影响区域经济合作至关重要的因素是政府的力量。无论是新功能学派所倡导的“政府驱动、竞争型”模式，还是经济圈理论所阐述的“市场驱动、互补型”模式，都离不开政府的引导和推动作用，区域经济协调发展中利益协调更多要靠政府进行宏观调控。目前的区域合作机制既有由各地区政府协调促成的跨地区的合作，也有由市场力量主导形成的企业层次的区域合作，其中，政府主导是区域合作的主要模式，市场化的区域合作模式正在迅速发展。

1. 政府主导的区域合作机制

政府主导模式是指在区域合作中，政府是多数合作的行为主体。在计划经济体制下或区域经济合作初期，经济协作中更多地依靠政府采取行政和协调手段，在管理模式上形成经济协作区与区域内各省（自治区、直辖市）、市之间的垂直领导关系。首先，要制定一套科学合理的政府绩效考核标准，更好地发挥地方政府在促进区域开放合作中的作用。其次，中央政府需要对区域内合作或者跨区域合作项目给予必要的政策上的鼓励和支持，对不发达地区给予政策优惠和专项资金补贴，对合作的企业给予激励，以提高企业、民间组织的区域合作积极性。这种模式最大的缺陷在于阻碍区域间的横向经济联系，可能会加重地区条块分割，造成区域间经济关系的割裂。但随着市场经济的不断深化，政府应该随之转变职能，应更多地向弥补市场机制的不足方向转移。同时，在更多方面充分利用市场机制的作用，使企业成为区域经济合作活动的主体。

在我国，政府主导模式的主要形式既有中央政府主导和地方配合的合作形式，也有地方政府之间的双边和多边合作形式。地方政府之间的双边或多边合作形式，既可以是两个城市之间“一对一”的合作，也可以是一个城市与多个城市之间“一对多”的合作，还可以是多个城市之间的“多对多”的合作。在这种形式的合作中，合作的各方主体都比较强调自己的独特优势和区域优势的构造，把发挥本地的比较优势作为重要的合作目标。

2. 企业主导的区域合作机制

企业主导模式是指在区域合作中，多数合作行为是由企业作为行为主体，在市场机制力量的驱动下实施完成的。市场力量驱动的对最大化利润的追求是企业在区域合作中占据主导地位的直接动因，市场经济促进了企业主导模式的产生和发展。在市场经济中，当企业成为区域合作的主体时，在追求利润最大化的动机下，企业之间会通过分工和专业化的横向联合与纵向兼并，逐步实现区域合作的一体化。在我国，20 世纪 90 年代中后期以来，企业已经成为区域经济活动的主体，市场成为调节资源配置和生产布局的导向力量，企业成为区域经济合作的主要承担者，并成为加快和促进地区经济发展的主要动力，企业在市场机制力量的驱动下能够主动、有效地开展区域合作。长三角经济区的区域合作是我国比较鲜明的一种企业主导模式。

企业实现区域合作是通过贸易自由化、产业集群化、产业转移、产业融合、区域间不同企业共同投资的方式实现的。产业集群化的产生依赖于交通优势、园区优势、产业链优势等一些特定的优势，产业集群化的形成能为企业实现更大的收益；产业转移是企业为了实现更大的利润，在存在着地区间产业利润差和产业成长差的前提下，迁移到新区域；规模大、效益好的企业通过横向并购或者纵向并购两种方式，在跨区域范围内进行兼并或收购，实现产业融合；区域间不同企业还可以通过共同投资，设立合资企业或合作经营企业。

目前，在我国区域经济合作中，政府与市场同时在发挥作用。一方面，政府依靠其行政力量，通过协调区域内部地区之间的关系，使区域内各种资源得到尽可能合理的配置；另一方面，市场经济的力量在区域经济合作中正在逐渐增强。从我国三大都市经济圈来看，泛珠三角经济区已逐步形成了以市场为主导，政府推动，以基础设施为先导的宽领域、多形式、全方位的开放型合作模式；长三角区域合作以企业主导为主，是政府推动、市场导向、企业主导的区域合作模式；京津冀都市圈主要采取的是政府主导型合作模式，政府不仅充当着合作项目的策划者，而且充当着项目的实施者，企业主要是合作项目的承担人。

7.2　苏鲁豫皖交界区开放合作机制的主要内容

7.2.1　苏鲁豫皖交界区开放合作机制构建的紧迫性和重要性

随着经济全球化步伐加快，全面贯彻党的十九大精神，实施党中央区域发展总体战略、推动主体功能区的形成，加强区域合作、引导生产要素跨区域合理流动，已成为关系到扩大内需、增加就业、保持经济发展速度和质量、优化国土开发格局等重大问题的关键。苏鲁豫皖交界区处于苏鲁豫皖四省交界处，从区域经济发展水平来看，目前仍处于经济低谷，是经济发展的“锅底”。加之这一区域距离长三角、环渤海等地区都相对较远，相对边缘性的地理位置强化了经济和社会上的边缘化，加强和完善苏鲁豫皖交界区的开放合作机制是十分紧迫和重要的。

（1）建立和完善苏鲁豫皖交界区开放合作机制是完善区域经济合作、缩小区域差距、推动区域经济协调发展的需要。改革开放以来，伴随着市场经济体制的建立和逐步完善，地方经济决策权逐步提升，空间成本成为各经济主体的决策要素，地理位置相近地区的经济往来密切，形成多个跨省区市的经济合作区域，如珠三角、长三角、环渤海、成渝经济区等，这些经济区依靠各自的优势，合理分工、优势互补，经济得到快速发展。但苏鲁豫皖交界区经济社会发展远落后于苏南地区、皖南地区、鲁东地区、豫西地区，处于经济低谷，不利于区域和谐发展。

如表 7-1 所示，2018 年苏鲁豫皖交界区的人均地区生产总值只为长三角地区和珠三角地区的 61%和 37%，远落后于长三角地区和珠三角地区。并且，苏鲁豫皖交界区各地市经济发展水平也存在较大差距。地区生产总值最高的是徐州，其次是济宁和临沂，三者累计占苏鲁豫皖交界区的比重在 45%以上；淮北和亳州的经济相对落后，地区生产总值远不到徐州和济宁的一半，最低的地区是淮北，就地区生产总值而言，徐州是淮北的 6.9 倍。人均地区生产总值最高和最低的地区是徐州和亳州，徐州是亳州的 3 倍。宿州和亳州的经济密度只相当于徐州的 27.8%和 25.4%、济宁的 37.8%和 34.6%；宿州和亳州的城市化率较低，分别为 42.70%

和 41.00%。从交界区四大板块看，苏北和鲁南的整体发展水平相近，经济发展水平要远远好于皖北和豫东，属于较为发达地区；豫东和皖北的发展水平基本相近，属于相对落后地区。

表 7-1　2018 年苏鲁豫皖交界区各市、所在省地区生产总值和人均地区生产总值

地区	地区生产总值/亿元	人均地区生产总值/元	经济密度/（万元/千米 ^{2}）	城市化率
珠三角地区	81 047.52	128 943.23		
长三角地区	177 872.17	79 017.80		
苏鲁豫皖交界区	35 891.00	48 190.24		
江苏省	92 595.45	115 025	8 637.64	69.61%
徐州市	6 755.23	76 915	6 000.38	65.10%
宿迁市	2 750.72	55 906	3 215.34	60.00%
连云港市	2 771.70	61 332	3 639.79	62.60%
山东省	76 469.70	73 037	4 842.92	61.18%
日照市	2 202.17	69 062	3 736.09	60.35%
临沂市	4 717.80	41 227	2 744.34	51.54%
枣庄市	2 402.38	58 798	5 264.91	58.88%
济宁市	4 930.58	55 430	4 407.42	58.85%
菏泽市	3 078.78	32 558	2 739.62	50.25%
安徽省	30 006.80	47 712	2 141.81	54.70%
淮北市	985.19	43 962	3 606.11	65.10%
宿州市	1 630.22	28 757	1 665.70	42.70%
亳州市	1 277.19	24 547	1 525.19	41.00%
河南省	48 055.86	50 152	2 877.60	51.71%
商丘市	2 389.04	32 673	2 231.91	43.30%

资料来源：《江苏统计年鉴》《安徽统计年鉴》《山东统计年鉴》《河南统计年鉴》

除经济总量的区域差距之外，和长三角、珠三角地区相比，苏鲁豫皖交界区缺乏中心城市的辐射带动且区域经济没有实现一体化。长三角各城市以上海为中心，围绕着上海这个区域增长极，形成几个经济实力圈层，各城市均从不同角度要求呼应上海，主动接受上海辐射的发展策略，经济以空间形态扩散。广州是珠三角的中心城市，在广州这一中心城市的带动下，珠三角各城市均接受其辐射影响。在分工和协作的基础上，以各种要素与资源优化配置和效益最大化为目标，实现联动互利、共同发展。

（2）建立和完善苏鲁豫皖交界区开放合作机制是实施“一带一路”倡议，适应经济全球化的要求。经济全球化是当代不可逆转的时代趋势，在全球经济进行资源配置、生产、消费，寻求全球范围内资源配置的最优化这样的情形下，单个地区仅靠自身的力量很难持续生存下去，必须借助“一带一路”倡议，以点带面，从线到片，全方位推进沿途国家双边和区域合作，尤其在交通基础建设、贸易与投资、能源与资源、金融安全等领域寻求和加强区域之间的联系和合作，避免在全球经济竞争中落伍。新亚欧大陆桥贯穿中国的 10 个省（自治区），江苏、山东、河南和安徽是其中的 4 个省份，连云港、商丘和开封等城市是其主要经过城市，建立和完善苏鲁豫皖交界区开放合作机制使新亚欧大陆桥更好地拉近中国与国际市场的距离，更好地吸收国际资本、技术和管理经验，加快周边地区的经济振兴。就徐州和连云港两个城市而言，其在江苏对接国家“一带一路”倡议中具有独特的地位，是江苏对接“一带一路”的核心区和先导区。徐州和连云港是新亚欧大陆桥经济走廊的重要节点城市，徐州和连云港向西沿连霍高速或陇海兰新铁路线可以出境到中亚、西亚乃至欧洲。徐州素有“五省通衢”之称，连霍、京福、京沪等国家高速公路主干线在此交会，京沪、陇海两大干线铁路于此相交，京杭大运河傍城而过，徐州观音国际机场是淮海经济区唯一的大型干线机场，徐州市运输管道是华东输油管道的重要组成部分，已经初步形成公路、铁路、水运、航空、管道“五通汇流”的立体化交通格局，成为全国重要的交通和铁路枢纽、能源基地和工业基地。连云港市地处中国海陆、南北过渡的接合部，是我国东部地区重要的经济增长极和辐射带动能力强的新亚欧大陆桥（中国境内为陇海、兰新铁路）东方桥头堡、上海合作组织成员国通向日韩及亚太地区的最便捷口岸，拥有辽阔、稳定的经济腹地。徐州和连云港在江苏对接“一带一路”倡议中所具有的独特区位优势及独特的交通与开放功能为区域之间加强联系与合作奠定了基础。

7.2.2　苏鲁豫皖交界区开放合作机制

苏鲁豫皖交界区开放合作机制是推动和保障区域合作健康运行的规则体系和运作体系，在区域合作中起着关键性作用。苏鲁豫皖交界区开放合作机制主要包括以下几个方面。

一是在政府层面的省市级政府合作机制。政府层面的省市级政府合作机制是合作联盟要达到的一系列目标组合，是牵动合作联盟建立的基本动因，政府合作机制要为市场制度提供恰当的制度基础和制度框架，拆除由于行政区划、市场割据导致的各种人为障碍，创造公平、开放的市场环境；加快基础设施建设步伐、实现多层次产业升级、建设良好生态环境；实现苏鲁豫皖交界区的可持续发展，提升该区域在全国的经济地位。要通过高层领导沟通协商、座谈会明确任务、联络组综合协商、专题组推进，落实政府层面的省市级政府合作机制，高层领导沟通协商是省市级党政主要领导召开协商会议，就事关区域发展全局的重大战略问题和重大事项进行磋商，在决策层构建苏鲁豫皖交界区区域合作体系中的政府磋商机制。座谈会明确任务是各省市级通过苏鲁豫皖交界区经济合作与发展座谈会，按照决策层磋商的区域合作重点，明确工作任务和各方责任，联络组负责执行中的综合协调，专题组负责重大合作问题的研究并提出执行实施方案。

二是在行业层面的行业性跨区域的共建共享合作机制。苏鲁豫皖交界区的职能部门要围绕共同关心的跨区域重大事项，相应建立行业性的联席会议或联络制度，通过多种形式的沟通、协商、协调达成共识，然后付诸实施，逐步形成行业性跨区域的共建共享合作机制。例如，人事部门建立"人才开发一体化联席会议"制度；环保部门建立"污染联防、信息沟通和通报"机制，联合开展环保专项活动，建立和完善跨界污染防范和治理应急预案；交通部门建立"道路货运一体化工作联席会议"制度，构建无障碍的综合交通体系，相邻城市形成"同城效应"；旅游部门编制旅游一体化发展规划，在统一旅游标志、统一对外宣传和旅游投诉异地处理等方面进行合作等。通过组建若干个区域性行业协会，在政府间合作平台外开辟第二合作平台，进一步破除行政壁垒，推进区域一体化。

三是在企业层面形成以市场为基础、以政府为引导的企业自主参与合作机制。在各级政府的积极推动下，充分发挥企业在区域合作中的主体作用，在重大项目上积极开展多领域、深层次的经济技术合作，把政府的战略意图落实到企业层面。开展工业、农业、基础设施、旅游、科技、教育、人才、卫生等领域的合作，实现以企业为主体的生产要素跨区域流动，实现科研、教育和卫生单位科学仪器的共享，实现企业和科研机构、高等学校重大项目的合作攻关。农业方面，交界区各城市内部已建成多个农民专业合作社，如砀山万家福水果专业合作社、萧县金昱园农作物种植农民专业合作社、丰县临风果蔬专业合作社等。旅游方面，交界区各城市将旅游业作为调结构、转方式的战略产业，如蚌埠市与交界区内济宁、临沂、菏泽、枣庄、徐州联合举办旅游合作对接会以推进资源共享、客源互送；各市之间签署城市旅游合作协议，实施旅游优惠，推进景区年票制和一卡通；各市联手打造区域统一的形象识别系统、联合编制旅游地图和旅游电子地图、联合在主流媒体开展旅游广告宣传；各市积极推进实施旅游监管同城化，对跨区域旅游投诉进行无障碍处理，推进旅游一体化进程。

上述三个层次的合作机制相互交融、相互联动，能够有效打破行政分割的体制，积极构建区域协调发展新机制，促进区域经济的发展，推进苏鲁豫皖交界区区域开放合作的纵深发展。

7.3　苏鲁豫皖交界区开放合作机制的发展状况及突出问题

7.3.1　苏鲁豫皖交界区开放合作机制发展状况

苏鲁豫皖交界区山水相连，习俗相似，道路相接，商旅相通，一直以来区域间各地就保持和延续着密切的人际交往、经济贸易和社会联系。苏鲁豫皖交界区概念的社会认同度不断提高，在区域金融、公共服务合作方面已经建立了多元化、多层次的合作交流机制和平台。

1. 建立了交界区 8 市合作平台及淮海经济区联络处

2010 年，徐州和济宁、枣庄、连云港、宿迁、宿州、淮北、商丘这 8 个地域距离更近的城市建立了 8 市合作平台，定期召开市长会议，意图在共同探索一体化建设，促进共同发展，围绕产业合作格局、交通一体化进程、培育文化产业、扩大医保结算、提升商贸物流合作、建立环境污染治理协作、加强警务协调、打造旅游市场、加强区域科技人才交流等方面进行探索。所涉及的各市有关部门也都形成了合作机制，开展相应的工作。淮海经济区联络处成立于 1986 年 5 月，是淮海经济区的常设工作机构，其在各成员市的一致同意下设在徐州市，委托徐州市政府管理。淮海经济区联络处下设办公室、淮海经济区发展研究中心、淮海经济区信息中心等工作部门。

2. 建立了交界区 8 市企业家联合会

苏鲁豫皖交界区 8 市企业家联合会于 2010 年在徐州成立，建立了企业家联合会秘书处、工作网站及各城市企业联合会、会员企业的联络机制，开展总部经济专题对接，搭建政企沟通平台，为区域招商引资创造条件。企业家可以通过这一平台了解 8 市的投资环境和产业发展状况，充分展示各地的经济发展成果和经验，进一步寻求双方或多方合作商机，积极开展异地投资，从而为一体化建设多做贡献，实现共赢。

3. 建立了交界区 8 市旅游联盟

为加强区域合作，推动旅游产业更好地发展，苏鲁豫皖交界区 8 市于 2012 年在徐州签约成立淮海经济区核心城市旅游联盟。该联盟以“穿越淮海经济区之旅”为主题口号，奉行优势互补、资源共享、利益互惠原则，建立城市间旅游往来体系，打造知名旅游品牌，实现 8 个城市、精品景区资源旅游利益共赢，提高旅游品质，实现旅游产业经济更好、更快地增长。

4. 建立了交界区 8 市警务协调机制

苏鲁豫皖交界区 8 市公安机关坚持“常态、共享、联动、共赢”的理念，建立跨区域警务协调机制。按照“打击联手、整治联动、治安联防、维稳联管、信息联网、网上联控”的要求，加强异地扁平化指挥、一体化运作、协同化作战的磨合演练，开发建设警务协作平台和警用地理信息系统（police geographic information system，PGIS），充实省、市农村交界地区治安联防力量，共同维护区域治安稳定。

5. 建立了苏鲁边界环境保护联合会

苏鲁边界环境保护联合会在苏鲁边界环境保护联席会议制度的基础上，于 2012 年 4 月在江苏省新沂市经过协商讨论成立。该联合会是经过民政部门批准的跨区域的非营利性的社团组织。该社团组织由江苏省和山东省边界地区热心于环保事业的人士、行政事业单位、企业或其他社会组织自愿结成。苏鲁边界环境保护联合会是一个破解环保执法难题、维护苏鲁边界环境安全的跨区域环保执法协商平台，其自成立以来，各会员单位按照“联防、联治、联控、联动”的八字方针，联合打击苏鲁边界区域环境违法行为，共同协调解决跨区域环境污染难题，有效地维护了苏鲁边界地区的环境安全和社会稳定。

6. 交通基础设施互联互通重大进展

苏鲁豫皖交界区区域成员市围绕构建便捷、快速、畅通的立体交通网络，加快交通基础设施建设，促进区域交通互联互通和基础设施资源共享。铁路建设方面，商丘—合肥—杭州高速铁路亳州至阜阳段、宿州—淮安铁路、枣庄—临沂铁路开通运营；日照—临沂—曲阜铁路客运专线、郑州—徐州铁路客运专线建设按进度加快进行；徐宿淮盐、青日连盐铁路竣工运营。公路建设方面，阜阳—新蔡高速公路、宿迁—新沂高速公路、济宁—徐州等高速公路通车运营；徐州—宿州开发区首条省际公交班车正式运营。航运建设方面，京杭运河湖西一期工程通过验收；连云港“一体两翼”组合大港框架形成，2013 年货物吞吐量超过 2 亿吨，集装箱运量 549 万标箱。航空领域合作不断拓宽，徐州观音国际机场在临沂、枣庄、宿迁等地设立了货运代理点，济宁、连云港、徐州 3 家机场实行货运资源共享、发展货运代理、进行航空邮运业务合作；连云港保税物流中心二期建成使用，“属地申报，属地验收”的跨区域通关新模式启动试行；徐州保税物流中心获海关总署等四部门批准设立。

目前，交界区区域高层对接交流、行业对口协作活跃。各成员市党政高层领导走访会晤、学习考察、对话交流，就规划衔接、交通通联、产业合作、园区建设、招商引资、文化旅游等双边协作、多向联合的事宜进行了广泛有益的交流对接。

7.3.2　苏鲁豫皖交界区开放合作机制的突出问题

虽然苏鲁豫皖交界区在区域合作方面已经取得了一系列的成绩，但在区域合作领域的局限性也是显而易见的。为了进一步推进区域合作，必须在总结过去多年区域合作经验的基础上，以科学发展观为指导，解决区域合作中出现的问题和困难，实现区域合作机制的不断完善和发展。

1. 区域内产业结构雷同

区域经济一体化的基础是经济运行机制的协调，不同的经济运行机制及其功能发挥程度都会影响区域合作的顺利进行，并影响区域合作机制的构建。改革开放以来，苏鲁豫皖交界区 12 个地级市建立了市场经济的基本框架，形成了较完善的产业结构体系，但区域内产业结构相似度较高，各城市三大产业结构相似，均是第二产业占主导地位，第三产业居中，各城市的特点不鲜明，都倾向发展劳动密集型产业、资源加工型产业和临港产业，都将生产性服务业（如建立大型物流园区等）作为产业转型的方向，产业结构普遍偏重，都提出要重点发展能源化工与产品加工，机械制造所占比重较大，在新兴产业发展上都将新能源、新材料、生物医药、电子信息作为重点培育产业。此外，制造业是产业选择中利益冲突最集中的部门，以徐州和济宁制造业为例，相对于各自所在省份，它们都在食品制造业，木材加工及木、竹、藤、棕、草制品业，通用设备制造业，农副食品加工业，医药制造业具有明显优势。在产业体系构建上，各地普遍存在着“大而全”“小而全”的布局倾向。产业结构趋同使各地区不能发挥自己的比较优势，同时也使投资和生产分散，降低了地区的整体经济效益，更为严重的是，产业结构雷同导致地区间的恶性竞争。

2. 行政壁垒问题依然突出

由于行政边界的刚性约束，苏鲁豫皖交界区生产要素的流动受阻，经济发展的市场机制难以奏效，甚至成为区域对抗竞争的集结区，各级政府由于政绩考核和地方利益驱动，在政策价值取向上趋向于利益本地化。目前，行政区分割的体制性根源并没有消除，各地各自为政，缺乏整体协调，大多舍不得放弃自身的既得利益，导致一些区域性交通基础设施和环境治理工程因缺乏协调而进展缓慢，干扰和制约了区域内企业的市场运作，形成“条条经济”和“块块经济”，难以形成区域共同市场，影响到区域现代化的进程。

3. 各城市的合作还停留在较低水平

虽然各城市之间的合作已有较长的历史，但合作还停留在较低水平，各城市合作的动机在很大程度上是从发展各自的地方经济的要求出发，推动合作的均是各地的地方政府，忽视了企业、资本和民间组织在区域一体化中的作用。各城市的合作也主要集中于经济或与经济发展密切相关的方面，没有对土地利用、税收优惠等尖锐性问题进行实质性探讨。区域合作缺乏制度规范，体制和机制亟待完善。

4. 区域内各地、各组织参与合作的积极性差异大

区域合作的最大难点在于区域合作过程中的利益分配，如何调动区域内各地方、各组织成员的积极性，涉及区域合作过程中利益分配的问题。苏鲁豫皖交界区的经济合作尚未形成有效的区域利益协调机制，如产业跨区域转移的利益共享机制，以及跨行政区水资源和土地资源开发利用、生态环境保护和生态补偿机制等。地方政府推动区域合作协调发展的积极性高，但民间各组织、企业的积极性却截然相反，如果在区域内不能合理地协调各方利益，势必不能形成内部合力，更可能会阻碍区域经济协调发展的步伐。

7.4 深化苏鲁豫皖交界区开放合作机制的原则和路径

7.4.1 深化苏鲁豫皖交界区开放合作机制的有利条件

（1）交通区位优势显著。交界区内有京沪、京九、陇海等铁路干线，京福、京沪、连霍等高速公路及国道干线构成密集运输网络；拥有连云港、京杭大运河

等水运体系，航空线路覆盖整个经济区，便捷的交通为本交界区货畅其流、人便其游提供了便利条件。京沪高速铁路缩短了苏鲁豫皖交界区与长三角、京津冀地区、环渤海地区的时空距离。

（2）资源禀赋优势突出。自然资源丰富，其中以煤炭最为突出，江苏徐州、山东枣庄和安徽淮北都是我国重要的煤炭生产基地，粮棉、蔬菜、林果、畜禽、水产等农产品资源量大质优，水资源等也相对丰富，非常有利于能源、钢铁、化工、重型机械等重化工业的发展。苏鲁豫皖交界区人口众多，户籍总人口近亿人，劳动力的综合素质相对较高。

（3）地缘文化优势深厚。苏鲁豫皖交界区所在的黄淮海平原是中国文化的发祥地之一，徐州有 2500 多年的建城史，是江苏境内最早出现的城邑；据文字记载亳州已有 3700 多年的历史，是当时世界上的文明都市之一；济宁是孔子、孟子、颜子、曾子、子思子五大圣人的故乡，是儒家文化的诞生地；商丘是中国商人、商业、商文化的发源地等。苏鲁豫皖交界区成员市文化虽各具特色，但形成了一个相对完整的文化体系，存在共同的地缘文化。苏鲁豫皖交界区是历史自然形成的经济区域，山水相连、习俗相似、道路相接、商旅相通，自古以来区域之间就保持和延续着密切的人际交往、经济贸易、文化往来和社会联系。

7.4.2　深化苏鲁豫皖交界区开放合作机制的基本原则

苏鲁豫皖交界区是苏鲁豫皖四省毗邻的经济洼地，是中国沿海区域经济发展的软肋，壮大苏鲁豫皖交界区的实力，对于促进我国区域协调发展具有重要意义。

1. 平等、协调原则

苏鲁豫皖交界区合作机制内各成员市地位平等，不仅是区域合作存在的必要条件，也是区域协调发展的内在要求。在区域合作过程中，矛盾和冲突在所难免，解决的基本思路在于各成员市需增强了解，以平等为基础进行多层次、宽领域的协商。苏鲁豫皖交界区由省市级行政单位组成，行政地位上同级，各成员市间更注重合作机制内部的平等性。

2. 互信、互利原则

苏鲁豫皖交界区合作机制中各成员市凝聚力的提高离不开互信和互利，互信是合作的基础，互利是合作的目的。各成员市在苏鲁豫皖交界区合作机制内应本着互信的精神，增进往来，加强交流，在交流与合作中实现互信。同时，苏鲁豫皖交界区合作应努力探求各方的共同利益，寻找利益交汇点，坚持互信是合作的基点，也是实现互利的根本出路。

3. 市场主导、政府推动原则

注重发挥市场在资源配置中的决定性作用，加快完善统一开放、竞争有序的市场体系，更好地发挥政府作用，加强顶层设计，强化规划引领，加强和优化公共服务，构筑区域开放合作平台，保障公平竞争，维护市场秩序。在合作机制构建及运作中，尤其要重视非官方合作组织和机构的作用。通过全面深化改革，积极开展先行先试，充分释放改革红利；大力实施创新驱动发展战略，健全技术创新市场导向机制，增强市场主体创新能力，促进创新资源综合集成，培育具有国际竞争力的创新发展区域；拓展合作思路，创新合作方式，探索完善资源配置、利益分配、服务共享、制度保障等合作新机制，不断深化区域合作，提升区域一体化发展水平。

4. 优势互补、合作共赢原则

充分发挥各地比较优势，促进苏鲁豫皖交界区要素自由流动、资源高效配置和市场深度融合，建设统一开放、竞争有序的现代市场体系；探索重大项目平台共建和利益共享机制，充分考虑各地利益，整合资源，协同解决发展中面临的共性问题，实现优势互补、互利共赢、共同发展，提升发展内生动力。

5. 生态优先、绿色发展原则

坚定不移地实施主体功能区制度，坚持在发展中保护、在保护中发展，大幅提高能源利用效率，加强生态环境协同监管和综合治理，共建环境保护市场化机制和生态补偿机制，推动绿色发展，形成有利于节约资源和保护生态环境的空间格局、产业结构和生产生活方式。

6. 统筹推进、重点突破原则

苏鲁豫皖交界区开放合作机制构建是一个渐进的过程，必须有步骤、分阶段进行，要根据该地区经济、社会合作发展进程有重点、分步骤地进行，推进多领域、多层次、多形式合作；加快重点领域互联互通和区域一体化进程，抓住促进合作发展的关键环节并有序推进，以重点领域和关键环节为突破口，统筹推进基础设施、产业、社会管理、公共服务和生态文明建设等方面的合作，以重点突破带动区域合作向深层次、宽领域、高水平发展。

7.4.3　深化苏鲁豫皖交界区开放合作机制的路径

坚持创新发展、协调发展、开放发展、绿色发展和共享发展五大理念，紧扣合作发展主线，以实现合作共赢、共同发展为目标，以整合区域优势资源、创新区域合作机制、协调区际利益关系为重点，通过扩大开放来促进合作发展，着力加快基础设施互联互通，着力加强产业分工协作，着力促进生态环境共建，着力推动公共服务一体化，着力推进改革开放，强化体制机制创新和先行先试，充分放大相关重大区域规划和政策叠加效应，全面提升区域整体经济实力和协调发展水平。

1. 构建区域合作的组织协调机制

区域经济往往是围绕着省会城市不断向周边拓展，而行政区交界处，特别是省际交界区域，就成了国家尤其是省级政府区域发展战略的边缘地带。如何破解省际交界地带体制机制障碍，促进共同发展、一体化发展，都需要在一些方面开展先行先试，加快体制机制创新，奋力攻坚克难。

加快转变政府职能，建立健全政府间多层次开放合作协调机制。美国、德国都建立了专门的区域发展管理机构，如美国建立了田纳西河流域管理局、德国建立了区域经济政策部际委员会，并在解决区域经济不平衡的问题时发挥了重要的作用，这些专门的区域发展管理机构促进了区域经济协调发展政策的落实。相比之下，我国很多地区到目前为止还未建立起综合的、专门的区域协调管理机构，这使得机构改革的速度相对于区域经济发展的速度比较滞后。因此，也无法发挥专门区域发展管理机构对区域经济发展的促进作用，因此，要建立一个区域发展管理机构，主要负责制定区域协调发展的总体政策和规划，促进区域协调发展法律制度的建设，指导和规范地区区域合作机构组织的运作，统筹全国区域经济合作工作，从而有效推动区域经济的协调发展。我国区域行政区划及行政隶属关系复杂，仅靠各种松散的、非制度性的高层联席会议难以解决实际问题，难以解决区域合作中可能出现的种种利益冲突。没有统一的跨行政区的区域发展管理机构，区域合作就很难进入真正的实质性阶段；没有明确的协议或制度，就很难保证参与成员在追求地方利益的同时不会对共同利益产生消极影响。为此，需要深化行政体制改革，创新行政管理方式，优化行政服务模式，健全区域合作协调机制。鼓励和支持苏鲁豫皖交界区建立区域合作高层协调机制，完善区域合作工作机构，健全合作机制运转制度。在建立中央级区域合作协调机构的同时，努力完善现有的苏鲁豫皖交界区开放合作协调机制。应建立中央政府主导的具有约束力的区域合作管理机构。方案、规则的调研、拟定、制定、实施等环节，都需要有独立利益追求和独立观点的机构去完成，如果该机构受到任何一方成员的左右，都会使其行为的公正性受到威胁。建议在国务院设立区域经济发展局，作为苏鲁豫皖交界区及其他区域经济发展的中央协调机关，主要解决区域与国家全局之间、成员之间发展的不协调性，发挥其手段权威性、稳定性、灵活性的优势，避免区域发展的无政府状态，避免区域发展与特定成员实际发展状况的冲突，避免区域合作与中央政策规划相矛盾，从而有利于发挥中央政府的宏观调控功能。随着经济全球化和区域一体化的深入发展，经济竞争的参与主体由原来区域内部向区域之间转变，促使区域内各地方政府之间的关系由竞争转向合作。区域发展模式由传统的区域行政向全新的区域治理转变，地方政府间的合作已经发展成为影响整个区域发展大局的强大动力。通过地方政府间的合作，成立区域公共管理协调组织，使其承担单个地方政府或者中央政府难以承担的区域公共管理责任，有利于地方政府精简机构，降低行政成本，提高效率；有利于带动包括非政府组织、企业等私人部门在内的社会力量参与区域治理；有利于解决区域公共问题，增加区域公共服务供给，促进区域健康发展。

2. 完善区域开放合作的市场体制机制

区域经济逐步走向市场一体化，是社会大生产发展的必然要求，也是区域内资源合理配置、要素自由流动的依托，统一的市场体系既是加强区域合作的基础，也是区域合作发展的重点。在推进区域合作的过程中，要借鉴国内外区域协调发展的成功经验，完善区域合作制度，坚持市场主导，以市场为纽带，着力破除地区封锁和行政垄断，在充分发挥政府的协调促进作用的同时，处理好行政引导与市场推动的关系，更好地发挥市场资源配置的决定性作用，消除地方保护和市场壁垒，创造市场主体公平竞争的环境，加快形成区域统一大市场，深化土地、劳动力、资本等资源要素市场化改革，建设法治化营商环境。鼓励和推动企业跨省的经济和技术合作，支持各种民间合作组织的发展。

长期以来，中国经济发展存在较为严重的地方本位主义。作为苏鲁豫皖交界区的各个省级市，或多或少都存在着以各自行政区划为限，追求“大而全，小而全”的布局。实现区域的协同快速发展，必须从体制上打破行政壁垒，扩大开放合作，通过培育区域共同市场来加强区域内的经济合作，逐步打破以“诸侯经济”为特征的旧格局和行政壁垒，消除限制生产要素区域间自由流动的制度性根源。清理阻碍要素合理流动的各种规定和做法，实施统一的市场准入制度和标准，实现各类生产要素跨区域有序自由流动和优化配置，规范发展综合性产权交易市场。加强地方和企业标准制定合作，推进产品检验、计量检定、资质认证等结果互认，促进商品自由流通，有序推动服务业区域标准制定。建立统一的市场执法标准和监管协调机制，依托企业信用信息公示系统，推动实现市场主体基础信息互联互通、市场监管信息共享共认、市场监管措施协调联动、消费者权益保护异地受理处置和行政执法相互协作。规范行政处罚自由裁量权，探索建立区域行政处罚裁量基准制度，逐步统一苏鲁豫皖交界区行政处罚裁量权的运用，加强在发展规划、基础设施、环境保护、市场准入、要素流动等方面的协调互动力度，避免资源重复配置，为企业跨区域发展营造更加良好的发展环境。

3. 创新区域利益协调机制

区域经济合作是一项复杂的系统工程，合作项目不仅包括基础设施共建，还包括产业对接、制度共建、人员交流、生态环境互保、组织管理等内容，难度大，利益主体多，涉及多个跨行政区部门，在缺乏利益协调机制保障下容易受各方机会主义及区域经济内外环境变化的影响，区域经济合作往往充满着不确定性。以区域经济合作区位为导向追求区域整体利益最大化，必须要让区域内成员切实体会到合作中的优势互补与利益共享，这样才能有效推进合作的进一步深入。对抗性利益关系加重了地方保护，阻碍了区域间的交流与合作，而区域经济合作利益协调机制具有强大的激励约束功能，因此，要在利益谈判机制、利益分配方式和风险共担机制等方面进行探索，建立和完善区域利益分享协调机制，实现经济利益的地区分享。通过利益协调能够平衡各方利益关系，帮助各方形成理性预期，减少区域经济合作过程中的不确定性，降低利益补偿活动的协调成本，规范区域经济合作行为，可为区域经济合作创造条件，促进区域经济合作的顺利进行，进而实现区域整体利益。围绕苏鲁豫皖交界区开发建设重点和市场需求，通过构建利益共享机制，加强设备、人才、技术等的引进和共享，加强产业的合理分工协作，为推动区域内的整体转型升级提供制度激励，防止区域间利益冲突，实现区域经济的共生与互补，促进经济要素的自由流动，提升区域的整体经济运行效率。要探索建立产业跨区域合作的利益共享机制，以及跨行政区水资源和土地资源开发利用、生态环境保护和生态补偿机制，推动建立协调处理跨地区利益纠纷制度。设立区域合作发展基金，除了政府财政支付筹集资金外，还必须拓展其他市场化筹集资金渠道，协调解决合作中的区际利益关系。

争取国家顶层制度供给，获取国家及地方政策支持，争取设立苏鲁豫皖交界区区域发展综合改革实验区，探索经济欠发达地区尤其是省际边缘地区实现“后发快进”的有效途径和发展模式。一是允许苏鲁豫皖交界区整体享受国家促进中部崛起的政策，允许区域内工矿城市享受振兴东北等老工业基地的政策及支持资源枯竭型城市转型的政策，加快区域内国有大中型企业、老工业基地的改造步伐，以企业改革带动区域经济发展。二是以新农村建设和国家功能区建设为契机，统筹城乡发展，围绕提高国家粮食安全、新农村建设，提高中央财政对粮食主产区补助、工业反哺农业促进区域经济发展。三是建立政策性金融机构拉动区域合作。成立淮海政策开发银行，所筹集资金主要用于苏鲁豫皖交界区内重大基础设施项目、重点企业技术改造的配套资金及支持民营企业发展的专项资金等，促进苏鲁豫皖四省之间的联动、互补和有效合作。

4. 通过加强基础设施互联互通推进区域合作

交通、通信、信息和电力等基础设施部门是经济发展的先行部门，完善的基础设施能够更好地促进区域经济的合作发展。全面推进基础设施互联互通，以提升互联互通能力与现代化水平为重点，构筑内通外联的综合运输体系，统筹规划建设区域路网及水电气管网等基础设施，建立跨省公路、铁路、航空枢纽及港口协作机制，共同建设布局合理、功能配套、安全高效的现代基础设施体系。围绕国家高速公路和国省干线公路建设及升级改造，全面提升公路技术等级和安全防护水平，打通省际“断头路”“瓶颈路”。加快交通基础设施的关键通道、关键点和重点工程的建设，优先打通苏鲁豫皖交界区的缺失路段、断头路段，无缝对接国内国外的重要海陆空交通要道，提高交通安全性。

拓展和改造省际高速公路建设，实现城乡公交网络一体、规范服务、融合发展。规划建设成员市之间客运专线和省际公交班车，以快速公交和常规公交为主体，出租车等方式为补充，同时充分利用地铁、高速铁路通道，全面覆盖区域内的基本公共出行，快捷连接国内外重要交通干线；积极推动建设内河航道，加快建设国家主要内河港徐州港，加快推进京杭大运河济宁延北工程和徐宿连航道项目。协调推进苏鲁豫皖黄河故道综合开发，打造四省交界生态功能区。连云港是新亚欧大陆桥东方桥头堡，“一带一路”交会点建设的落脚点，在“一带一路”建设中具有极其优越的区位交通优势，深入推进连云港和日照海运港口建设，加快口岸建设，实现紧密合作、比翼齐飞；支持区域航空港发展，加快通港道路基础设施建设，优先选择区域内国际航线，继续推进航空邮运业务和机场串飞航线的落实。不断拓宽航空领域合作，统筹苏鲁豫皖交界区空域资源管理使用，明确区域内济宁、连云港、徐州三家机场分工定位，认真落实共享区域航空港的要求，实行货运资源共享，进行航空邮运业务合作，加快区域内货运代理，实现机场群健康有序发展；以网络互联为平台、以信息互通为纽带、以维护网络安全为保障，建设一体化网络基础设施；鼓励发展多式联运，完善统一相关标准规范和服务规则，积极培育多式联运经营人，加快建设具有多式联运功能的货运枢纽和物流园区，完善枢纽节点集疏运体系，畅通“最后一千米”。

5. 建立合理的产业分工协作机制

协同发展现代农业，联合提升工业发展水平，合力发展现代服务业，因地制宜地发展优势产业，共同培育先进产业集群，促进优势互补、合理分工和布局优化，构建具有比较优势、体现区域特色的现代产业体系，提高产业整体发展水平。苏鲁豫皖交界区内各地在自然条件、资源禀赋、技术水平、历史基础和发展阶段等多方面的情况极为相似，这为产业协作提供了很大的可能性。行政壁垒阻碍了地区之间的产业分工与合作，制约了资源整合和基础设施衔接。为增强区域整体实力和竞争力，应当在平等互利的前提下，从有利于产业结构升级和资源优化配置的要求出发，以资源整合为重点，不断加强区域开放与合作。首先要根据苏鲁豫皖交界区区域内各地的自然条件和经济发展水平，将产业协作的重点放在农业和农产品深加工、劳动密集型加工、交通运输业、商业贸易等方面，然后逐步扩大协调与合作的领域，逐渐过渡到资金、技术密集型产业协作。苏鲁豫皖交界区各市要因地制宜发展优势产业，如徐州、枣庄、淮北、宿州等城市，煤炭资源丰富，要继续凭借其能源、区位、交通和原有基础等优势，促进产业聚集，逐渐形成以装备制造业、煤化工、新型建材、电子工业等高附加值、高技术含量的产业带；连云港要借助港口和新亚欧大陆桥桥头堡的优势，积极发展临海工业、重化工业、旅游业等产业。

苏鲁豫皖交界区要适应市场经济发展和经济国际化的新形势，大力发展循环经济和低碳经济，推行清洁生产，实现废物的集中治理和综合利用，走新型工业化道路，推进工业产业集约化增长和结构升级。要改造提升传统产业，大力发展能够发挥当地优势的制造业和高新技术产业，共同培育先进产业集群，加强产业协作，整合延伸产业链条，推进产业链上下游深度合作，培育形成优势互补、分工合理、布局优化的先进产业集群。顺应“互联网+”发展趋势，推进制造业数字化、网络化和智能化，改造提升现有制造业集聚区，推进新型工业化产业示范基地建设，将苏鲁豫皖交界区打造为“中国制造 2025”转型升级示范区和世界先进制造业基地。改革服务业发展体制，创新发展模式和业态，扩大服务业对内对外开放，推进服务贸易发展。苏鲁豫皖交界区大部分地势平坦、沃野千里，是我国开发最早的地区之一。秦汉时期，徐淮一带便成为重要的农业区域，是我国淮河以北不可多得的精细耕作农业区和我国最重要的农副产品、蔬菜生产基地之一，其粮食产品占全国的 13%以上，棉花产量占 9%以上，油料占 12%以上，加快转变农业发展方式，推进精细高效农业及农产品深度加工。服务业是衡量一个地区发展水平的重要标志，各市要以构建苏鲁豫皖交界区现代服务业之都为引领，以打造商贸物流旅游产业为支撑，大力发展生产性服务业，积极培育新兴服务业。打造“彭祖文化”、“两汉文化”、皇藏峪及亳州等特色专题旅游，充分发挥苏鲁豫皖交界区文化底蕴深厚的优势，在“古、文、武、雅、特”上做文章，强化联合，构建旅游产业集团。

6. 加强区域基本公共服务一体化

坚持以人为本，优化教育资源配置，共建科技创新体系，促进医疗卫生和公共文化资源共享，推动就业、人才和社会保障合作，加强区域社会管理，切实保障和改善民生，实现发展成果更多、更公平地惠及全体人民。通过构建区域公共服务相互合作关系，整合地方利益，制定协同的公共服务规划、政策，促进公共服务资源自由流动，让人们在区域内可以无障碍地享有同等待遇的公共服务。随着苏鲁豫皖交界区经济开放合作的快速发展，以人口为代表的生产要素高度集中使得省际区域公共服务问题日益突出，实施区域公共服务合作，可以消除区域经济一体化发展过程中遇到的障碍，促进生产要素在区域内各地区之间进行自由流通，让生产要素不会因为行政区的差异而有不同的政策待遇，从而实现人力、资金、技术等生产要素的优化配置。

加强医疗卫生合作，协同推进区域社会保障事业发展。建立健全区域内疾病预防控制、突发公共卫生事件应急处理协调机制和联防联控网络，落实养老保险跨区转移政策，积极推进区域医疗卫生合作，加快社会保障一卡通建设，扩大医保结算范围，进一步完善医疗保险转移接续和异地就医服务政策措施。推动跨省市就医联网即时结算，提升新型农村合作医疗保障能力，充分发挥徐州、连云港的医疗优势，实现区域内广大群众享受到优质医疗卫生服务的同城化待遇和城乡医疗卫生服务一体化待遇。

促进教育文化合作，促进区域优质教育资源相互交流、共建共享机制。坚持以人为本，建立教育合作交流平台，开展师资培训、课程改革、实训基地建设、毕业生就业等方面合作，促进区域优质教育资源相互交流、共建共享机制，扩大优质教育资源覆盖面。整体来讲，苏鲁豫皖交界区除徐州市外，整体教育文化资源较弱。应充分发挥徐州等地的高等教育资源的优势，加强与各地的合作共建共享，建立高校和职业技术学校的校际协作机构，制定区域内特惠政策，为区域内培养更多的多样化人才；推进信息化建设，加快建立区域内统一的互联网公共教育和培训平台、公共文化和技术共享平台、就业指导和信息平台等。完善跨区域就业人员随迁子女就学政策，组建区域演艺联盟和跨地区连锁企业，促进文化产品流通，扩大区域文化消费规模。

加强社会事务合作，建立区域行政管理和社会治理协同机制。相比珠三角、长三角和京津冀地区，苏鲁豫皖交界区存在较多的市场壁垒，因而需要进一步加大协同区域内各地政府简政放权力度，打造权力在线运行、审批全程公开的行政管理协同机制，建立区域统一的信用体系和社会信用惩罚联动机制，加强基于信用体系的市场监管能力建设；同时要进一步加强区域社会管理的合作，强化区域警务合作，加强食品药品监管能力建设，提升区域食品药品安全保障水平，建立区域食品原产地可追溯制度和质量标识制度，建立健全大案要案查处联动机制和跨区域重大安全事故应急联动机制，增强执法互助，打击流窜犯罪活动，维护安全的社会环境和公平公正的市场秩序，为区域开放合作提供外部保障。

7. 推动生态环境共建共治

从苏鲁豫皖交界区各成员市在区域内所处的位置看，既有河流上游、中游、下游城市，也有沿海、近海、内陆城市，特别是各成员市都处于工业化、城镇化快速推进阶段，大举推进项目开发，充分考虑苏鲁豫皖交界区的资源环境承载能力，协调好上中下游城市之间、沿海与内陆之间、经济发展与资源环境之间的关系变得十分重要。要全面贯彻落实国家主体功能区规划的要求，完善生态补偿机制，合理有序开发利用资源，强化节约环保意识，大力加强生态建设，加强环境综合整治，提高资源利用水平，有效治理环境污染，推进绿色循环低碳发展，共同建设天蓝、地绿、水清的美好家园。改变现有的事后解决机制，建立预防性合作机制，科学合理规划区域产业布局，增强相关利益方的环保积极性，努力实现经济、社会、生态的全面可持续发展。

推动黄河故道综合治理和合作开发，把黄河故道沿线地区建成我国新粮仓、横贯黄淮平原的生态走廊和历史文化长城、四省边缘绿色发展的新兴增长区和百姓富裕幸福的美丽乐园。黄河故道综合治理和合作开发是一项功在当代、利在千秋的战略工程、系统工程、生态工程和民心工程。黄河故道淤泛区域涉及苏鲁豫皖 4 省 8 个地级市、25 个县（市、区），黄河故道综合治理和合作开发情况复杂、难度较大，综合性强，涉及部门多。实施黄河故道沿线综合开发是沿线区域加快自身发展的内在要求，是推进国家粮食安全战略实施和区域生态环境质量改善的重大举措，也是统筹城乡区域发展、加快沿线群众发展致富、全面建成小康社会的迫切需要。黄河故道沿线区域土地资源丰富，但利用率和产出率较低，通过综合治理和合作开发可以建成 1500 万亩标准农田和 500 万亩生态农业特色基地，同时可以新增 80 万亩左右稀缺的耕地资源，加快形成一批全国粮食生产基地和现代绿色生态农业示范区，有效增加四省发展的环境容量，进一步拓展该区域加快城镇化步伐的空间载体。

加强跨省区流域水资源、水环境保护。实施《水污染防治行动计划》，加强水环境综合治理，协同推进跨省流域水污染防治和水资源保护。推进淮河、奎河、沂河等水污染防治，构建水污染联防联控体系，充分发挥流域协作机制监督作用，强化跨界断面和重点断面水质监测和考核，建立完善水质监测信息共享机制，建立流域水资源水环境承载能力监测评价体系，进行跨省区河流综合治理。协同针对危险化学品生产、存储、运输等对水源地的影响进行风险评估，完善监测预警措施和应急预案，实行承载能力监测预警。加强饮用水、备用水源和水源地环境风险防控工程建设，确保饮用水水质安全。

降低废水排放总量及主要污染物排放强度，加强大气污染综合治理，保障地下水环境安全。共同推进重点行业清洁生产技术改造，降低废水排放总量及主要污染物排放强度，加强二氧化硫、氮氧化物、$PM_{2.5}$等主要大气污染物的联防联治，加强徐州、宿州、淮北等重点区域和火电、冶金、水泥、建筑陶瓷、石化等重点行业的大气污染防治，加强对工业烟尘、粉尘、城市扬尘和挥发性有机物等空气污染物排放的协同控制。推进实施清洁生产技术改造，从源头上减少污染物的产生和排放，大力推进脱硫脱硝工程建设，促进工业固废及再生资源综合利用产业规范发展，加强地下水系保护，保障地下水环境安全。

8. 打造和培育区域中心城市

目前苏鲁豫皖交界区大多数城市仍处于欠发达阶段，还没有形成具有绝对核心竞争力的区域性中心城市，更需要把区域内具有一定区位优势、产业经济基础及体制机制优势的城市培养为区域性中心城市，以带动区域经济发展。徐州既是苏鲁豫皖交界区的地理中心、经济中心，也是唯一一个兼有国家级经济技术开发区、国家级高新技术开发区、国家级开放航空口岸的城市。徐州的城市和经济规模最大，综合实力最强，2016 年地区生产总值为 5808.52 亿元，实现一般公共预算收入 516 亿元，所辖 2 市 3 县 5 区中，邳州、沛县、新沂、睢宁跻身全国百强县，区域交通一体化、警务协作、跨界环境污染联合处置、医保异地结算、文化旅游、商贸物流等方面合作不断走向深入，市场消费辐射半径已经超过 150 千米，对周边的辐射带动作用持续增强，区域领军地位日益显著。2000 年，江苏省明确徐州为省重点规划建设的四个特大城市和三大都市圈的核心城市之一，联合制定出台了《徐州都市圈规划（2001—2020）》，徐州都市圈以徐州为核心城市，处于苏鲁豫皖四省接壤之处，涉及 5 个地级市和 2 个县（市），规划范围包括连云港市，旨在通过培育徐州都市圈实现区域共同发展，进一步提升徐州对周边地区的辐射带动作用。2010 年，国务院批准实施《长江三角洲地区区域规划》进一步明确了徐州作为淮海经济区中心城市的战略定位，并提出建设以工程机械为主的装备制造业基地、能源工业基地、现代农业基地和商贸物流中心、旅游中心。2017 年江苏省第十三次党代会期间，提出徐州在淮海经济区建设进程中要充分发挥龙头作用，赋予了徐州建设区域中心城市新的使命。

经过多年发展和实践探索，徐州初步形成有广泛领域和深度联系的区域中心城市，但仍肩负着扩大总量与提升质量、开发建设与保护生态、增强内生动力与扩大开放合作、发展经济与改善民生等多重任务，同时作为区域中心城市的集聚和辐射效应依然不足，必须进一步培育，以带动欠发达地区的整合及协调发展。

夯实产业基础，打造区域先进制造业基地和现代服务高地，全面提升综合经济实力。科学制订中心城市战略性规划，加快建设区域性先进制造业、商贸物流业、金融服务业及科技文化中心，增强城市承载辐射能力。

9. 推进金融服务一体化

完善区域金融基础设施，促进金融服务一体化。整体来讲，苏鲁豫皖交界区金融相关比率不高，金融基础设施建设和金融创新滞后，金融联系与合作不够紧密，造成区域金融业联动效率低下，严重影响了区域经济的一体化发展。为此，需要加快推进交界区的金融基础设施的一体化，大力推进金融信息化战略，搭建稳健便捷的跨界支付清算体系。建立区域统一的信用体系和社会信用惩罚联动机制，创建良好的金融生态，吸引资金的流入，提高金融运行效率。推进交界区支付清算、资金划转、异地存取和信用担保等业务同城化，降低跨行政区金融交易成本。

积极创建淮海合作银行及淮海开发银行。苏鲁豫皖交界区内的各个城市都处于省际边缘区，在各省经济发展中都相对落后，经济和金融边缘化倾向明显。加之该交界区农业和中小企业占比较大，融资难、融资贵的问题尤其突出，依靠市场融资远不能满足区域经济发展的资金需求。建议积极争取中国人民银行和中国银行保险监督管理委员会的政策支持，引导交界区内各地城乡信用社、合作银行等组织，通过入股方式，自愿组建淮海合作银行。为区域内各成员提供优惠的资金融通、跨界的支付结算、便捷的跨界资金存取、信息咨询和指导等综合金融服务。建议国家设立淮海开发银行，通过开展中长期信贷与投资等金融业务，支持基础设施、基础产业、支柱产业及战略性新兴产业等重点领域发展，为实现区域经济重大中长期发展战略提供金融服务。

10. 以扩大开放促进合作发展

苏鲁豫皖交界区处在长三角与京津冀两大经济带和国家级城市群的互联互通中间连接地带、新亚欧大陆桥与沿海地带的接合部，既是“一带一路”的交会点，又是丝绸之路经济带东部开放的前沿阵地，区位优势独特，在连接南北、沟通东西的经济格局中具有重要战略地位，处于东部地区向西部地区辐射的中心连接区，承担着连接中国南北经济的“接力站”的重任。苏鲁豫皖交界区是长三角和京津冀先进技术和产业向我国中西部地区辐射的中转站，也是中西部地区向沿海发达地区输送农矿产品等原材料的枢纽，对中部崛起、西部开发战略的实施起着传递作用。目前我国从南到北已经形成了珠三角、长三角、京津冀经济区，苏鲁豫皖交界区仍是我国沿海发达地区中的一个断裂带，扩大对内对外开放、建设内外开放高地虽有短板，但更具潜力和优势，为此，应坚持开放发展，构建多层次开放合作格局。一是加强与东部沿海和周边地区互动合作。进一步密切与长三角、京津冀等东部沿海地区的合作，积极融入和对接“一带一路”经济带，拓展合作领域，提升合作层次和水平，主动接受东部地区的产业和技术转移，同时加强与中西部其他地区的合作发展。二是积极参与国际交流与合作。积极吸引更多的国际性组织、国际商会（协会）和国际经贸促进机构落户，推动高校、科研机构和企业与“一带一路”沿线国家合作办学，共建研究中心或联合实验室。发挥陆桥通道优势，积极参与国际分工合作，共同培育参与国际经济合作竞争新优势，放宽投资准入，优化投资环境，提高利用外资水平。整合区域内海关资源，推动同沿海沿边地区通关协作，实现口岸管理相关部门“信息共享、监管互认、执法互助”，支持符合条件的地区按程序申报设立综合保税区，发展服务外包，推进服务业领域有序开放。创新加工贸易模式，推动产业集群发展。三是提升区域联动发展层次。实施开放带动战略，加快补齐发展短板，深化与周边城市在产业配套、科技研发与成果转化、能源保障等领域合作，促进区域经济协同发展。

参考文献

[1] 舒庆，刘君德. 一种奇异的区域经济现象——行政区经济[J]. 战略与管理，1994，（5）：82-87.

[2] 舒庆，刘君德. 中国行政区经济运行机制剖析[J]. 战略与管理，1994，（6）：42-48.

[3] 舒庆. 中国行政区经济与行政区划研究[M]. 北京：中国环境科学出版社，1995.

[4] 刘君德. 中国转型期凸现的"行政区经济"现象分析[J]. 理论前沿，2004，（10）：20-22.

[5] 刘君德. 中国转型期"行政区经济"现象透视——兼论中国特色人文-经济地理学的发展[J]. 经济地理，2006，26（6）：897-901.

[6] 周克瑜. 走向市场经济——中国行政区与经济区的关系及其整合[M]. 上海：复旦大学出版社，1999.

[7] 曾冰，张朝，龚征旗，等. 从行政区和经济区关系演化探析我国省际交界地区发展[J]. 经济地理，2016，36（1）：27-32，52.

[8] 周克瑜. 论行政区与经济区的关系及其协调[J]. 经济地理，1994，14（1）：1-6.

[9] 陈钊. 行政边界区域刍论[J]. 人文地理，1996，11（4）：41-44.

[10] 魏后凯. 《行政区边缘经济论》评介[J]. 中国工业经济，2004，（11）：112.

[11] 朱传耿，王振波，孟召宜. 我国省际边界区域的研究进展及展望[J]. 经济地理，2007，27（2）：290，302-305.

[12] 刘玉亭，张结魁. 省际毗邻地区开发模式探讨[J]. 地理学与国土研究，1999，15（4）：45-49.

[13] 陈飞. 区域经济增长理论从分化到整合的空间经济学分析[J]. 现代财经：天津财经大学学报，2009，29（3）：66-71.

[14] Krugman P. Increasing returns and economic geography[J]. Journal of Political Economy，1991，99（3）：483-499.

[15] Friedmann J. Regional Development Policy：A Case Study of Venezuela[M]. Cambridge：MIT Press，1966.

[16] Friedmann J. A General Theory of Polarized Development[M]. New York：The Free Press，1967.

[17] Frideman J. Urbanization，Planning and National Development[M]. London：Sage Publications，1973.

[18] Perroux F. Economic space：theory and applications[J]. The Quarterly Journal of Economics，1950，64（1）：89-104.

[19] 安虎森. 增长极理论评述[J]. 南开经济研究，1997，（1）：31-37.

[20] Boudeville J R. Problems of Regional Economic Planning[M]. Edinburgh：Edinburgh University

Press，1966.
[21] Christaller W. Diezentralen Orte in Süddeutschland[M]. Englewood：Prentice-Hall，1933.
[22] Song S，Zhang K H. Urbanization and city size distribution in China[J]. Urban Studies，2002，39（12）：2317-2327.

后　记

中国的交通发展真是令人惊叹。短短十年间，我国就拥有了世界上最现代化的铁路网和最发达的高铁网，大大缩短了城市间的通勤时间。曾经在南京大学工作的 20 年间，我只去过徐州一次，那时感觉徐州离南京很远，是一个苏北边陲城市。后来虽调入中山大学，但江苏和南京大学一直在我心中，因为这里是我迄今工作、学习时间最长的地方。2013 年我欣然应邀兼任江苏师范大学商学院院长，开始深入了解徐州这座地处苏鲁豫皖四省交界、东襟淮海、西接中原、南屏江淮、北扼齐鲁、清代有“五省通衢”之称的历史名城，惊讶地发现徐州富有魅力，就连那四季分明的气候也让身处过年穿短袖的羊城的我十分向往：春季里桃花红来杏花白，杨柳依依、洋槐花香；夏日里石榴花火红，月季花姹紫嫣红，池塘里映日荷花别样红；秋高气爽的时节，橙黄橘绿，丹桂飘香，待那银杏叶撒满大地，金黄一片惹人醉；冬日里皑皑白雪之上飘浮的白云，是那样的悠然，那样的缥缈，令人心纯净，尘世的喧嚣一点一点地沉静下来。徐州的交通四通八达，从徐州坐高铁到南京个把小时，到北京两三个小时，而 2013 年广州—徐州来往我得飞来飞去，坐飞机时常还要到连云港中转，2014 年元月就可以坐高铁了，沿途经过大别山的一路风景也是不枉这八九个小时的。2015 年我带领江苏师范大学商学院承担了国家发展和改革委员会地区司委托课题“苏鲁豫皖交界地区开放合作研究”，并邀请国家发展和改革委员会国土开发与地区经济研究所原所长（现任中国区域科学协会理事长）肖金成研究员担任课题顾问，他带领我们先后赴徐州市发展和改革委员会、徐州市规划局、宿州市发展和改革委员会、商丘市发展和改革委员会等进行了实地调研，广泛搜集有关资料，经过一年多的调研、分析与讨论，于 2016 年 7 月完成课题研究报告。本书的初稿是在这个课题研究报告基础上形成的。在初稿形成过程中，我负责整体思路、写作提纲和全书的逻辑结构与章节安排，第 1 章由蒋涛、李神福执笔；第 2 章由李锦生执笔；第 3 章由施同兵执笔；第 4 章由蒋涛（4.1 节、4.2 节、4.4 节）、司增绰（4.3 节）执笔；第 5 章由杜文意、袁定喜、范林榜执笔；第 6 章由李锦生、李怀建、李神福执笔；第 7 章由刘增科、施同兵执笔。

为了反映 2016 年以后中国区域经济和苏鲁豫皖交界区的新变化，我组织了中山大学产业与区域发展研究中心成员进行后续版本的丰富和修订工作。其中，早期负责全书数据更新与校订的有钟惠琳（第 3 章和第 4 章）、王茜（第 2 章和第 5 章）、赵佩佩（第 6 章）、陈柳烁（第 7 章），李建成和王如玉则负责了全书先后几轮的整体统筹修改与完善，期间与出版社编辑进行了多次意见交流和讨论。

2020 年元旦前后，出版社发来第一轮校稿，我决定让本书的校稿工作回到江苏师范大学课题组，这也是初稿离开他们三年半后的回归，毕竟他们生活工作在苏鲁豫皖交界区，对这片土地饱含深情，中山大学团队的修订也需要得到他们的认可。李锦生、施同兵、蒋涛、司增绰和杜文意等几位教授和副教授完成了这一工作。最终由我审阅定稿。2020 年 7 月底，出版社发来第二次校稿，这一次，蒋涛负责了第 1 章及第 4 章第 1、2、4 节及参考文献的校订，施同兵负责了第 3 章和第 7 章的校订，李锦生负责了第 2 章的校订，杜文意负责了第 5 章的校订，司增绰负责了 4.3 节的校订，第 6 章的校订则由李锦生和李神福共同完成。

所以，本书是江苏师范大学和中山大学两边课题组成员的集体成果。苏鲁豫皖交界区与粤港澳大湾区经济发展处于不同阶段，正好代表当今时代中国区域经济的两大类型，我视本书为粤港澳大湾区与苏鲁豫皖交界区之间的一份牵连、一种缘分，是为纪念。同时，非常感谢科学出版社的专业精神和李莉编辑多年来一直的帮助。

梁　琦

2020 年 8 月 8 日

中山大学